M. Clement de Barville.
Avocat Général en la Cour
des Aides.

MEMOIRE

SUR LES MOYENS

DE PERFECTIONNER

LES ÉTUDES

PUBLIQUES ET PARTICULIERES,

Où l'on montre en quoi il paroît que consiste la perfection de la Méthode d'enseigner.

(Par Rivard).

Le prix est de 24 f. en feuilles.

A PARIS,

Chez la Veuve MÉQUIGNON, Libraire, rue de la Juiverie, au Roi de Perse.

M. DCC. LXIX.

Avec Approbation, & Permission du Roi.

AVERTISSEMENT.

CE Mémoire étoit le neuvième du Recueil qui a été imprimé en 1763 : on le fait imprimer de nouveau à part avec plusieurs augmentations considérables & importantes, parce qu'on a cru qu'il pourroit être de quelque utilité, à cause des moyens qu'il renferme pour faciliter les études à la Jeunesse & les rendre plus intéressantes, tant par rapport aux matières qui en doivent être l'objet, que par rapport aux facultés de l'esprit qui sont les plus estimables, & que ces études peuvent cultiver & perfectionner en les dirigeant de la manière qui y est exposée. Comme ce Mémoire étoit accompagné de quatorze autres qui traitent aussi des Etudes, on y cite plusieurs de ces Mémoires afin qu'on puisse y avoir recours si on veut voir la matière dont il s'agit dans certains Articles, expliquée & discutée plus amplement que dans le présent Mémoire.

Fautes à corriger dans le Mémoire & les Additions.

PAge 5, ligne 4 de la note, avant il y a, *ajoutez*, voyez l'Article VI.

Page 15, ligne 12, *lisez* le manuel.

Page 16, ligne 8, *lisez* les mots.

Page 41, Nº. 5, ligne 2, cet Ouvrage, *lisez* ces Ouvrages.

Page 58. ligne 8 *avant* la fin, *après* entier, *ajoutez* du revenu.

Page 66, ligne 3 *avant* la fin, soit qui, *lisez* qui soit.

Page 129, Art. XLVII, ligne 4, *après* l'honoraire, *ajoutez*, des Professeurs.

Page 158, Art. LVIII, ligne 15, *après* composé, *ajoutez*, de Mr. le Recteur.

Page 167, ligne 12, les deux de, *lis.* les deux tiers de.

Page 181, ligne 8 *avant la fin*, *lis.* partie de trois fois.

Page 188, ligne 3, *avant*, l'Astronomie, *ajoutez*, la Géométrie.

PRÉFACE.

Pour peu que l'on faſſe réflexion aux avantages que les hommes peuvent retirer des différens arts qui tendent à cultiver l'eſprit, il eſt facile de voir que le plus utile eſt la méthode d'enſeigner la jeuneſſe. C'eſt un inſtrument qui ſert à lui apprendre toutes les Sciences naturelles qu'on lui enſeigne : elle eſt même la ſource des autres que l'on acquiert dans la ſuite, puiſqu'on les apprend toutes par le moyen des connoiſſances que l'on a acquiſes par l'enſeignement que l'on a reçu ordinairement dans les premieres années. Cet Art qui a pour objet l'inſtruction de la jeuneſſe, peut donc être regardé comme une des choſes les plus intéreſſantes pour elle, & par conſéquent pour l'Egliſe & pour l'Etat. Ainſi on doit tâcher de le perfectionner le plus qu'il eſt poſſible, d'autant plus qu'il regarde un âge qui a beſoin qu'on employe des moyens particuliers pour ſe mettre à ſa portée, lorſqu'on veut faire entrer quelque vérité dans ſon eſprit. C'eſt pourquoi nous eſpérons que l'on ne nous déſapprouvera pas ſi nous faiſons encore quelques tentatives pour le porter à un plus haut dégré de perfection qu'il n'a été juſqu'à préſent. Il s'agit de l'enſeignement que l'on a coutume de donner dans les Colléges ; il ſe rapporte à trois ſortes de connoiſſances, celles de la Grammaire, des Belles-Lettres & de la Philoſophie, outre celles qui regardent la Religion, auxquelles on doit s'appliquer

dans toutes les classes ; & comme l'art d'enseigner à lire fait aussi partie de l'enseignement
de la jeunesse, & que la lecture est même le
fondement & la premiere source des autres
connoissances que l'on acquiert dans la suite,
& que d'ailleurs on s'y prend fort mal dans la
plûpart det Écoles où l'on fait profession de
cet Art si nécessaire, nous avons cru qu'il étoit
à propos d'exposer des vues qui peuvent beaucoup contribuer à perfectionner un Art si
précieux ; cependant comme ce n'est pas
un des exercices qui se pratiquent publiquement dans les classes des Colléges, nous ren-
verrons ce que nous avons à en dire à la fin
du Mémoire dans un Supplément consacré à
cet objet.

Pour en revenir à l'enseignement des Colléges, nous remarquerons d'abord qu'il renferme deux parties, la matiere, c'est-à-dire, les
choses que l'on enseigne & la maniere ou la
méthode dont on se sert pour pratiquer cet
exercice, laquelle peut être considérée comme
la forme de l'enseignement. Quant à la matiere, elle doit avoir deux conditions, la vérité & l'utilité : la nécessité de la premiere est
évidente ; car on sent bien qu'il ne s'agit pas
d'enseigner des illusions ou des chimeres à la
jeunesse. Il faut aussi que ce que l'on enseigne
soit utile ; autrement on lui feroit perdre son
temps & sa peine. Or le tems est si précieux,
& il y a tant de choses, ou nécessaires, ou utiles à apprendre que ce seroit un abus intolé-
rable que l'on feroit du temps & des peines
des jeunes gens, si on leur enseignoit des choses inutiles. Mais il ne suffit pas d'enseigner
aux jeunes gens des choses qui leur seroient

utiles, il faut le faire d'une maniere qui leur
soit proportionnée, & sur-tout leur faciliter
la matiere, en la leur présentant avec le plus de
clarté possible ; ainsi voilà trois conditions re-
quises dans l'enseignement de la jeunesse, la
vérité, l'utilité & la clarté ; les deux premieres appartiennent à la matiere, & la troisieme
regarde la forme.

On se propose ici d'exposer ou d'indiquer
plusieurs vûes qui pourront beaucoup servir
à perfectionner l'enseignement soit public, soit
particulier, tant par rapport à la matiere, que
par rapport à la forme.

Pour voir en général comment cela se peut
faire, il faut considérer que les Arts & les
Sciences tirent leur perfection, sur-tout des instrumens qui ont été inventés à cette fin : combien l'Astronomie, par exemple, n'est-elle
pas redevable aux quarts de cercle, ou quelques autres de ses parties divisées exactement
en dégrés, minutes & secondes, aux télescopes
& aux pendules à secondes ; la Physique à la
machine pneumatique, au microscope ; la na-
vigation à la boussole ou compas de mer ;
l'Horlogerie à la machine pour fendre les roues ;
l'Art de battre monnoie au balancier ; le La-
bourage à la charrue ; tous les Arts mécha-
niques aux différens instrumens de fer ou d'a-
cier qui y sont en usage ? De quelle utilité
ne sont pas les tables des sinus, des tangen-
tes & sécantes & celles des logarithmes pour
toutes les Sciences qui demandent des calculs
longs & difficiles ? Il en faut dire autant, &
plus encore, de l'Ecriture en premier lieu, &
en second lieu de l'Imprimerie inventée depuis environ trois siecles. Ces deux découver-

tes importantes ont servi à tous les Arts & aux Sciences de tout genre. C'eſt par le moyen de ces inſtrumens que l'on peut faire aujourd'hui en peu de tems des ouvrages ſi parfaits, qu'on n'auroit oſé eſpérer d'en venir à bout dans l'antiquité avec ce point de perfection ; & que par rapport aux Sciences, on peut apprendre en peu de mois ou d'années ce qu'on n'auroit pû ſçavoir ſans ce ſecours, que dans un tems très-long. Auſſi l'Auteur du Traité de l'Origine des Loix, &c. dit, premiere partie, livre troiſie-me, vers la fin, que les connoiſſances humai-nes ont fait plus de progrès depuis cent ans, qu'elles n'en avoient fait dans toute l'anti-quité.

Si les Sçavans s'étoient autant appliqués à per-fectionner l'art de former l'eſprit de la jeuneſſe, que les autres Arts & Sciences, on feroit plus avancé aujourd'hui dans cet Art, qui eſt certai-nement le plus précieux & le plus avantageux de tous; mais il ſemble qu'il a été un peu négligé, & que la plûpart de ceux qui étoient en état d'y travailler avec ſuccès, ont tourné leur vue vers des objets, plus ſublimes, ſi l'on veut, ou d'une utilité plus ſenſible; je veux dire plus appa-rente aux ſens; d'où il eſt arrivé que cet Art a fait peu de progrès par rapport à certains points qui ſeroient de grande importance pour l'avancement des enfans & des jeunes gens; car on pourroit, par le moyen de quelques ſe-cours, apprendre en peu d'années & avec fa-cilité, un grand nombre de connoiſſances très-utiles auxquelles ils ne parviennent ſans ces ſecours, que dans un tems beaucoup plus long & avec de très-grandes peines. On peut mê-me avancer l'ouverture d'eſprit dans les enfans

en les mettant plutôt en état d'entendre plufieurs chofes qu'on veut leur apprendre, &
perfectionner dans les jeunes gens, la pénétration, la fagacité, & la juftelle d'efprit par
certains exercices auxquels les Maîtres les appliqueroient. On peut auffi leur donner des
facilités & leur communiquer du goût pour les
études ; & par-là ils s'y attacheront, fans qu'il
foit néceffaire d'employer des moyens triftes &
fâcheux pour les contraindre à s'y appliquer.
On fent bien que ces heureux effets ne pourront venir que de certains livres & des exercices
qui y feroient propres, comme auffi des talens &
des foins des Maîtres pour les guider, les animer & leur éclaircir les matieres ; ce font les
inftrumens dont il s'agit ici.

On foupçonnera peut-être qu'il faut qu'il y
ait quelque chofe de bien extraordinaire & de
bien recherché dans les livres & les exercices
que nous avons en vue, pour que la jeuneffe
puiffe en tirer des avantages auffi grands que
ceux que nous promettons. Mais on verra que
rien n'eft plus fimple que la plupart des moyens
que nous propofons, quoiqu ils foient capables
de produire des effets fi défirables, & c'eft en
quoi confifte la perfection d'une méthode, de
produire de grands avantages par des moyens
très-fimples.

On peut réduire à cinq principaux objets
les vues qui font expofées dans ce Mémoire.
1°. De rendre les études moins pénibles aux
jeunes gens, & même attirantes ; 2°. de les
rendre plus utiles à l'égard des matieres qu'on
leur enfeigne ; 3°. de les rendre auffi plus utiles par rapport aux qualités de l'efprit, qui
font les plus eftimables, je veux dire la péné-

tration, la fagacité & la juftesse, en propofant des moyens aifés qui tendent à perfectionner ces qualités dans les jeunes gens, fur-tout en Philofophie, & d'autres encore qui contribuent à ouvrir l'efprit des enfans qui commencent leurs études. 4°. De donner des moyens d'exciter l'émulation dans les étudians, enforte qu'ils s'appliquent d'eux-mémes à l'étude, & que l'on ne foit pas pour l'ordinaire dans la trifte néceffité de leur témoigner du mécontentement par rapport à leur travail 5°. Enfin de former le cœur & les mœurs, ce qui eft l'objet principal auquel on doit rapporter les autres.

Comme ces objets font de la plus grande conféquence pour l'éducation & l'inftruction de la jeuneffe, que le troifieme ne paroît qu'une idée hazardée, & le quatrieme une chofe impraticable, qui femble fuppofer une métamorphofe incroyable dans le caractère des jeunes gens, je crains que l'on ne m'accufe de témérité & d'exagération, foit en prétendant propofer quelques vues nouvelles par rapport à des matieres fi ordinaires, maniées fi fréquemment & remaniées par des Sçavans qui s'en occupent fouvent pendant plufieurs années, ou même prefque toute leur vie, foit en voulant perfectionner plufieurs des vues qui ont déja été propofées. Je conviens que les apparences & la préfomption font contre moi, & que la propofition du quatrieme objet ne paroît pas même férieufe, puifqu'elle femble fuppofer un changement de caractère & d'inclination dans les jeunes gens ; mais on ne doit pas former un jugement fur des préfomptions & des apparences, quand il y a des preuves pofitives pour le fixer avec affurance.

des Commentaires que nous propofons pour les Auteurs des baffes-claffes. Quoique ce que nous avançons en cet endroit foit étonnant, nous efpérons qu'il ne paroîtra pas exagéré, fi on lit l'Art. VII fans prévention, puifque ces commentaires leveroient toutes les difficultés qui ont coutume d'embarraffer & même de rebuter les enfans. On peut voir à l'article LIII les autres moyens qui procureroient des facilités pour les études, foit dans les baffes-claffes, foit dans les autres.

Nous rapportons à la fin de la premiere addition, page 197, un exemple qui fait bien voir de quelle importance il eft de montrer avec clarté, & en allant par dégrés, les chofes qu'on veut apprendre aux jeunes gens, & même à d'autres perfonnes plus avancées en âge : il s'agit du rapport des corps femblables ; voici la propofition : *Les corps femblables font entr'eux en raifon triplée des lignes homologues ou correfpondantes*, c'eft-à-dire, des lignes fituées de la même maniere dans les deux corps que l'on compare. Cette propofition eft une des plus difficiles des élémens de Géométrie, & peut-être la plus difficile de toutes, tant par rapport à l'intelligence de la propofition, afin d'en concevoir le fens, que pour la démonftration ; & néanmoins en fuivant l'ordre que nous rapportons, nous croyons que l'on peut faire entendre l'un & l'autre, le fens & la démonftration, à un enfant d'environ dix à douze ans, qui foit capable de quelque attention. Au refte, cette attention de l'éleve dépend beaucoup de la maniere dont s'y prend le Maître pour l'attirer.

Il faut remarquer par rapport au quatrieme

problême, que ce ne feroit pas le réfoudre comme il convient, & à l'avantage de la jeunefle, de propofer des moye s d'engager les jeunes gens à s'appliquer fortement & long-tems, fi on ne diminuoit pas la difficulté qui fe rencontre dans les études. Cette application forte, longue & laborieufe pourroit intérefler leur fanté : il n'eft pas même douteux que plufieurs en feroient incommodés tôt ou tard, & que leur fanté s'affoibliroit, fi les études que l'on fait dans les claffes étant auffi pénibles qu'elles le font, fur-tout pour ceux qui n'ont point de Précepteur particulier, étoient pro-longées ordinairement pendant deux ou trois heures de fuite, & cela plufieurs fois pendant la journée. Il faut donc néceffairement donner des moyens de diminuer la difficulté & la peine des études des différentes claffes, lorf-qu'on veut les pouffer jufqu'à un certain point.

Il faut auffi faire enforte que les études de-viennent agréables & attirantes, parce que quand on fe plaît à un travail d'efprit, l'ap-plication coute bien moins à la nature, que quand elle eft forcée, je veux dire quand on n'y eft pas porté par goût & par attrait pour l'étude même : celui qu'on auroit pour la fin qu'on fe propoferoit, ne pourroit ôter la peine du travail.

Après cela, on conviendra fans doute que ces fortes de problêmes font d'une toute autre importance que ceux des Sciences fpéculatives, quand même il s'agiroit de celles qui font regar-dées comme les plus fublimes. Si donc on peut les réfoudre d'une maniere fatisfaifante, il me fem-ble qu'on aura fait quelque chofe d'utile à la fociété, & fpécialement à la jeuneffe. J'efpere

Les preuves que l'on préfente ici font les moyens qui font expliqués ou indiqués dans ce Mémoire : je les crois fi propres à produire les avantages marqués ci-deffus, que ce que je défirerois le plus pour le bien de la jeuneffe, & par conféquent pour celui de la nation, c'eft qu'on les fit examiner par des perfonnes judicieufes, qui mériteroient la confiance publique, principalement par leur impartialité & par leurs bonnes intentions connues, afin d'en rendre un témoignage public fur lequel les particuliers puffent compter. Nous allons remettre ici devant les yeux les cinq objets que nous avons indiqués, mais en les propofant par maniere de problêmes à réfoudre.

Premier Problême. Rendre les études moins pénibles, & même fouvent, faciles & agréables aux jeunes gens.

II. Problême. Les rendre plus utiles à l'égard des matieres qu'on leur enfeigne.

III. Problême. Les rendre auffi plus utiles par rapport aux qualités de l'efprit, en propofant d'abord quelque exercice capable d'ouvrir l'efprit aux enfans qui commencent leurs études, & en donnant enfuite, fur-tout en Philofophie, quelques moyens aifés de cultiver & de perfectionner les qualités de l'efprit les plus eftimables, je veux dire la pénétration, la fagacité & la jufteffe. Ce problême, comme l'on voit, renferme deux parties, l'une qui regarde les enfans, l'autre qui eft fur-tout pour les Etudians en Philofophie.

IV. Problême. Donner des moyens d'exciter l'émulation dans les Ecoliers, enforte qu'ils s'appliquent d'eux-mêmes à l'étude, & que l'on ne soit plus, pour l'ordinaire, dans la triste nécessité de leur témoigner du mécontentement par rapport à leur travail, & sur-tout d'en venir à des punitions.

V. Problême. Enfin former le cœur & les mœurs de la jeunesse. Voilà le point capital auquel les autres doivent se rapporter; car il en est des sciences comme des richesses; les unes & les autres deviennent pernicieuses, quand on en fait un mauvais usage, & c'est ce qui ne manque pas d'arriver, lorsque le cœur n'est pas réglé. Il ne suffiroit donc pas qu'un Maître préposé à l'éducation de la jeunesse, enseignât à ses Eleves la Grammaire ou les Belles-Lettres, ou la Philosophie, cela ne suffiroit pas, dis-je, pour qu'il s'acquitât de ces principaux devoirs, quand même d'ailleurs il veilleroit sur leur conduite & sur leurs mœurs; il faut encore qu'il s'applique à former leur cœur, afin qu'ils fassent un bon usage de leur science, & qu'ils deviennent de bons Citoyens & de bons Chrétiens; car s'il n'est pas réglé, leurs connoissances feront nuisibles à eux & aux autres par l'abus qu'ils en feront.

Pour ce qui est du succès que l'on peut espérer par rapport à la solution de ces Problêmes, que l'on voit bien être des plus intéressans pour l'éducation de la jeunesse, nous nous contenterons de rapporter ici à l'égard du premier ce que nous disons à la page 16 du Mémoire, sçavoir que les enfans qui n'ont point de Précepteur particulier n'auroient peut-être pas la dixieme partie des peines qu'ils éprouvent aujourd'hui lorsqu'ils veulent traduire une leçon de leur Auteur, n'ayant pas le secours

comme de ceux du françois ; or l'expérience
fait voir qu'il n'y a point d'enfans, ou prefque
point à qui on ne puiffe apprendre les élémens
de cette langue ou du jargon de leur pays, de
maniere à concevoir ce qu'on leur dit touchant
les chofes ordinaires de la vie qui les regardent,
& à fe faire entendre par ceux du même pays
auxquels ils parlent ; & on y réuffiroit encore
mieux, fi on ajoutoit au fimple ufage quelques
inftructions les plus faciles fur les principes de
la langue, en particulier fur la conjugaifon des
verbes & qu'on leur en donnât quelques exemples à apprendre. Il en eft de même du latin ;
à peine trouveroit-on des enfans qui ont la faculté de parler, qui n'en puiffent apprendre les
élémens, lefquels font mêmes plus faciles que
ceux du françois, à caufe qu'il y a moins d'ir-
régularité.

Pour ce qui eft des Ecoliers des baffes-claffes
qui font quelques progrès, parce qu'ils ont plus
d'application que ceux dont on vient de parler,
& peut-être plus de facilité, ils en feroient beaucoup davantage, fi en commençant dès la feptieme, on leur procuroit les fecours expofés dans les
art. VI, VII & VIII du Mémoire. Je crois qu'ils
feroient avec ces fecours environ en trois ans par
rapport au latin ce qu'ils ne font qu'en plus de
quatre ans dans l'état actuel, parce qu'ils l'apprendroient avec une facilité fans comparaifon
plus grande ; & pour ce qui eft des autres connoiffances plus néceffaires, je veux dire celles
qui font dans l'ordre de la Religion ou celui de la
vie civile, ils y feroient encore des progrès plus
remarquables, parce qu'ils en feroient prefque
continuellement occupés, car elles feroient contenues dans les petits traités latins qu'on leur

feroit expliquer & traduire à la place des anciens Auteurs. (Il s'agit principalement des écoliers qui n'ont point de Précepteurs particuliers, & qui d'ailleurs n'ont point de talens éminens qui puiſſent ſuppléer en partie aux ſecours dont il s'agit.)

Cela poſé, c'eſt-à-dire les choſes étant comme elles viennent d'être repréſentées, (& j'eſpere que l'on conviendra qu'il n'y a point d'exagération dans ce que j'ai avancé, quand on aura lu ce Mémoire avec attention & avec un eſprit impartial & libre de prévention ;) cela poſé, dis-je, quelle différence n'y aurat-il pas entre des jeunes gens inſtruits de cette maniere & le plus grand nombre de ceux qui ſortent aujourd'hui des Colléges ? Ils paroiſſent ſouvent comme étrangers par rapport aux connoiſſances les plus communes de la vie, qu'il vaudroit bien mieux ſçavoir que les guerres des Perſes, des Grecs, des Romains, des Carthaginois, &c. dont la connoiſſance n'eſt preſque qu'un amuſement par rapport au commun des étudians. Ne peut-on pas même dire que les problêmes propoſés renferment la perfection de la méthode d'enſeigner ? Car enfin ſi l'on rend les études moins pénibles & même agréables à la jeuneſſe, ſi on les rend plus utiles par rapport aux matieres, & encore à l'égard des qualités de l'eſprit, ſi on trouve les moyens d'attirer les jeunes gens à l'étude ſans contrainte, & d'étendre ou de multiplier les connoiſſances utiles qu'ils peuvent acquérir pendant le cours des études, enfin ſi on prend les moyens qui paroiſſent les plus propres à former leur cœur & leurs mœurs, que peut-on demander de plus pour la perfection de cette méthode ?

que quoique le troisieme & le quatrieme paroissent fort difficiles, & comme chimériques,
on trouvera que les moyens que l'on présente
pour parvenir aux fins que l'on se propose, sont
très-propres pour produire l'effet que l'on dé-
sire.

Il y a une chose à remarquer qui est une suite
nécessaire de la pratique des cinq problêmes,
c'est qu'en les réunissant dans l'exécution, non-
seulement les jeunes gens apprendront des
matieres sans comparaison plus utiles que celles
que l'on avoit coutume de leur enseigner ;
mais aussi ils acquerront des connoissances plus
étendues & en plus grand nombre, soit parce
qu'on levera les difficultés qui les arrêtent &
leur font perdre bien du tems, & que les matieres seront mieux digérées & présentées avec
plus de netteté, plus d'ordre & de méthode ;
soit parce que les esprits seront mieux préparés & cultivés, & par-là plus capables de
faire du progrès dans les Sciences, quand bien
même ils ne s'appliqueroient pas davantage
qu'ils n'ont fait jusqu'à présent ; soit parce
qu'ils donneront effectivement plus d'application qu'ils n'ont coutume de faire à cause de
l'émulation qu'ils auront pour l'étude ; soit enfin
parce que le cœur étant mieux réglé, les jeunes gens ne seront pas détournés de l'application à leurs devoirs par les passions qui font
un des principaux obstacles au succès des études : il arrivera de-là que les jeunes Etudians,
en sortant du Collége, sçauront presque tout
ce qu'il faut sçavoir pour l'usage ordinaire de
la vie, excepté la science particuliere de l'état
dans lequel ils entreront, & une connoissance
plus étendue des devoirs de la Religion, dans

laquelle il faut croître de plus en plus ; mais à l'égard des autres connoiſſances, il ſuffiroit preſque d'entretenir & de conſerver celles qu'ils auroient acquiſes dans le Collége. (Je parle ici des connoiſſances qui appartiennent de près ou de loin aux Sciences, & que l'on peut acquérir par l'étude.) Cette acquiſition des connoiſſances qui ſont néceſſaires ou utiles pour l'uſage de la vie, au moins à l'égard des perſonnes d'un rang un peu diſtingué, ſe feroit encore avec plus de facilité & de perfection, ſi on ſéparoit la claſſe de Rhétorique en deux, comme on l'a propoſé à l'article XXX.

Mais ce qui mérite peut-être encore plus d'être remarqué, c'eſt que la plûpart des enfans qui ne font preſque aucun progrès dans leurs études, (on ſçait que le nombre en eſt grand) & que l'on abandonne à leur triſte ſort, parce qu'on les regarde comme ineptes, ou comme incapables d'application ; ces enfans, dis-je, ſuiv oient avec ſuccès le cours ordinaire des claſſes, au moins juſqu'aux ſupérieures, parce que les difficultés qui les arrêtent préſentement & les rebutent, étant levées, ils n'éprouveroient pas les peines qui les dégoûtent : mais au contraire, ils réuſſiroient dans leur travail, & ſur-tout dans les traductions qu'ils auroient à faire, & par conſéquent ils n'auroient pas cette averſion qu'ils montrent aujourd'hui pour le travail : pluſieurs même s'y porteroient avec plaiſir à cauſe du ſuccès qu'ils y auroient, enſorte qu'ils paroîtroient tout autres qu'ils ne paroiſſent préſentement, parce qu'ils manquent de ſecours proportionnés à leur beſoin ; car on peut juger des élémens du latin

On voit fenfiblement par-là combien plus il importe d'éclaircir ces points intéreſſans qui regardent l'enfeignement de la jeuneſſe, que les queſtions auxquelles pluſieurs Sçavans ont coutume de s'appliquer avec le plus grand travail dans les fciences fpéculatives. Il me femble donc qu'il n'y a point de pere de famille qui ait des enfans à élever & à faire inſtruire des élémens des fciences qui leur conviennent, qui ne doive prendre un vif intérêt à l'établiſſement & à la pratique des moyens qui auront des effets ſi avantageux : je ne crois pas qu'on en ait propoſé d'autres, au moins depuis très-longtems, qui le ſoient autant pour la jeuneſſe que ceux qui font raſſemblés dans ce mémoire ; &, ce qui mérite encore d'être conſidéré, c'eſt qu'ils n'ont rien de fort difficile dans l'exécution, au moins pour la plûpart : il y en a même pluſieurs qui peuvent s'exécuter par des particuliers, tels que les Commentaires dont nous parlerons à l'article VII pour les Auteurs des baſſes-claſſes, qui feront non-feulement utiles ; mais que l'on peut dire néceſſaires. Au reſte, il feroit bien mieux que tout ſe fît par la direction & l'ordre de l'Univerſité de Paris à qui appartient de droit tout ce qui peut contribuer à l'inſtruction & à l'éducation de la jeuneſſe : c'eſt un privilége qui lui eſt trop glorieux pour qu'elle fouffre que d'autres le lui enlevent.

Outre les moyens particuliers répandus dans le cours du Mémoire pour perfectionner les études, nous en propofons trois autres généraux dont les premiers feroient des fuites qui en découleroient bien-tôt : leur utilité & même leur néceſſité font mifes dans un tel point d'évidence, fur-tout dans la Concluſion qui eſt après les Additions, (pag. 228 & suiv.) que nous croyons que tous les bons Citoyens, fenfés & intelligens en feront frappés, nous ofons même efpérer qu'on les mettra à exécution tôt ou tard : les avantages ineftimables que la France en retireroit par rapport à l'éducation de la jeuneffe, l'intérêt particulier qu'y doit prendre la Ville de Paris à caufe des enfans d'un très-grand nombre de fes Citoyens qui font trop éloignés des Colléges actuellement fubfiftans pour les y envoyer, la gloire de l'Univerfité qui auroit la fatisfaction de voir qu'elle s'étendroit, pour ainfi dire, par tout le Royaume, en y formant la jeuneffe à la vertu & aux fciences par l'organe des Maîtres qui auroient été formés eux-mêmes dans fon fein, enfin l'accroiffement confidérable de fes revenus qu'elle a reçu depuis peu d'années de la bonté du Roi, ces quatre confidérations femblent être des motifs très-bien fondés de notre efpérance : nous fommes même perfuadés qu'elle ne pourra être fruftrée de fon objet, fi on veut bien confidérer de quelle importance il eft de faire les établiffemens & les réglemens dont il s'agit qui perfectionneroient tellement l'éducation publique, qu'ils la porteroient au plus haut dégré que l'on puiffe raifónnablement efpérer. Cela eft fi important, qu'il femble qu'il n'y ait rien de plus grand dans les entreprifes des hommes à l'égard de l'ordre civil & moral, puifque ces objets ou moyens étant tels que nous les repréfentons, 1°. ils mettront la plûpart de ceux qui acheveront le cours de leurs études, en état de remplir leurs fonctions d'une maniere fupérieure dans les différentes places qu'ils occuperont; 2°. ils renfermeront, pour ainfi dire,

le germe de la perfection des arts & des fciences de toutes efpeces ; la pénétration , la juf-
tefte & les lumieres acquifes par un très-grand
nombre de jeunes gens qui feront leurs études
avec un fuccès qui répondra aux fecours qu'ils
auront , ne pouvant manquer de faire éclore
quantité de nouvelles vues par rapport aux
arts & aux fciences pour en faire des applications utiles, & pour découvrir des vérités inconnues : telle eft l'importance de ces objets
quant à l'efprit. 3°. Mais fi on envifage l'éducation par rapport au cœur, l'avantage qui en
reviendra fera encore plus grand fans comparaifon, car les qualités de l'efprit qui regardent les arts & les fciences ne fuffifent pas
pour rendre l'homme heureux ; on ne peut
attendre ce bonheur , autant qu'il en eft capable , que des inclinations louables du cœur ;
& ce font ces inclinations que l'on travaille à
former par une bonne éducation : ainfi perfectionner l'éducation de la jeuneffe, c'eft contribuer à la perfection des arts & des fciences
en tout genre , & ce qui eft beaucoup plus intéreffant, c'eft contribuer fpécialement au bonheur de la société. Difons-le donc fans héfiter ,
puifqu'on peut le dire avec fondement : les trois
moyens propofés feroient la fource de tout
bien.

Mais ne féparons point ces grands motifs
d'un autre qui doit intéreffer tous les François ,
c'eft qu'il n'y a peut-être point d'autre établiffement qui puiffe autant contribuer que ceux
dont il s'agit à rendre le regne de notre Roi
à jamais mémorable & cher à la poftérité ; ils
attireroient les bénédictions des principaux fujets de fon Royaume fur fa perfonne facrée ,
& auffi fur ceux qui fous fon autorité favori-

feroient ces établiffemens, & s'employeroient felon leur pouvoir à en faire jouir la France. Mais quoique ces motifs d'efpérance foient puiffans en eux-mêmes, il faut, afin qu'ils ayent leur activité, qu'ils foient bien connus : or pour cet effet il feroit à fouhaiter que le Gouvernement voulût bien les faire examiner par des perfonnes affectionnées aux avantages de la fociété : il n'eft pas néceffaire pour en porter un jugement éclairé d'avoir beaucoup de fcience, & d'érudition ; il fuffit d'avoir fait avec fuccès le cours ordinaire des études de Collége, ou d'y avoir fuppléé dans la fuite, fi on les avoit un peu négligés dans le tems, pourvu que d'ailleurs on fût exempt de prévention & d'engagement pour défendre la pratique actuelle. Ce moyen paroît fi aifé & fi naturel, & d'ailleurs la chofe eft de fi grande importance pour l'éducation de la jeuneffe, & par conféquent pour l'avantage du Royaume, qu'il y a lieu d'efpérer que l'on voudra bien en faire ufage. Cela feroit d'autant plus néceffaire que ceux qui font habitués depuis long-tems à fuivre une opinion autorifée par le commun des Sçavans ou une méthode pratiquée par la plûpart des Maîtres dans l'Art, ont beaucoup de peine à en adopter une autre & à fe perfuader qu'elle eft préférable à la premiere, furtout fi celle-ci eft appuyée du fuffrage & de l'exemple de la plûpart des anciens depuis des fiécles entiers. Il femble que les talens & les lumieres, même fupérieures, foient alors privées de leur effet naturel, qui eft de reconnoître la vérité, & de lui rendre hommage. C'eft ce qui arrive prefque toujours lorfqu'on attaque des opinions reçues communément.

Nous finirons par une confidération qui mé-

rite d'être péfée par ceux qui eftiment les Sciences & les Arts. Il femble que tous ceux qui
s'intéreffent à l'honneur des études & des Belles-Lettres, doivent auffi s'intéreffer à l'exécution de ce qui eft propofé dans ce Mémoire.
On fçait qu'il a été attaqué publiquement, cet
honneur, il y a près de vingt ans par un Auteur devenu fort fameux, & que fon Ouvrage
intitulé, *Difcours fur le Rétabliffement des Siences & des Arts*, fut couronné par une Académie qui avoit propofé cette queftion à réfoudre pour fujet d'un prix, fçavoir *fi le Rétabliffement des Sciences & des Arts a contribué à épu-
rer les mœurs*. L'Auteur du Difcours prétend
prouver le contraire. Plufieurs Sçavans fcanda-
lifés de cette affertion hardie & téméraire, y
ont oppofé des critiques, auxquelles cet Auteur a répliqué, comme il arrive ordinairement : mais nous croyons que le meilleur moyen
pour détruire ce fcandale contre l'honneur des
Sciences, feroit de prendre des mefures pour
empêcher que l'on enfeignât aux jeunes gens
des chofes qui leur font communément très-
peu utiles, & pour fupprimer l'abus que l'on
en fait, (des Sciences :) car c'eft cet abus qui
eft la caufe de ce que l'on a femblé rejetter
l'opprobre qu'il mérite fur les Sciences mêmes.
Or rien ne pourroit contribuer davantage à cette
fin que l'exécution de ce qui eft propofé dans notre Mémoire, où il s'agit, non pas de differtation
& de difcours, qui n'apportent guères de changement aux mœurs pour les rendre meilleures,
mais d'établiffemens, de réglemens, d'exercices & de traités à l'ufage des jeunes étudians;
le tout proportionné à leur befoin, tant pour
former leur cœur que pour éclairer leur efprit.
Ce font-là les véritables moyens d'empêcher

l'enseignement des choses inutiles & les abus
des Sciences & des Arts, puisqu'ils tendent (ces
moyens) à n'enseigner aux jeunes gens que
les connoissances dont ils ont besoin, & à détruire ou à prévenir la corruption du cœur, &
à leur rendre l'esprit juste : or ces abus viennent de cette corruption & du défaut de justesse dans l'esprit. Si ce que nous avançons
ici est bien fondé, il semble qu'on ne puisse se
dispenser d'employer les moyens dont il s'agit :
on doit donc s'en assurer. Or pour cela, il faudroit, comme nous l'avons dit, les faire examiner par quelques personnes sensées qui n'auroient d'autre vue dans cet examen que celle
d'être utiles à la jeunesse.

Si cet examen avoit lieu, je ne crois pas
qu'il y eût à douter que le jugement que porteroient les Arbitres sur les moyens proposés,
ne fût favorable à ces moyens ; & comme il
n'auroit été ordonné que pour agir en conséquence, on auroit tout lieu d'espérer qu'ils seroient mis à exécution, d'autant qu'ils pourroient l'être sans causer de nouvelles dépenses
à l'Etat. Je le souhaite pour l'avantage de la jeunesse ; je le souhaite pour la satisfaction des
peres & meres, dont l'intérêt est étroitement
uni à celui de leurs enfans ; je le souhaite pour
le bonheur de la France, puisque rien ne contribue tant à celui d'une nation que la bonne
éducation de la jeunesse ; je le souhaite enfin
pour la prospérité du regne de notre Roi ; car
un des principaux moyens d'attirer les bénédictions du Ciel sur la personne d'un Souverain,
c'est l'attention qu'il a pour procurer une bonne
éducation à la jeunesse élevée dans son Empire ; aussi lit-on dans l'Histoire que Charlemagne s'en occupoit particulierement.

PERMISSION DU ROI.

de Paris, dans trois mois de la date d'icelles ; que l'impreſſion dudit Ouvrage ſera faite dans notre Royaume & non ailleurs, en bon papier & beaux caracteres, que l'Impétrante ſe conformera en tout aux Réglemens de la Librairie, & notamment à celui du 10 Avril 1725, à peine de déchéance de la préſente Permiſſion ; qu'avant de l'expoſer en vente, le Manuſcrit qui aura ſervi de copie à l'impreſſion dudit Ouvrage, ſera remis dans le même état où l'approbation y aura été donnée, ès mains de notre très-cher & féal Chevalier Chancelier Garde des Sceaux de France, le Sieur de Maupeou, & qu'il en ſera enſuite remis deux exemplaires dans notre Bibliotheque publique, un dans celle de notre Château du Louvre, & un dans celle dudit Sieur de Maupeou, le tout à peine de nullité des Préſentes : du contenu deſquelles vous mandons & enjoignons de faire jouir ladite Expoſante & ſes ayant-cauſes, pleinement & paiſiblement, ſans ſouffrir qu'il leur ſoit fait aucun trouble ou empêchement. Voulons qu'à la copie des Préſentes, qui ſera imprimée tout au long au commencement ou à la fin dudit Ouvrage, foi ſoit ajoutée comme à l'original. Commandons au premier notre Huiſſier ou Sergent ſur ce requis, de faire pour l'exécution d'icelles tous actes requis & néceſſaires, ſans demander autre permiſſion, & nonobſtant clameur de haro, charte Normande & Lettres à ce contraires : Car tel est notre plaisir. Donné à Paris, le Mercredi dixieme jour du mois de Mai, l'an de grace mil ſept cent ſoixante-neuf, & de notre regne le cinquante-quatrieme. Par le Roi en ſon Conſeil.

Signé, Lebeuue.

Regiſtré ſur le Regiſtre XVII de la Chambre Royale & Syndicale des Libraires & Imprimeurs de Paris, N°. 636, fol. 690, conformément au Réglement de 1723. A Paris, ce 9 Juin 1769. *Signé*, Briasson, *Syndic.*

MEMOIRE

Sur les Moyens de perfectionner les Etudes publiques & particulieres.

Il y a long-temps que l'on ne s'est trouvé dans des circonstances plus favorables qu'à présent pour proposer des vues touchant la perfection des Etudes. (C'est ce que nous disions vers la fin de l'année 1762.) Les Parlemens sont fort occupés de cet important objet : celui de Paris a manifesté ses intentions à ce sujet par un Arrêt du 3 Septembre de cette année 1762 ; & si ce projet réussit au gré des personnes éclairées qui ont à cœur l'éducation de la Jeunesse, ce sera un des plus grands bonheurs qui puisse arriver à la France, rien n'étant plus important que l'éducation de la Jeunesse. Cet événement ne pourra manquer de contribuer beaucoup à la gloire du Regne de Louis XV. L'importance de l'objet qu'on se propose nous a déterminé à mettre par écrit plusieurs réflexions qui nous paroissent de quelque utilité à ce sujet. Au reste nous laissons à ceux à qui il appartient, d'entrer dans le détail de ce qu'il est plus à-propos de faire dans chaque Classe, & de déterminer quels sont les Auteurs que

A

l'on doit voir dans chacune, quels font les exercices qui doivent fe fuccéder les uns aux autres. Nous ne nous propofons prefque que certaines vûes générales que la droite raifon indique, & dont la plûpart font connues au moins implicitement, pour ainfi dire, par plufieurs de ceux qui fe donneront la peine de les lire; car nous ne prétendons pas dire ici des chofes fort relevées : ce font au contraire, pour la plûpart, des obfervations fort fimples, & fi naturelles qu'elles ne devroient pas être expofées à la contradiction. Il y a quelques-unes des vues que nous donnons ici, que nous avons expoféesdans d'autres Mémoires : nous les plaçons encore dans celui-ci avec les autres, afin de les réunir toutes enfemble.

ARTICLE I. (*a*) Ce n'eft pas fans quelque peine que nous prenons le parti d'expofer ces vues, à caufe de la diverfité des opinions & des jugemens des hommes, qui eft telle que quelque chofe que l'on propofe fur ces matieres, on eft toujours affuré de fe voir contredit & blâmé par plufieurs. Les uns voudroient qu'on retînt tous les ufages qui fubfiftent, & pour les autorifer, ils ne manquent pas de dire que l'on a formé jufqu'à préfent une infinité d'habiles gens en fuivant ces ufages : d'autres prétendent qu'il faut tout changer, abolir tout ce qui s'eft pratiqué jufqu'à préfent, & faire un fyftême d'éducation entiérement nouveau : il faudroit, felon eux, imiter les Architeftes, qui détruifent un ancien édifice jufqu'aux fonde-mens pour en élever un tout neuf, qui n'ait de

---

(*a*) Les chiffres Romains indiquent les Articles, dont quelques-uns feront partagés en plufieurs parties marquées par des chiffres ordinaires.

commun avec l'ancien tout-au-plus que la place qu'il occupoit. Il nous paroit que l'une & l'autre maniere de penser est insoutenable, & qu'il y a un milieu à prendre ; c'est en changeant ce qui peut être défectueux dans la méthode que l'on a pratiquée communément jusqu'à présent, & en retenant ce qu'elle a de bon, qui en est proprement le fond & l'essentiel, au lieu que le défectueux qui s'y trouve, n'en est que l'accessoire ; c'est ce qu'il est à propos d'expliquer par quelques exemples. Cette ancienne méthode, qui est encore en vigueur, prescrit de donner des thêmes pour apprendre le Latin ; voilà le fond sur cet article. Elle veut aussi qu'on en donne dès les commencemens, après que les Enfans ont appris les Déclinaisons, les Conjugaisons, & quelques régles de Syntaxe, & cela sans prendre certaines précautions dont nous parlerons dans la suite ; voilà ce qu'on peut appeller l'*accessoire*. De même, conformément à cette méthode, on fait aux Commençans la construction des Auteurs Latins qu'on leur met entre les mains ; voilà le fond : mais on ne leur fait cette construction que de vive voix : ne vaudroit-il pas mieux la leur donner toute imprimée ? voilà l'accessoire. Pareillement, on leur fait apprendre des régles de Syntaxe ; cela appartient au fond ; mais de quelle maniere ces régles devroient-elles être présentées & distribuées aux différentes classes ? voilà l'accessoire. Or, que le fond & l'essentiel de l'ancienne méthode soient bons, c'est je crois ce que l'on ne peut combattre par des raisons solides : car outre qu'on l'apperçoit facilement lorsqu'on est un peu au fait de cette matiere, on peut aussi s'en assûrer par le jugement qu'en ont porté une in-

finité d'efprits excellens qui ont fuivi & ap-
prouvé cette méthode dans ce qu'elle a d'effentiel. Nous reviendrons à ce point quand nous
aurons répondu aux premiers qui fouffrent im-
patiemment qu'on propofe des changemens,
quels qu'ils foient, fous prétexte qu'on eft parvenu à former des hommes illuftres par leur
fcience en fuivant la Méthode actuelle. Nous
ne difconvenons pas du fait; mais on n'en peut
rien conclure en faveur de cette Méthode, foit
parce qu'il y a toujours des efprits ou pénétrans,
ou très-appliqués, qui ne laiffent pas de faire
des progrès, malgré les défauts de la Méthode
dont on fe fert à leur égard, foit parce qu'il y a
des Etudians qui ont des fecours particuliers
qui fuppléent à ce qui manque à la Méthode.
On peut apporter ici plufieurs comparaifons
qui feront fentir la folidité de cette réponfe.
Une infinité de perfonnes ont appris à lire par
l'ancienne routine : en eft-elle moins contraire
au bon fens & au progrès des Enfans ? De même, avant qu'on eût fait en France les nouvelles chauffées que l'on conftruit depuis plufieurs
années, on ne laiffoit pas de faire des voyag.s,
& on arrivoit au terme que l'on fe propofoit,
S'enfuit-il de-là qu'il falloit garder les anciens
chemins prefqu'impraticables en certains temps,
& rejetter avec dédain le deffein d'en faire de
nouveaux beaucoup plus commodes, tels que
ceux qu'on a pratiqués depuis environ quarante
ans ? On devroit bien plutôt rejetter fur cette
Méthode le peu de fuccès du plus grand nombre de ceux qui ont tenté d'apprendre le Latin,
& qui n'y ont pas réuffi. C'eft en parlant d'eux
qu'on pourroit dire qu'il y en a une *infinité*; car
pour deux ou trois qui font quelque progrès

dans leurs études, il y en a au moins dix qui n'en font que de très-legers, & quelquefois aucun.

Mais pourquoi s'arrêter à prouver qu'il y a des changemens à faire dans l'ancienne Méthode d'enseigner ? C'est une vérité que l'on peut supposer présentement comme constante, à laquelle tous ceux qui parlent au Public sur cette matiere, rendent témoignage (1) : c'est un cri général qui s'éleve de toutes parts, de toutes les Provinces ; ce sont des Particuliers, ce sont des Magistrats, ce sont des Corps, ce sont des Parlemens qui le publient à haute voix, ou qui le supposent ouvertement. S'il n'y a rien à changer dans la Méthode actuelle d'enseigner, à quoi aboutit donc l'Arrêt du Parlement de Paris du 3 Septembre 1762 ? Ainsi il est de notoriété publique qu'il y a quelque chose de vicieux dans cette Méthode, & qu'il y a, par conséquent, des changemens à y faire.

II. Il est donc constant que la raison marquée ci-dessus, qu'on apporte pour autoriser quelques usages pratiqués depuis long-temps, ne prouve pas qu'on ne puisse, & même qu'on ne doive substituer à leur place des moyens beaucoup plus prompts & plus efficaces pour produire l'effet qu'on se propose, quand cela est possible ; & ce seroit se montrer peu judi-

______

(1) On peut citer pour exemple, la coutume de donner des Thêmes dans les commencemens : celle de se servir de différentes méthodes pour le Latin, n'est pas moins décriée parmi ceux qui voyent les choses de près. Il y a deja long tems que l'on s'est élevé contre celle de dicter des Cahiers en Philosophie, & ce n'est plus un problême parmi ceux qui ne sont pas entraînés par la force de l'habitude.

cieux , & manquer de discernement , que de ne
pas sentir combien certains usages sont peu
convenables au but qu'on se propose , lorsqu'on
en a démontré les défauts palpables , sur-tout
si l'on a exposé des moyens beaucoup plus
propres pour parvenir à la fin qu'on a en vue.
Nous tâcherons de n'en proposer que de cette
sorte ; mais ce sera toujours en bâtissant sur les
anciens fondemens , qu'il faut conserver avec
soin parce qu'ils sont bons & solides. Nous en
allons donner un exemple que nous choisissons ,
parce qu'il pourroit souffrir quelque difficulté.
Dans les Universités & les Colleges , on a toujours enseigné le Latin aux Enfans avant de
leur apprendre les autres Sciences : or cet ordre est très conforme à la nature & à la raison,
parce qu'il est beaucoup plus du goût des Enfans , & qu'il est bien plus facile pour eux , sur-
tout si on commence par leur apprendre les premiers Elémens de la Grammaire Françoise : ils
se plaisent naturellement à répéter une suite de
mots qui ont quelque rapport entr'eux , & c'est
ce qui se rencontre dans les Déclinaisons des
Noms & les Conjugaisons des Verbes. Ainsi
c'est pour eux une espece de jeu de les apprendre , sur - tout quand un Maître sçait mettre à
profit cette disposition qui leur est comme
naturelle. Si au contraire on tentoit de leur
apprendre quelque Science qui supposât une
attention réfléchie , comme la Géométrie ou
le Droit , ils n'y trouveroient que du dégoût. L'Histoire Naturelle , ou l'Histoire Civile , n'auroit point non plus d'attraits pour eux
(je parle du commun des Enfans.) Pour prendre goût à ces Sciences , il faut avoir l'esprit
déja un peu formé : ils regarderont avec plaisir

un jeune Chat faire ſes petits tours, mais ſi on veut leur ſuggérer quelques réflexions touchant ſes mouvemens & ſes opérations, on n'attirẽra pas leur attention. Il viendra un temps où ils ſaiſiront ces réflexions avec avidité, & où ils écouteront l'Hiſtoire & la liront plus volontiers que tous les autres Livres. C'eſt donc par le Latin qu'il faut commencer, après leur avoir appris les notions des parties du Diſcours ſur le François

I I I. Si l'on remettoit à leur apprendre les Elémens de la Langue Latine après qu'ils ont l'eſprit un peu formé, & ſur-tout après avoir pris du goût pour quelques Sciences, on auroit mille peines à obtenir d'eux l'application né-ceſſaire pour cette étude, dont ils ſeroient dé-tournés par les Sciences mêmes qu'ils auroient commencé à goûter. On ne pourroit les y en-gager que par la force & la crainte des châti-mens. Il eſt vrai qu'en leur enſeignant les com-mencemens du Latin, on pourroit leur appren-dre de temps en temps certaines connoiſſances élémentaires de pluſieurs Sciences; par exem-ple, de la Géographie, en leur montrant ſur une Carte les poſitions des Villes, les ſituations des Provinces & des Royaumes : on pourroit auſſi leur parler de quelques points détachés de l'Hiſtoire Civile & de l'Hiſtoire Naturelle, leur montrer dans le particulier quelques morceaux de celle-ci, ſoit végétaux, ſoit minéraux ou animaux, & même leur dire, quand l'occaſion ſe préſente, ce que c'eſt qu'un Cercle, un Dia-métre, un Rayon, des Lignes perpendiculaires, obliques, paralleles, pourvu qu'on leur en fît voir des figures : on pourroit auſſi leur appren-dre les propriétés de ces Lignes, que l'on peut

appercevoir fans démonftration : mais on ne
réuffiroit pas, fi dans une Ecole publique on
tentoit de faire apprendre à une troupe d'Enfans les raifonnemens les plus ordinaires de cès
Sciences , & le rapport de leurs parties ; &
quand on auroit eu certains fuccès à l'égard de
quelques Enfans dans des éducations particulieres, on n'en pourroit rien conclure pour l'é-
ducation publique ; ces fuccès pouvant venir,
ou des heureufes difpofitions des Enfans, ou
des talens peu communs des Maîtres, ou des
moyens particuliers qu'on met en ufage. Après
tout, fi on a eu quelque fuccès , on auroit peut-
être encore mieux réuffi fi l'on avoit fuivi la
méthode des Ecoles quant à l'ordre dont il
s'agit.

Après ces préliminaires, qui nous ont paru
néceffaires pour combattre les excès de part &
d'autre au fujet de la Méthode des études ufitée
dans les Ecoles, nous allons propofer quelques
vues qui tendent à la perfectionner , & qui fans
détruire le fond de la Méthode en changeront
tellement l'acceffoire & en quelque forte la maniere , que l'utilité qui en reviendra à la Jeuneffe , fera fans comparaifon plus grande que celle
qu'elle en retire aujourd'hui , au moins pour le
plus grand nombre; telle en un mot qu'elle a
été repréfentée dans la Préface. Nous efpérons
donc que les perfonnes fenfées & impartiales
applaudiront à ces changemens , & qu'ils ne
pourront être défaprouvés que par ceux qui fe
laifferont entraîner par le torrent de la coutume
& des préjugés , enracinés par un long & ancien ufage : c'eft cette utilité que la Jeuneffe re-
tirera des changemens & des vues que nous
expofons , qui nous détermine à les donner.

I V. Nous obferverons d'abord qu'il-feroit à fouhaiter qu'on cherchât & qu'on s'appliquât à avancer & à augmenter l'ouverture d'efprit dans les Enfans, afin qu'ils fuffent en état de concevoir plus aifément ce qu'on voudroit leur apprendre. Or rien, à ce que je crois, ne feroit plus propre à produire ce bon effet que de leur apprendre à compter, autant qu'il conviendroit à leur âge, de leur enféigner à faire certaines petites opérations d'Arithmétique fans fe fervir de la plume, & de leur faire quelques queftions qui feroient à leur portée, fur-tout celles qui fuppofent quelques légeres combinaifons pour les réfoudre. Il eft certain que ces exercices feroient très-propres à produire le bon effet qu'on fe propofe, à caufe des petits efforts qu'ils feroient obligés de faire pour répondre à ce qu'on leur demanderoit. Souvent il faudroit les conduire comme par la main à la réponfe qu'on exigeroit d'eux : mais les exercices dont il s'agit réuffiroient mieux dans le particulier que dans une Claffe nombreufe. Ainfi c'eft plutôt l'affaire des Précepteurs & des Parens, que des Profeffeurs, lorfqu'ils ont un grand nombre d'Ecoliers.

Cependant, il feroit à propos que ceux-ci fiffent auffi dans leurs Claffes quelques obfervations, & qu'ils propofaffent quelques queftions fur cette matiere : un quart-d'heure pour cet exercice pendant la Claffe feroit un temps fort bien employé ; mais afin de fixer l'efprit des Enfans, il faudroit que les exemplès des nombres qu'on choifiroit fuffent marqués en grand fur une planche avec de la craye. On peut voir dans la premiere Addition, à la fin du Mémoire, quelles feroient les opérations &

les combinaiſons faciles auxquelles il faudroit
exercer les Enfans : elle contient la ſolution de
la premiere partie du troiſieme Problême.

V. Il faudroit toujours enſeigner aux Enfans
les Elémens de la Grammaire Françoiſe, avant
de leur faire commencer à apprendre le Latin :
c'eſt ce que nous avons déja inſinué. Il leur eſt
beaucoup plus facile de concevoir les différentes
parties du Diſcours, c'eſt-à-dire, le Nom, le
Pronom, le Verbe, & c. en une Langue qu'ils entendent au moins un peu, que dans une autre
qui leur eſt tout-à-fait inconnue ; & lorſqu'ils
auront appris les notions de ces parties pour le
François, ils en feront aiſément l'application
au Latin, parce qu'elles ſont les mêmes (ces
notions) pour l'une & pour l'autre Langue.
Outre les notions des parties du Diſcours, on
leur feroit auſſi apprendre les Conjugaiſons des
Verbes. Il feroit fort utile de leur faire rapporter par écrit, quand ils le pourroient avec un
peu de ſuccès, quelques Verbes, en les avertiſ-
ſant de prendre pour modeles ceux de la même
Conjugaiſon qui feroient dans l'Abregé de
Grammaire Françoiſe qu'on leur auroit mis entre les mains. On leur feroit remarquer les Modes, les Temps & les Perſonnes des Verbes, &
encore les Terminaiſons des Mots des Verbes,
eu égard à ces trois choſes ; mais ce dernier article ne feroit que pour la ſuite. Par ce moyen
ils acquerroient la connoiſſance des Temps, des
Verbes, & celle de leur Orthographe. L'une
& l'autre contribueroient beaucoup dans la
ſuite à leurs progrès, leur feroient diſtinguer
les Temps des Verbes dans les phrâſes qu'ils
liroient, & leur en faciliteroient beaucoup l'intelligence. Avec ces connoiſſances préliminai-

res, les Enfans entendront ce qu'ils étudieront en apprenant le Rudiment, & c'eſt ce qui eſt toujours à ſouhaiter, l'étude étant alors beaucoup moins pénible. Rien de plus rebutant que d'étudier ce qu'on n'entend pas. C'eſt une vérité à laquelle les Maîtres doivent faire une attention particuliere, afin de ne donner des leçons à apprendre à leurs Eleves, qu'après qu'ils les auront ſuffiſamment expliquées pour leur en procurer l'intelligence.

VI. Il y a un changement à faire par rapport aux Méthodes que l'on met entre les mains des Enfans pour apprendre les Elémens du Latin. Quelquefois on ſe ſert de Méthodes tout-à-fait différentes dans les Claſſes qui ſe ſuccédent; ainſi quand un Enfant ſort de Septiéme pour entrer en Sixiéme, on lui donnera peut-être une Méthode qui n'a preſque rien de commun avec celle qu'il a appriſe en Septiéme, au moins quant à la maniere dont les régles ſont expliquées; d'où il arrivera qu'un Enfant ſe trouvera comme dans un pays perdu, & qu'il aura preſqu'autant de peine en Sixiéme qu'il en a eu en Septiéme pour apprendre les mêmes régles, parce que la Méthode de Sixiéme les exprime d'une maniere toute différente. Il pourra arriver qu'il rencontre la même difficulté, ſoit en Cinquiéme, ſoit en Quatriéme, à cauſe des Méthodes différentes qu'on lui fera apprendre. Cette diverſité de Méthodes retarde les progrès des Enfans : il eſt même à craindre qu'ils n'en ſoient rebutés. Il faudroit donc qu'on fît voir la même Méthode dans ces quatre Claſſes : quand même celle qu'on choiſiroit ſeroit moins bonne que les différentes dont on a coutume de ſe ſervir, elle ſeroit plus avantageuſe aux jeunes gens.

A vj

Mais afin de procurer le plus de facilité que l'on
pourroit aux Enfans, il faudroit en faire composer une qui fût divisée en quatre parties, à
cause des quatre Classes où l'on apprend les
Méthodes. La premiere partie qui seroit pour
la Septiéme ne devroit renfermer que les régles
les plus communes de la Syntaxe, & en petit
nombre. La seconde, qui seroit pour la Sixiéme, contiendroit mot à mot les mêmes régles
que la premiere partie, avec d'autres régles &
quelques observations sur les premieres. La
troisieme partie renfermeroit aussi tout ce qui
seroit dans la seconde, exprimé dans les mêmes
termes, avec d'autres régles & de nouvelles observations sur les rég es des deux premieres parties. Enfin la quatrieme différeroit de la même
maniere de la troisieme. Il faudroit sur-tout que
ces régles & ces observations fussent présentées
avec le plus de clarté qu'il seroit possible ; en
sorte que la qualité la plus nécessaire dans celui
qui travailleroit à cet ouvrage, seroit de sçavoir
se proportionner au commun des Enfans. Si
l'Auteur avoit atteint ce but, ce ne seroit pas
un grand inconvénient qu'il lui fût échappé
quelques fautes, parce qu'il seroit aisé de les
corriger ; mais quand bien même un Ouvrage
de cette nature seroit très-exact, s'il n'étoit pas
clair & méthodique, il faudroit le refondre, ou
plutôt en faire un tout nouveau.

VII. N°. 1. Comme le principal, & presque le seul moyen convenable de commencer à
apprendre une Langue morte, est la traduction
des Auteurs, il seroit nécessaire de mettre à la
portée des Enfans les Auteurs que l'on doit leur
expliquer ; il faudroit donc ôter toutes les difficultés qui sont insurmontables pour le commun

des Etudians, & ne laisser que celles qu'ils peuvent résoudre.

Cela peut se faire aisément par le moyen d'un Commentaire composé dans cette vue pour les premiers Auteurs qu'on feroit expliquer aux Commençans dans les Classes de Septiéme & de Sixiéme, & en partie dans celle de Cinquiéme à l'égard de certaines difficultés. Voici les principaux points de ce Commentaire.

1°. Il contiendroit les mêmes mots Latins que l'Auteur; mais arrangés selon la construction du François : ainsi celle du Latin y seroit toute faite. (*a*) 2°. Au-dessous des mots Latins on mettroit les mots François, comme on les trouve dans le Dictionnaire; par exemple, sous *duxeris* on mettroit *conduire*, & en cherchant ce mot dans le Dictionnaire François, on trouveroit *duco*; & s'il y avoit à craindre que le mot Latin ne se trouvât pas dans le Dictionnaire François, on indiqueroit dans une note le mot Latin, tel que *duco*, qu'il faudroit chercher dans le Dictionnaire Latin. 3°. On suppléroit dans les notes les mots Latins qui seroient sous-entendus; 4°. on mettroit dans les notes le

(*a*) Il ne suffiroit pas d'indiquer la construction en mettant sur les mots de chaque phrase des chiffres qui marqueroient la place qu'ils doivent tenir selon la construction, quoiqu'on laissât ces mots dans l'ordre qu'ils ont dans l'Auteur : cela ne suffiroit pas, dis-je, pour les Enfans à cause de l'embarras que ces chiffres leur causeroient pour arranger les mots par la pensée : leur attention seroit trop partagée par celle qu'il faudroit donner pour faire cet arrangement; & s'ils vouloient écrire sur un papier à part les mots arrangés selon la construction, souvent ils feroient des fautes qui leur causeroient bien de la peine, soit en écrivant mal les mots, soit en les arrangeant mal, quoique l'ordre en fût indiqué.

François des phrâses Latines, dont la tournûre n'a point ou prefque point de rapport à celle du François. 5°. On marqueroit auffi quelquefois fous les mots Latins les Temps des Verbes & les Cas des Noms, avec l'indication de certaines régles de la Méthode de Syntaxe.

On apperçoit aifément quelles difficultés ce Commentaire leveroit, & en particulier le fecond *numero* qui en ôteroit deux qui font rebutantes & fouvent infurmontables pour les Commençans qui n'ont point de Précepteur particulier. L'une des deux eft de voir quel mot il faut chercher dans le Dictionnaire Latin : ainfi, par exemple, s'il y a *duxeris* dans l'Auteur, ou la verfion qu'on leur a donnée, ils ne fçauroient pas que c'eft *duco* qu'il faut chercher pour trouver la fignification de *duxeris* ; car ils peuvent prendre ce mot pour un Datif ou un Ablatif plurier d'un Nom de la premiere ou de la feconde Déclinaifon, ou pour un Nom de la troifieme ; ou s'ils foupçonnent qu c'eft un Verbe, ils s'imagineront peut-être que *duxeris* eft au Préfent de l'Indicatif, & qu'on dit *duxero, duxeris*, comme *lego, legis* ; enfin s'ils font affez heureux pour penfer à *duco*, il s'agira de choifir la fignification qu'a ce Verbe dans la phrâfe de l'Auteur : c'eft la feconde difficulté qui feroit levée en mettant *conduire* fous *duxeris* : encore auront-ils befoin d'être avertis à quel Temps eft ce mot dans l'Auteur, au Futur ou au Prétérit : qui ne perdroit patience à la vue de tant d'embarras pour un feul mot ? L'explication du Profeffeur en Claffe ne fuffit pas pour s'en tirer, parce que la plûpart des Enfans font diftraits par la légereté qui leur eft naturelle : ceux mêmes qui écoutent affez attentivement, oublient

une partie des choses qu'on leur dit, comme il
arrive à tous les âges : or, le Commentaire
dont il s'agit leveroit sans peine toutes ces difficultés, de même que celles auxquelles ont rapport les autres *numeros*, qui, souvent sont de
même insurmontables aux Commençans. Il serviroit donc de Précepteur particulier à tous les
Enfans : ce seroit un Maître complaisant qu'ils
n'appréhenderoient pas d'interrompre trop souvent. On pourroit le nommer le Précepteur des
Commençans : Nous l'appellerons *le Livre Elé-
mentaire* ou e *Manuel* des Commençans , à
cause de l'usage perpétuel q 'ils en feroient : ils
ne s en serviroient néanmoins que dans leur
étude particuliere ; car quand il s'agiroit d'expliquer devant un Maître dans la Chambre, ou
en Classe devant le Professeur., ils le feroie t
avec l'Auteur ; & même après avoir traduit
une leçon dans leur étude avec le Commentaire, ils verroient s'ils entendroient la même
leçon dans l'Auteur où il y a des inversions.

N°. 2. Les Enfans apprendroient très-facile-
ment à faire la construction par la différence
qu'ils verroient continuellement entre le Commentaire & l'Auteur, & par quelques observations qu'on pourroit leur suggérer Ils s'accoutumeroient insensiblement à l'ordre des mots
tel qu'il est dans l'Auteur, soit parce qu'ils y appliqueroient leur traduction aussi-tôt après l'a-
voir faite sur leur Commentaire , soit parce
qu'ils s'en serviroient (de leur Auteur) pour
expliquer devant leurs Maîtres tant particuliers
que publics, soit enfin parce qu'ils n'apprendroient es leçons de Latin, par cœur, que dans
cet Auteur. D'ailleurs , ils ne se serviroient de
ces sortes de Commentaires que dans les com-

mencemens à-peu près jusques vers le milieu de la Claſſe de Cinquiéme : après ce temps, les Commentaires contiendroient le Latin tel qu'il feroit dans les petits Traités qui ſerviroient d'Auteurs comme nous le dirons dans la ſuite. Mais il feroit encore à propos qu'on mît, dans ces Commentaires à l'uſage de la Quatriéme & de la fin de la Cinquiéme, le mots François en interlinéaires, comme dans les précédens. Tout conſidéré, les Enfans n'auroient peut-être pas la dixieme partie des peines qu'ils éprouvent aujourd'hui ſans ce ſecours lorſqu'ils n'ont pas de Précepteur à leur côté. De plus, il eſt certain qu'ils feroient des progrès plus rapides qu'à préſent dans l'étude de la Langue Latine, à cauſe qu'ils ne feroient plus arrêtés comme ils le ſont à tout moment, & que leur atténtion ne feroit pas partagée par la multitude des difficultés : il ne leur reſteroit que le travail néceſſaire pour les exercer & pour ſoutenir leur attention, ſçavoir la traduction du Commentaire ; mais ce travail ne feroit pas laborieux à cauſe que les difficultés qui auroient pû les embarraſſer auroient été levées. Ajoutez, qu'il y en a toujours un certain nombre qui ſont rebutés par la peine & les difficultés qu'ils éprouvent, & ne parviennent jamais à une connoiſſance même médiocre du Latin : ce qui feroit un cas preſque Métaphyſique s'ils avoient le ſecours du Commentaire dont il s'agit : car tout enfant qui peut apprendre le François, ou même le Jargon de ſon Pays, peut auſſi apprendre le Latin s'il a les ſecours néceſſaires : il n'eſt pas plus difficile, quant aux Elémens, que les Langues vulgaires

Il eſt aſſez étonnant qu'un Livre ſi commode

& si nécessaire ne soit pas entre les mains de tous les Commençans ; c'est je crois le secours le plus utile qu'on puisse leur procurer ; & en même-temps un soulagement très-grand pour les Maîtres, qui, par ce moyen auroient bien des peines de moins, sur-tout en Sixiéme & en Cinquiéme, parce que dans ces Classes les Ecoliers sont plus en état de travailler seuls que ceux de Septiéme.

N°. 3. Ce qu'il y a encore de commode par rapport à ce Manuel des Commençans, c'est qu'un Professeur qui souhaiteroit que ses Ecoliers en fissent usage, pourroit par lui-même en composer un sur l'Auteur qu'il a dessein de faire voir en sa Classe, & le faire imprimer ; & même un Maître de Pension qui voudroit voir un progrès sensible dans ses Ecoliers des basses-Classes, pourroit aussi le faire sur un ou plusieurs Auteurs qu'on expliqueroit dans ces Classes.

Les jeunes personnes du Sexe qui voudroient apprendre les Elémens du Latin pour avoir la consolation d'entendre les Prieres de l'Eglise, en les chantant dans les Offices publics, & les jeunes Meres de famille qui voudroient être en état de les enseigner à leurs enfans afin de les retenir auprès d'elles dans leur bas âge, pourront aisément en venir à bout avec le secours du Commentaire, si elles ont un peu de bonne volonté & de courage : Il seroit à propos qu'on montrât ces Elémens aux jeunes Demoiselles auxquelles on veut donner une éducation qui convient dans les familles un peu distinguées. Si elles y mettoient environ trois heures par jour, partie avant, & partie après-midi, à plusieurs reprises, ce seroit une affaire de quinze à dix-huit mois plus ou moins, suivant la facilité & l'application des personnes. Voilà une solution bien satisfaisante du premier Problême de la Préface quant à l'explication des Auteurs & aux versions.

N°. 4. Je crois devoir encore insister sur la nécessité qu'il y a de mettre entre les mains des Enfans qui commencent, des livres qui soient à leur portée, & qui levent toutes les difficultés qui les arrêtent ou même les rebutent : rien n'est d'une plus grande conséquence pour la suite. Le défaut de ces secours, qui soient assez proportionnés aux dispositions des Enfans, est la cause la plus générale du peu de succès qu'ils ont dans leurs études ; d'où il arrive qu'ils se rebutent enfin, parce qu'ils n'entendent rien dans les livres qu'on leur fait étudier. Ils conçoivent un dégoût & une opposition invincible pour l'étude, qui a souvent les suites les plus fâcheuses pour eux : ils perdent le temps de leur jeunesse ; ce temps destiné à cultiver l'esprit & le cœur, ils le passent dans l'indolence, parce que n'ayant pas saisi à propos les principes de ce que l'on montre ensuite à leurs Condisciples, ils ne sont pas en état de profiter des leçons qui les supposent : ce qui fait qu'on les regarde, ou comme des esprits trop bornés pour réussir dans les études, ou pour des paresseux qu'il n'est pas possible d'engager au travail. Ainsi on les abandonne à eux-mêmes ; ils sont le mauvais exemple & le rebut des Classes, tandis qu'ils sont au Collége, & ils demeurent toute leur vie sans éducation : au lieu d'être utiles à l'Etat, ils lui deviennent à charge ; & souvent ils sont insupportables à leur famille & à eux-mêmes ; situation déplorable qu'il faudroit prévenir par toutes sortes de moyens.

N°. 5. On regarde ces Enfans comme trop bornés pour réuſſir dans les études ; mais je crois que, quoique ce ne ſoient pas des eſprits brillans ni pénétrans, ils auroient pu, au moins pour la plûpart, faire leurs études avec ſuccès, s'ils avoient eu les ſecours qui leur étoient néceſſaires, dont peut-être le principal qui leur a manqué, ſont des Livres élémentaires bien clairs & bien méthodiques : ils n'ont rien compris dans ceux qu'on leur a donnés, & en conséquence ils ſe ſont rebutés ; cela eſt fort naturel : il ſeroit bien étonnant qu'ils s'y fuſſent appliqués avec quelque perſévérance.

Mais ſur quoi fondé, dira-t-on? Croyez-vous que ces jeunes gens qui n'ont pas appris leurs principes comme pluſieurs autres, ont cependant les diſpoſitions néceſſaires pour réuſſir dans l'étude ? ... Je me fonde ſur les indices qu'ils en donnent d'ailleurs. Et d'abord, ces Enfans ont appris à lire, & le plus ſouvent par la Méthode ancienne, qui malheureuſement eſt encore la plus ordinaire. Or je ſoutiens qu'il eſt moins difficile à quelqu'un qui ſçait lire, d'apprendre les commencemens du Latin avec les ſecours que l'on peut leur donner, qu'il ne l'eſt d'apprendre à lire par cette méthode : j'eſpere que ceux qui compâreront les difficultés qui ſe rencontrent de pàrt & d'autre, en jugeront comme moi. De plus, ces Enfans quand ils ont environ neuf ou dix ans, ſçavent un peu parler François, comme les autres ; ils connoiſſent la ſignification des Temps artificiels des Verbes, outre celle des trois Temps naturels ; ce qui ſuppoſe quelque ouverture d'eſprit (1) ; ils com-

(1) Il eſt aſſez ſurprenant que des Enfans entendent

prennent le sens de quantité de Propofitions
métaphoriques, qui fuppofent affurément autant d'intelligence qu'il en faut pour apprendre
le Latin, qui n'eft pas plus difficile que le François. Ajoutez que fouvent ces jeunes gens montrent une induftrie particuliere pour certaines
chofes, qui fuppofe plus d'ouverture d'efprit
qu'il n'en faut pour apprendre du Latin, autant
qu'on en apprend dans les Claffes de Grammaire.

Au refte on ne doit pas être détourné d'enfeigner les commencemens du Latin aux enfans
fous prétexte que la Syntaxe renferme des difficultés qui font au-deffus de leur portée; car il
ne s'agit pas ici d'une Syntaxe raifonnée & métaphyfique, mais fimplement de la Syntaxe
qu'on peut appeller de fait, qui confifte à fçavoir les régles fans en pénétrer les raifons: &
c'eft ce que des enfans d'environ huit ans peuvent apprendre aifément, fur-tout les plus générales: c'eft de cette maniere qu'ils apprennent
par l'ufage les régles générales de la Grammaire
Françoife.

Je conclus de ce que je viens de dire, que de
tous ces enfans que l'on regarde affez fouvent
comme incapables d'apprendre le Latin, il y en
a réellement très-peu qui ne puffent y réuffir,
s'ils avoient tous les fecours néceffaires; & je
ne doute pas qu'il n'y en ait plufieurs entr'eux
qui auroient un grand fuccès dans leurs études,
s'ils étoient une fois en train. Quant à leur pa-

les Temps artificiels ou réfléchis des Verbes, comme
je lifois, j'avois lû, je lirois, je luffe, j'euffe lû, &c. qui
expriment des idées compliquées qui font plus difficiles à
faifir pour eux, qu'il ne leur eft d'apprendre les régles
communes de la Syntaxe.

reffe , il y a grande apparence qu'elle eft en bonne partie accidentelle ; c'eft-à-dire , qu'elle vient principalement , je dis dans un grand nombre, de ce qu'ils n'entendent rien à ce qu'il faudroit étudier , faute d'en fçavoir les principes. Ils ont apparemment négligé l'étude dans les commencemens , mais c'eft une faute fort pardonnable à la légereté de leur âge

VIII, Outre les Livres dont nous avons parlé , Méthodes ou Commentaires , il faudroit encore compofer des Traités pour tenir lieu des Auteurs que l'on fait voir dans les baffes-Claffes, qui auroient pour matiere ce qui eft néceffaire ou convenable aux enfans ; car ceux qui apprennent le·Latin , fans le fecours d'un Maître particulier , parviennent fouvent à l'âge de 11 à 14 ans, ou plus, dans l'ignorance d'une infinité de chofes dont plufieurs leur font plus néceffaires que le Latin ; & d'autres leur feroient très-utiles. Afin de les tirer de cette ignorance honteufe , il faudroit que les Traités , que l'on feroit expliquer aux enfans , fuffent des Abrégés de l'Hiftoire facrée , de la Doctrine & de la Morale Chrétienne , de l'Hiftoire de France , de l'Hiftoire Eccléfiaftique , de l'Hiftoire Naturelle , fur-tout de certains Animaux , de la Géographie & des Cercles de la Sphére qui s'y rapportent , &c. (Nous fuppofons que l'on ne mette dans tous ces Traités que ce qui feroit à la portée de ceux pour qui ils feroient deftinés :). on fent bien que la connoiffance de ces chofes feroit extrêmement utile aux jeunes gens , & qu'elle leur conviendroit infiniment mieux , que ce qu'ils apprennent dans les Auteurs qu'on a coutume de leur faire expliquer dans les baffes-Claffes. Il feroit donc à fouhaiter que l'on

compofât des Traités fur ces matieres, qui auroient encore cet avantage que les Commençans les entendroient beaucoup plus aifément
que les Auteurs qu'on leur explique à préfent
dans ces Claffes ; car le Latin des Auteurs modernes, ceux même qui font fort eftimés pour
le ftyle, eft fouvent bien plus aifé à entendre que
celui des Auteurs anciens. Par ce moyen ils auroient plus de goût & d'émulation, parce qu'ils
entendroient leurs Auteurs ; & le Latin qu'ils
y auroient appris, leur ferviroit de préparation
pour expliquer avec moins de peine les anciens
Auteurs qu'on leur feroit voir dans les Claffes
fupérieures. On marquera dans la fuite (Art.
XIX, N°. 2.) plus en détail les Traités qu'il
faudroit compofer à l'ufage des baffes-Claffes.

I X. Par le même motif que nous venons
d'expofer, c'eft-à-dire, pour apprendre aux
jeunes gens ce qui leur convient, il faudroit
auffi compofer des devoirs pour chacune de ces
Claffes, qui feroient fur des matieres de même
genre que les Traités, fans néanmoins répéter
ce qui s'y trouveroit. On chargeroit de ce foin
ceux des Maîtres qui font plus en état d'y bien
réuffir, leur travail rendu public par l'impreffion
deviendroit un bien commun dont on fe ferviroit partout. Par ce moyen on feroit affuré que
les enfans feroient inftruits de la même maniere
dans tous les Colléges, & qu'on leur enfeigneroit ce qui leur feroit le plus utile.

Les enfans n'étant pas pour l'ordinaire en
état de faire le choix des mots propres entre
ceux qu'ils trouvent dans le Dictionnaire, il feroit à propos de placer dans les Thêmes le mot
latin fous le mot françois, en ne mettant néanmoins que le mot tel qu'on le trouve dans le

Dictionnaire, c'est-à-dire, la premiere personne singuliere du préfent de l'indicatif, quand ce feroit un Verbe, & le Nominatif fingulier, fi c'étoit un Nom. Il feroit bon auffi d'y joindre la citation de la régle de Syntaxe convenable à la phrâfe, quand cela paroîtroit néceffaire ; cette citation fe feroit en mettant le *numero* de la régle, car je fuppofe que dans la Méthode chaque régle auroit fon *numero*. Les Ecoliers étant délivrés du foin de choifir les mots, & avertis quelquefois des régles qui devroient les guider, mettroient toute leur attention à obfer-ver ces régles & les autres préceptes de la Grammaire Latine, & réuffiroient beaucoup mieux qu'ils ne font, quoiqu'en moins de temps & avec moins de peine ; ce qui ne manqueroit pas d'exciter leur émulation, au lieu qu'ils font ex-pofés à fe rebuter fans ces précautions, furtout en cherchant des mots dans leurs Dictionnaires, que fouvent ils ne trouvent pas, & en voulant choifir le mot latin propre qui convient à la phrâfe. (1) Nous parlons ici de la Claffe où l'on commence à donner des Thêmes, que nous fuppofons être la Cinquiéme, & des deux fui-vantes : mais il femble qu'il ne faudroit don-ner des Thêmes en Cinquiéme que vers la fin de l'année. Les mêmes fecours ne feroient plus néceffaires dans les deux autres, la Seconde & la Réthorique.

____

(1) Cela a été exécuté à Toulon par un Pere de l'Ora-toire, à-peu-près felon le plan que nous propofons. On fe fert de fon Ouvrage à Soiffons & apparemment encore ailleurs : on a auffi traduit en François un Ouvrage An-glois dans le même goût, dont l'Auteur eft Jean Clarke, Principal d'un Collége d'Angleterre. Cette traduction eft intitulée, *Introduction à la Syntaxe Latine*, à Paris, chez David, au faint-Efprit, 1747.

On pourroit donner des Verſions imprimées dans le même goût pour la matiere & auſſi pour la forme, en mettant ſous les mots latins les mots françois ſans liaiſon, c'eſt-à-dire; ſeulement l'infinitif des Verbes, & les noms ſans les articles qui déſignent le cas, je veux dire leurs différens rapports.

Nous ſuppoſons que l'on ne dicte pas ces devoirs corrigés, afin d'éviter les fraudes des Ecoliers qui viendroient les années ſuivantes: auſſi beaucoup de perſonnes éclairées penſent-elles que cela n'eſt pas à propos: il vaut mieux que les jeunes gens s'appliquent à imiter les Auteurs qu'on leur fait expliquer; il y a plus de ſûreté à les prendre pour modeles, que des Thêmes corrigés que l'on ne peut ſuppoſer être toujours exactement ſelon le génie de la Langue Latine. Quoique l'on ne dictât pas les devoirs corrigés, il ſeroit plus ſûr, par rapport aux devoirs de compoſition, d'en donner d'autres que ceux que l'on auroit fait imprimer. *Voyez le ſecond Mémoire du Recueil imprimé en* 1763.

X. On objectera peut être qu'en donnant des devoirs imprimés, il n'y aura plus d'occaſions pour exciter l'émulation des Profeſſeurs, d'où il arrivera que pluſieurs languiront dans l'oiſiveté hors le temps des Claſſes: or n'ayant plus d'émulation, ils ne ſeront pas en état d'en exciter dans leurs Eleves qui ſeront par-là en danger de perdre leur temps & de ſe livrer à la pareſſe; ce qui eſt un très-grand inconvénient. Il eſt vrai que s'il n'y avoit point d'occaſion pour exciter l'émulation des Maîtres, on pourroit craindre l'inconvénient dont on parle. Mais il eſt facile d'établir un ordre dans lequel ils auroient des motifs de s'appliquer, même plus

puiſſans

puiffans que ceux qu'ils ont dans l'état préfent,
1°. en les engageant à dicter des devoirs de
leur façon, de temps en temps ; par exemple,
un Thême & une Verfion par femaine, outre
ceux des compofitions. Il feroit bon que ces
devoirs fuffent fur la même matiere que ceux
d'entre les imprimés qu'ils donneroient alors
dans leur Claffe, afin que tous les devoirs, ceux
qui feroient dictés, de même que les autres,
fuffent intéreffans. Mais il ne feroit peut-être
pas à propos de dicter des devoirs en Sixiéme,
à caufe des fautes d'écriture fans nombre auxquelles les enfans de cette Claffe font fujets : ce
qui les jette dans des embarras très-pénibles
lorfqu'ils cherchent les mots dans leur Dictionnaire; & c'eft à quoi il ne faut pas les expofer.
Ainfi fi on leur dictoit quelques devoirs, il faudroit prendre de grandes précautions pour éviter les fautes d'Ortographe, ou autres femblables. Il vaudroit bien mieux que le Profeffeur
fît imprimer fes propres devoirs qui feroient
alors dans le cas des autres : il le pourroit aifément dans toutes les Villes où il y a Imprimerie.
Cette précaution conviendroit auffi à l'égard
des Ecoliers de Cinquiéme. 2°. Un autre motif
d'émulation pour les Profeffeurs feroit le changement des Claffes dont nous parlerons dans
la fuite, il fe feroit entre les Profeffeurs de
Sixiéme, de Cinquiéme & de Quatriéme d'une
part, & ceux de Troifiéme & de Seconde de
l'autre part, en imitant ce qui fe fait en Philofophie. Ces deux motifs feroient très preffans
pour exciter les Profeffeurs au travail. Le premier feroit d'autant plus fort qu'ils fçauroient
bien que l'on feroit la comparaifon des devoirs
de leur façon avec les autres ; ainfi ils feroient

B

obligés par-l à les travailler avec plus de soin.
Quant au second , il seroit encore très-capable
de les exciter à l'application , afin de posséder
bien les Auteurs qu'on verroit, & les différentes connoissances qui sont nécessaires aux Maîtres des Classes par lesquelles ils passeroient , &
de les avoir assez présentes à l'esprit pour en
parler avec clarté , de maniere à se mettre à la
portée des enfans : Ce qui demande plus de réflexion qu'on ne pense ordinairement ; car il ne
faut pas croire qu'on soit en état d'enseigner
une chose dès-là qu'on la sçait pour soi , sur-
tout quand il faut l'apprendre à des enfans. Rien
n'est si commun, par exemple, que de sçavoir lire,
& il est très-rare de bien pratiquer l'Art de
montrer à lire. Ces motifs d'émulation seroient
suffisans : ainsi en les employant, il ne seroit
pas nécessaire de récourir à un autre moyen
que nous avions proposé , qui consisteroit à engager les Professeurs des trois Classes inférieures à faire des discours publics également comme les autres : d'ailleurs , on peut être un fort
bon Maître dans ces Classes sans être exercé à
ces discours. On verra dans la suite que le bien
des Ecoliers exigeroit le changement des Classes
dont nous parlons ici.

XI. Nº. 1. Si les enfans étoient conduits dans
leurs études de la maniere que nous avons dit,
ensorte qu'on ne leur donnât que des Méthodes
à apprendre , des Auteurs à expliquer & des
devoirs à faire , le tout proportionné à leur intelligence , selon que nous l'avons proposé, le
grand nombre seroit animé par le succès, &
on verroit dans les Classes une émulation générale qui ne peut s'y trouver sans cela. Les
Professeurs ne seroient plus dans le cas de se

plaindre , comme il arrive à préfent, qu'on leur donne des Ecoliers dont la plûpart ne font pas en état de profiter des exercices de la Claffe où ils font ; ce qui eft capable de rebuter les Profeffeurs mêmes. Ces confidérations font de la plus grande importance & méritent toute l'attention de ceux qui s'intéreffent au progrès des études de la Jeuneffe.

En effet s'il eft vrai qu'en prenant les précautions indiquées dans les Articles précédens, les jeunes Etudians auront de l'émulation , & s'appliqueront volontiers au travail ; pourroit-on négliger ces précautions ? Or, il femble qu'on ne puiffe raifonnablement douter de ce qu'on affure touchant l'effet qu'on leur attribue : car fi on leve toutes les difficultés qui ont coutume de les arrêter , & de leur caufer des peines qui renaiffent continuellement , & qu'on leur adminiftre ce dont ils ont befoin pour faire aifément leurs traductions , (il faut entendre la même chofe des Thêmes) alors ils y réuffiront fans peine , & toutes les phrâfes Latines dont ils trouveront le fens , & qu'ils traduiront en François , feront pour eux comme autant de nouvelles découvertes qui leur cauferont une fatisfaction qui fe renouvellera à chaque phrâfe qu'ils mettront en François : ainfi ils fe plairont à leur travail , car en général, on fe plait à faire ce en quoi on réuffit, fur-tout fi le fuccès coûte peu de peine , & c'eft ce qui arrivera ici, parce que l'on fuppofe qu'on leve toutes les difficultés qui embarraffent ou même rebutent les jeunes gens ; & outre cela comme on fuppofe auffi qu'on leur donne pour Auteurs des petits Traités à traduire, dont la matiere les intéreffe , foit par fon utilité que les Maîtres leur feront fentir, foit par fon agrément, n'eft-il pas manifefte qu'ils prendront goût au travail & qu'on ne fera plus pour l'ordinaire dans la néceffité de leur témoigner du mécontentement pour leurs études; voilà donc la folution du quatrieme Problême de la Préface, lequel eft de la plus grande importance, puifqu'il s'agit de faire enforte que les jeunes gens s'appliquent à l'étude avec goût & avec plaifir, Préfentement la certitude du fuccès qu'on annonce ici ne doit plus caufer de difficultés à un efprit attentif.

N° 2. Dira-t on que les enfans ne fon pas capables d'éprouver la fatisfaction qui vient du fuccès du travail, à caufe qu'ils n'ont pas encore la connoiffance qu'elle fuppofe : à cela je réponds que la fatisfaction dont il s'agit, eft une affaire de fentiment plutôt que de la connoiffance réfléchie. D'ailleurs, il ne s'agit pas ici d'enfans de cinq ou fix ans ou au-deffous, qui n'ayent pas encore l'ufage de la raifon, mais de ceux qui ont environ huit ans ou plus, & qui font certainement en état d'éprouver cette fatisfaction qui eft comme naturelle.

On pourra auffi former quelque doute fur ce que nous fuppofons qu'on leve toutes les difficultés qui peuvent arrêter les jeunes gens. Mais ce doute ne pourra pas fubfifter après avoir lû avec attention le contenu du VIIe Art. On peut donc regarder comme démontré ce qui a été dit touchant l'émulation qu'on excitera dans les jeunes gens par le moyen des Commentaires, & des petits Traités dont on a parlé, & que l'on peut faire aifément. Concluons enfin que ce moyen d'apprendre le Latin qui fuppofe toujours le fecours des Maîtres par rapport aux enfans, eft très-facile, très-prompt

& très-convenable pour y parvenir sûrement
& sans dégoût.

Il faudroit cependant encore ajouter deux
précautions en faveur des Commençans pour les
premiers mois qu'on leur donneroit quelque
chose à traduire, l'un qu'on évitât les inversions non-seulement dans le Commentaire que
je suppose qu'on leur mette entre les mains,
mais aussi dans l'Auteur ; l'autre que l'on citât
très-peu de régles de la Syntaxe, de peur de les
embarrasser & de partager trop leur attention.

N°. 3. Je ne sçais ce que plusieurs personnes
penseront de l'avantage & de l'importance de la
méthode que l'on expose ici ; mais pour moi il
me semble qu'il seroit difficile de proposer un
moyen, aussi commode, aussi convenable, &
aussi efficace pour l'instruction de la Jeunesse.
Qu'il sera gracieux pour les enfans & les jeunes
gens de pouvoir s'instruire sans éprouver ces
peines rebutantes qu'ils ressentent aujourd'hui !
Si on faisoit l'épreuve de les conduire d'abord
par la méthode ordinaire pendant quelques
mois, & qu'ensuite on employât la nouvelle,
il leur sembleroit entrer dans un Jardin de déli-
ces après avoir passé par les ronces & les épines;
que si on tourne la vue du côté des Parens &
des Maîtres, quelle satisfaction pour eux de
voir qu'il ne faudra plus user de réprimandes,
de menaces ni de châtimens envers les enfans
pour les forcer à s'appliquer à l'étude, en même
temps qu'ils auront la douce consolation d'être
témoins du progrès que feront les jeunes gens !
(je parle toujours de ce qui arrivera le plus souvent, & très-souvent.) Je doute qu'il y ait quelque chose à espérer dans ce genre qui soit aussi
avantageux, aussi important que ce que l'on

propofe ici. Peut-être néanmoins qu'il y aura
quelques Lecteurs qui feront peu difpofés à
croire l'heureux effet que l'on promet, à caufe
qu'il paroîtroit fuppofer un changement de caracteres dans les jeunes gens qui font naturellement inappliqués & pareffeux , & qui ont même
de l'éloignement pour le travail, mais je prie
ces Meffieurs de confidérer que ce n'eft pas
précifément le travail pour lequel ils ont de l'é-
loignement, c'eft pour la peine & les difficultés
qu'ils y rencontrent. Si donc on ôte cette peine , fi on leve ces difficultés , & qu'on rende le
travail agréable par le plaifir qu'ils auront à
trouver ce qu'ils cherchent, alors l'éloignement
difparoîtra & fera remplacé par l'attrait de la
fatisfaction qu'ils reffentiront. Les moyens dont
nous avons parlé pour exciter l'émulation , regardent les baffes-Claffes. Nous dirons dans la
fuite quels font ceux qu'on peut employer dans
des Claffes fupérieures.

XII. Dans la Claffe de Septiéme & les deux
fuivantes , il faudroit s'appliquer beaucoup à
expliquer les mots françois & les phrâfes qu'ils
n'entendent pas ; car c'eft ce défaut d'intelligence des mots & de leurs affemblages, qui
empêche le progrès des enfans. Que l'on faffe
l'expérience de ce que nous difons , & on verra
que rien n'eft plus commun que cette ignorance de la fignification des termes , dans les
enfans même qui ne manquent pas d'ouverture
d'efprit. Il faudroit donc s'attacher particuliérement à leur donner cette connoiffance, qui
eft un inftrument général qui fert pour parvenir à toutes les autres. Pour cet effet il faudroit confacrer au moins un quart-d'heure par
jour ; & peut-être par Claffe, à la lecture de

quelques Livres françois, comme l'Abrégé de l'Ancien Testament, & s'arrêter après chaque phrâse où il y auroit quelques mots que l'on soupçonneroit n'être pas entendus par plusieurs enfans, afin d'en demander la signification, & de l'expliquer en peu de paroles, & souvent par des exemples ou par d'autres mots plus connus qui auroient à-peu-près la même signification. Le Maître en pratiquant cet exercice, en éprouveroit bientôt la nécessité. C'est du défaut d'intelligence des mots & des phrâses que vient en grande partie le peu de goût que les enfans, & les autres personnes qui leur ressemblent en cela, ont pour la lecture. Comment en effet prendre goût à des choses qu'on n'entend pas ? Cela n'est pas possible ; il est donc d'une très-grande importance de pratiquer avec exactitude ce que nous marquons ici : ce devroit être aussi un des principaux exercices des petites écoles, à l'égard des enfans qui commencent à lire : s'ils entendoient ce qu'ils lisent, ils y prendroient plaisir à cause de leur grande curiosité, & par-là ils liroient avec application, autant qu'ils en sont capables à leur âge : ce qui contribueroit beaucoup à leur succès, tant pour apprendre mieux à lire, que pour s'instruire des choses. Il est fâcheux pour les enfans qu'on ne profite pas des dispositions qui sont en eux pour apprendre.

XIII. Une autre chose qu'il faudroit aussi pratiquer dans les mêmes Classes, ou du moins dans les deux premieres, la Septiéme & la Sixiéme, seroit d'exercer les enfans dans l'Orthographe ; je parle sur-tout de l'Orthographe de principes. Pour ce sujet il seroit à propos de leur faire décrire de temps-en-temps quelques

pages d'un Livre dont la matiere leur conviendroit, par exemple, de leur Méthode : cet
exercice leur feroit utile non-feulement pour
apprendre l'Orthographe, mais auſſi pour mieux
entendre & retenir ce qu'on leur feroit décrire,
& encore pour fe former à exprimer leurs penfées par écrit. il faudroit auſſi leur faire rapporter de temps en temps la conjugaiſon de quelques Verbes, afin qu'ils appriſſent bien la ter-
minaiſon des mots des Verbes, en quoi confifte une bonne partie de l'Orthographe de
principes. Faute de pratiquer ces exercices dans
les commencemens, les enfans ne peuvent ſçavoir, même médiocrement, l'Orthographe ; ce
qui leur fait perdre bien du temps, ſoit lorſqu'ils veulent chercher quelques mots dans le
Dictionnaire françois, ſoit quand is ont deſſein
d'écrire un peu correctement une Verſion ou
quelque autre choſe en françois, à cauſe des
recherches qu'ils font alors obligés de faire en
conſultant différens Livres, comme une Grammaire ou un Dictionnaire.

XIV. Il eſt à propos d'exercer les jeunes gens
dans le ſtyle Épiſtolaire. Cet exercice feroit
fort utile ; car ſi on ne les forme pas à ce ſtyle,
il arrivera ſouvent que les Ecoliers pendant le
cours de leurs études feront fort embarraſſés
pour écrire une Lettre : ils le feront même encore aſſez ſouvent lorſqu'ils feront fortis du
College. Or on pourroit les former à cet égard
& leur procurer quelque facilité de réuſſir en
ce genre, en leur donnant des Lettres à traduire, les unes de François en Latin, les autres
de Latin en François, en commençant dès la
Cinquiéme, & en continuant en Quatriéme
& en Troiſiéme. Il eſt d'autant plus à propos

d'exercer les jeunes Ecoliers à écrire des Lettres, que ce fera pour eux un moyen de fatiffaire à leur devoir envers leurs parens, & une douce satisfaction pour ceux-ci de recevoir des Lettres de leurs enfans qui feront en mêmetemps des témoignages de leur refpect, de leur reconnoiffance & de leur progrès. Il feroit à fouhaiter que l'on fît imprimer des Lettres tant en François qu'en Latin, pour que l'on en fît ufage dans tous les Colléges, & qu'on obfervât les précautions dont nous avons parlé, Article IX, par rapport à celles qui feroient deftinées pour la Cinquiéme.

XV. La juftefle eft certainement la plus eftimable & la plus précieufe des qualités de l'efprit, celle par conféquent que l'on doit perfectionner, autant & auffi-tôt qu'il eft poffible. Il ne faut donc pas attendre jufqu'à la Philofophie pour travailler à cet utile exercice : mais il eft à propos de le faire lorfque les jeunes gens ont acquis par l'ufage & par l'étude, l'ouverture d'efprit qui les en rend capables. Cela eft d'autant plus néceffaire qu'il y a un grand nombre d'Ecoliers qui quittent leurs études avant la Philofophie. Or il eft certain que le commun des jeunes gens ont acquis affez d'ouverture d'efprit quand ils font dans la Claffe de Troifiéme, afin de profiter dans l'exercice dont il s'agit, qui confifteroit en deux chofes, dont la premiere feroit de leur donner des obfervations fur les jugemens, qui puffent fervir de régles pour éviter les erreurs les plus ordinaires, dans lefquelles on tombe, tant par rapport aux affaires communes de la vie qu'à l'égard des Sciences. Ces obfervations confifteroient à faire remarquer les caufes ou les fources les plus com-

munes de ces erreurs. Nous allons en rapporter plusieurs : la plus générale de toutes est la
précipitation dans les jugemens que l'on porte :
elle influe presque dans toutes les autres. Les
préjugés de l'enfance & de l'éducation sont encore une source fort commune d'erreur. Il en
faut dire de même des inductions générales que
l'on tire de quelques faits particuliers : ce que
l'on appelle *conclure du particulier au général.*
En voici plusieurs autres : se laisser entraîner
dans ses jugemens par l'affection ou la haine,
par l'attachement à ses intérêts, ou par quelque autre passion, par la coutume & l'exemple
des autres, par les sens, par l'imagination, &c.
Les différentes significations d'un même mot
sont aussi une source féconde d'erreurs & de
confusions d'idées, parce que l'on passe fort
souvent de l'une à l'autre sans que l'on s'en ap-
perçoive : & de-là vient la nécessité d'user de
distinctions dans les argumens dont on se sert
dans les disputes : car on n'employe ces distinctions que pour écarter l'erreur renfermée
dans la conclusion, laquelle erreur vient de ce
que l'on a pris un même terme en différens
sens dans deux propositions. Cela arrive peut-
être encore plus souvent dans les conversations:
mais alors on ne remarque guère ces différentes
aceptions d'un même mot : le temps ne le per-
met pas ; & c'est ce qui jette dans la confusion
d'idées & dans l'erreur. Au reste elle n'est à
craindre que quand les significations d'un même
mot ont quelque rapport, qui fait que l'on passe
de l'une à l'autre imperceptiblement. Mais il
n'en est pas de même si ces significations n'ont
point de rapport, comme celle du mot *bierre*,
qui signifie une boisson & un cercueil, significa-

tions qui n'ayant aucun rapport, il n'y a pas lieu de passer de l'une à l'autre. Il faudroit donc composer un petit ouvrage qui contînt l'exposition de ces différentes sources d'erreurs, avec des exemples sensibles qui serviroient à faire entendre les observations & à les faire retenir : (Ce Traité devroit être en François plutôt qu'en Latin, afin que les jeunes gens le lussent plus volontiers : mais pour qu'ils le retinssent mieux, on pourroit leur en donner les principaux endroits à traduire en Latin.) Voilà en quoi devroit consister cette-espece de Logique, & non pas dans l'exposition de la nature & des régles du Syllogisme, qui, quoiqu'elles soient de quelque utilité, en ont cependant moins que les observations dont nous venons de parler ; d'ailleurs ces régles supposent une application un peu rare dans l'âge où sont les Ecoliers de Troisiéme.

La seconde chose qui feroit partie de l'exercice pour perfectionner le jugement, consisteroit de la part des Maîtres à apprendre à leurs Eleves à juger sainement des choses ou des actions remarquables des personnes dont il seroit parlé dans les Auteurs qu'ils expliqueroient : c'est ce qu'ils pourroient faire, soit en disant d'eux-mêmes ce qu'il faudroit penser de ces objets, & en exposant les raisons qu'ils auroient pour appuyer le jugement qu'ils porteroient ; soit en interrogeant les Ecoliers de maniere à leur faire saisir la vérité & la justice de ce dont il s'agiroit : ce qui seroit encore pour l'ordinaire plus utile pour ces jeunes gens.

XVI. N°. 1. Comme il faut s'appliquer à sa Langue maternelle, & qu'il est encore plus né-

cefſaire de la bien poſſéder que les Langues mor-
tes ou les étrangeres, outre l'exercice continuel qu'on en fait en parlant, il faut encore
l'étudier dans une Grammaire Françoiſe pour
en bien poſſéder les principes & les régles, &
dans les bons Auteurs : ainſi il faut en lire & en
expliquer quelques uns pendant le cours des
études, & le faire même dans la Claſſe. En fait
d'hiſtoire, ſi on leur mettoit entre les mains des
Ouvrages un peu longs qui continſſent pluſieurs
Volumes, il y auroit à craindre qu'ils ne détournaſſent les jeunes gens de l'application aux
devoirs de la Claſſe à cauſe du goût qu'ils ont
communément pour l'Hiſtoire. Or il faut éviter cet inconvénient, au moins pendant le
cours de l'année : il n'y auroit donc que le
temps des vacances qu'ils pourroient employer
en partie à cette lecture. Je dis *en partie*, parce
qu'ils devroient s'appliquer à repaſſer les Auteurs qu'ils auroient expliqués pendant l'année,
afin de les bien poſſéder & de les retenir. Cette
revue ſeroit une bonne préparation pour entendre plus facilement les Auteurs qu'ils verroient l'année ſuivante. Il ſemble donc qu'il
ſuffiroit de leur faire lire, en fait d'Hiſtoire
françoiſe, l'Abrégé de l'ancien Teſtament, par
M. Méſangui, qui eſt contenu dans un ſeul Volume *in-*12, & quelques Vies des Saints qui ſont
en partie du même Auteur : elles ſont très-bien
écrites : l'Abrégé eſt *in-*12. On pourroit joindre, pour la Troiſiéme, la premiere partie du
Diſcours ſur l'Hiſtoire Univerſelle par M. Boſ-
ſuet : les deux autres parties viendroient à leur
tour, lorſqu'ils ſeroient en état de les goûter. (1)

____

(1) On verra dans la ſuite de ce Mémoire quels ſont
les Livres auxquels les jeunes gens devroient s'appliquer
pour étudier l'Hiſtoire de la maniere la plus utile.

Nº. 2. Mais un des meilleurs Livres François qu'on puiſſe leur donner, ce ſont les inſtructions du Rituel de Soiſſons pour les Dimanches & Fêtes de l'année, qui ſont préſentement en deux Volumes *in*-12; c'eſt, dis-je,
un des meilleurs Livres qu'on puiſſe leur donner à lire & à étudier, non pas pour l'apprendre par cœur, mais pour être en état d'en rendre compte, ou au moins d'en dire quelque
choſe. Il ſemble qu'il ſoit fait pour cet uſage,
tant il y a d'ordre & de méthode. Je crois qu'il
ſeroit à propos de les engager à rapporter, ſur-
tout le commencement de chaque article, qui
contient l'expoſé de ce que l'Auteur ſe propoſe
de prouver, & à apprendre par cœur les paſſages qui y ſont cités. Par ce moyen ils ſçauroient
les paſſages les plus précis ſur chaque matiere
traitée dans l'Ouvrage : ce ſeroit pour eux une
petite Théologie qui leur conviendroit, & une
morale chrétienne capable de les éclairer & de
les diriger, avec le ſecours de la grace, dans
la conduite de la vie : en un mot ils retireroient
de l'étude de ces inſtructions tous les avantages
qu'on peut attendre de la lecture d'un excellent
Livre. Ils y apprendroient, 1º. la Doctrine
chrétienne par principes, non-ſeulement quant
au dogme, mais auſſi quant à la morale, & même quant au fondement de la Religion, je veux
dire les motifs de crédibilité capables de per-
ſuader de la vérité de la Religion chrétienne
tout homme qui n'eſt pas aveuglé par ſes paſſions; 2º. la Langue Françoiſe, en ſe rendant
familiere la ſignification des termes les plus ordinaires, de même que leur accord & l'arrangement qui leur convient; & par-là ils ſe for-
meroient le ſtyle, tant pour parler que pour

écrire. Ce Livre serviroit donc, & je crois
mieux que tout autre, à former l'esprit & le
cœur. Il seroit avantageux qu'on le fît voir
dans les trois Classes de Cinquiéme, de Quatriéme & de Troisiéme. Il faudroit employer
au moins un quart-d'heure dans une des Classes chaque jour, celle du matin, par exemple,
pour lire un article & pour expliquer ce que le
Professeur jugeroit à propos, soit la signification des termes moins usités, soit des phrases
un peu difficiles, sur-tout en Cinquiéme & en
Quatriéme, soit l'application des régles de la
Grammaire Françoise, soit quelque régle de
Morale, qu'il seroit bon de développer & de
mettre dans un plus grand jour : & à la Classe
suivante on interrogeroit les Enfans sur ce dont
il s'agit dans l'article, & sur les passages qui y
sont contenus. (a) Les Dimanches ils repasse-
roient l'instruction toute entiere, & en rendroient compte les Lundis en Classe. Si les
Enfans après les trois années possédoient bien
cet Ouvrage, tant pour le fonds que pour le
style, quel progrès n'auroient-ils pas fait ! Ils
sçauroient bien la Religion, & auroient acquis
une connoissance assez étendue de la Langue
Françoise. On ne sçauroit donc mettre mieux
à profit le temps des Enfans, que d'en employer au moins une demi-heure par jour à
l'étude de ce Livre, & cela pendant trois ans,

____

(a) La premiere année pourroit être employée sur-tout
à bien entendre les mots & les phrases avec le sens du
discours ; la seconde à apprendre les passages par cœur,
& à rapporter le commencement de chaque article, & la
troisieme à repasser les mêmes choses & à rendre compte de toute l'instruction, ou du moins, des principaux
endroits.

afin que les jeunes gens l'entendent mieux, & retiennent ce qu'ils y auront appris. Les avantages que nous venons de rapporter font fi grands, qu'il femble qu'on ne puiffe fe difpenfer de prendre le moyen le plus propre à les acquérir, fans manquer à ce que l'on doit à l'inftruction de la Jeuneffe.

Nº. 3. Les mêmes raifons que nous venons de rapporter, doivent auffi déterminer à faire voir dans la Seconde ou la Rhétorique l'Inftruction Paftorale de Tours fur la Juftice Chrétienne: ce n'eft pas trop avancer, que de dire que c'eft un des monumens les plus précieux de la Tradition de l'Eglife, tant par l'importance de la matiere qui en fait l'objet, que par rapport à la maniere dont elle y eft traitée. Il faut joindre à ces deux Ouvrages la feconde Partie du Difcours du grand Boffuet fur l'Hiftoire Univerfelle ; mais elle doit être réfervée pour la Rhétorique, ou même pour la Philofophie, à caufe de la fublimité des penfées qu'elle renferme. Rien ne fera plus digne de l'Univerfité, que de préfenter à fes Eleves un fonds fi riche (ces trois Ouvrages dont nous venons de parler,) où ils pourront puifer les inftructions les plus folides. (1).

À ces Livres fi convenables à l'inftruction de la Jeuneffe par rapport à la Religion, il faudroit ajouter l'abrégé de l'Hiftoire de l'ancien Teftament avec des éclairciffemens & des réflexions par M. Méfangui. Cet Ouvrage eft

____

(1) On peut ajouter à ces trois Ouvrages, les Figures de la Bible par M. Royaumont. Ce Livre, qui eft encore très-bien écrit, & rempli de beaux morceaux tirés des Péres fur la Morale, conviendroit beaucoup à la Troifieme ou à la Seconde.

très-bien écrit ; mais on peut dire que c'en est
le moindre mérite. Les éclaircissemens que
donne l'Auteur , & les réflexions qu'il fait font
remplies d'instructions admirables : il faudroit
donc mettre aussi cet excellent Ouvrage entre
les mains des Ecoliers déja avancés : on en
pourroit faire voir le premier Volume dans la
Classe de Rhétorique , les deux suivans en celle
de Logique , trois autres en Physique , & les
trois derniers dans la Classe d'Eloquence. (Article XXX.) Je ne compte pas ici le dixieme
qui contient un extrait des Livres Sapientiaux
& des Ecrits des Prophetes. Les jeunes gens
s'y porteroient d'eux-mêmes , soit pendant le
cours de leurs études soit après , s'ils avoient
pris du goût pour les précédens. La lecture réfléchie qu'ils feroient de cet Ouvrage seroit un
moyen de s'instruire solidement de la Religion ,
à quoi on ne peut parvenir si on n'en étudie
bien l'Histoire : & cette instruction solide seroit
un préservatif contre l'incrédulité dont les deux
sources ordinaires font d'une part , l'ignorance
des fondemens de la Religion appuyés principalement sur l'Histoire de l'ancien & du nouveau
Testament , & de l'établissement du Christia-
nisme ; & de l'autre part, les passions & la corruption du cœur qui font désirer de pouvoir s'y
livrer sans craindre les flammes vengeresses du
crime après cette vie.

    N°. 4. Les avantages qui reviendroient de
la lecture attentive & réitérée de ces Ouvrages
seroient inestimables ; elle leur procureroit la
connoissance de quatre objets essentiels de la
Religion , sçavoir l'Histoire Sacrée qui en contient les faits fondamentaux , les dogmes , la
morale , & enfin l'esprit de la Religion ; de plus

on trouve dans la seconde Partie du Discours de M. Bossuet, & dans les Instructions de Soissons des preuves directes & très-solides de la vérité de la Religion. C'est aujourd'hui une nécessité d'instruire les jeunes gens sur cette matiere, à cause que l'on rencontre par-tout des incrédules qui font tous leurs efforts pour répandre l'impiété par leurs discours & leurs mauvais Livres. Mais il faut éviter de proposer les objections ou sophismes sur ce sujet dans les Classes de Grammaire & de Belles Lettres : elles pourroient occasionner des doutes dans l'esprit de quelques-uns faute d'être assez exercés dans le raisonnement : ainsi il faut renvoyer ces objections pour la Philosophie, où je suppose qu'on donne un Traité exact & bien digéré sur cette matiere ; & pour éviter l'inconvénient qu'il y auroit à ce que chacun abondât dans son sens sur un objet si important, il faudroit que ce Traité fût le même dans toutes les Classes, & par conséquent qu'il fût public & imprimé.

N°. 5. Afin d'engager les jeunes gens à lire cet Ouvrage avec application, il faudroit employer une demi-heure à la fin de la Classe à les interroger sur la matiere qui leur auroit été indiquée : on pourroit faire cet exercice deux ou trois fois par semaine. Il seroit à propos que les Principaux dans les Colléges, & les Maîtres de Pensions dans leurs maisons rassemblassent aussi leurs Pensionnaires pour leur faire rendre compte de ce qu'ils auroient appris depuis un certain temps, (environ quinze jours ou un mois.)

Mais, dira-t-on, cela suppose que chaque Ecolier auroit l'abrégé de l'Histoire de l'ancien

Teſtament qui contient neuf Volumes pour l'Hiſtoire & les réflexions. Or, il ſeroit difficile ou peut-être impoſſible à un nombre de pauvres Ecoliers d'en faire l'acquiſition.

Je réponds qu'il en ſeroit de ce Livre comme des autres dont on fait uſage dans les Claſſes qui ſont de même néceſſaires pour tous les Ecoliers. Leurs parens pourroient acheter ces Volumes ſéparément. Car il ſeroit facile d'obtenir des Libraires de vendre cet Ouvrage par Partie ſi l'Univerſité en preſcrivoit l'uſage dans tous les Collèges. Ce ſeroit même le moyen de l'avoir à bon marché à cauſe du grand débit que ce Réglement en procureroit. D'ailleurs on pourroit les donner en prix à ceux des pauvres Ecoliers qui en auroient mérité, ſoit en Rhétorique, ſoit dans les Claſſes précédentes. De plus les Maîtres, Principaux ou Profeſſeurs, qui ſeroient charitables, trouveroient les moyens d'en procurer à pluſieurs; la charité eſt ingénieuſe : enſorte qu'il y a apparence que les pauvres Ecoliers auroient ce Livre plus facilement que les autres dont on ſe ſert dans les Claſſes. Au pis aller, quelques-uns d'entre eux pourroient faire uſage, en attendant, de l'Abrégé ſans Réflexions, en un ſeul Volume *in*-12, qui eſt du même Auteur.

N°. 6. Nous avons dit que les enfans repaſſeroient l'Inſtruction le Dimanche, (c'eſt celle qui ſeroit pour ce jour,) & en rendroient compte le Lundi. Par-là les enfans s'accoutumeroient à s'occuper le Dimanche de ce qui regarde la Religion ; &, afin d'entrer encore mieux dans l'eſprit de l'Egliſe, il faudroit que les devoirs que l'on donneroit pour ces jours-là, ſoit Thêmes, ſoit Verſions, fuſſent auſſi des instructions de piété propres à ces saints jours. J'en dis autant des devoirs pour les jours de Fêtes. Il est nécessaire de faire prendre aux enfans l'habitude d'accomplir les Commandemens de Dieu & de l'Eglise : s'ils n'y ont pas été accoutumés de bonne heure, ils auront peine à s'y faire dans la suite : *Bonum est viro cùm portaverit jugum ab adolescentiâ suâ :* (Lam. Jér. c. 3.) Si on les applique les Dimanches & les Fêtes à des occupations ordinaires, ils s'autoriseront dans la suite de ce qu'ils auront fait sous la conduite de leurs Maîtres, & même par leur ordre, &, pour ainsi dire, par la régle des Maisons où ils auront été élevés, soit Pensions, soit Colléges ; & cependant on trouve dans les Catéchismes & les Instructions sur la sanctification des Dimanches & des Fêtes, qu'il ne suffit pas d'assister aux Offices publics de ces jours ; mais qu'il faut aussi employer le reste de ces jours à des occupations qui ayent rapport à la piété, (1) comme des œuvres de charité convenables à la situation où l'on se trouve ; de bonnes lectures, soit de piété, soit d'instruction sur la Religion, & autres actions qui tendent au service de Dieu. Il faut apprendre aux jeunes gens par la pratique, que ce sont-là les occupations, qui, avec le temps que demandent les besoins du corps, (au nombre desquels on peut mettre les délassemens nécessaires aux jeunes gens,) doivent remplir les jours consacrés au Seigneur. Ceci est une nouvelle preuve

____

(1) Voyez le Catéchisme de Montpellier , part. 2 , sect. 3 , chap. 4 , vers la fin. On trouve dans la Note relative à cet endroit les citations de plusieurs autorités sur cette matiere.

de la nécessité de donner des devoirs imprimés,
dont nous avons parlé à l'Article IX : car il ne
faut pas espérer que tous les Maîtres embrasse-
ront cette pratique : quand ceux de Paris le feroient, ceux de Province ne s'y assujettiroient
pas, à moins qu'ils n'y soient engagés par le
moyen proposé. On ne quitte pas volontiers
un usage que l'on suit depuis plusieurs années,
pour en prendre un autre qui demanderoit un
nouveau travail, je veux dire la composition
d'autres devoirs.

L'usage que nous proposons pour les Dimanches & Fêtes, devroit s'étendre quant au
fond aux Classes supérieures. Rien ne conviendroit mieux aux jeunes Philosophes, que
de faire des analyses des Instructions des Essais
de Morale de M. Nicole sur les Epîtres & les
Evangiles des Dimanches. Ils apprendroient
par-là à raisonner juste, à procéder avec méthode en traitant de quelque matiere, à connoître le cœur de l'homme : toutes ces choses, qui conviennent parfaitement à un Phi-
losophe, se rencontrent singuliérement dans
le Livre que nous citons : les Connoisseurs y
admirent effectivement la justesse & l'exactitude du raisonnement, l'ordre & la méthode
que l'Auteur suit par-tout, & sa grande connoissance du Cœur humain. Ces jeunes gens
s'occuperoient donc les Dimanches à faire des
analyses de ces Essais, & les Professeurs les feroient lire à quelques-uns, les Lundis, pendant
une partie du temps de la Classe du matin. On
pourroit aussi obliger les Ecoliers des Classes
supérieures, la seconde & la Rhétorique, à rapporter ou par écrit, ou au moins de vive voix,
le précis de l'Instruction familiere ou du Caté-

chifme que le Profeffeur auroit fait le Samedi. Ces pratiques feroient le vrai moyen de fuivre l'efprit de l'Arrêt du Parlement de Paris du 3 Septembre 1762.

N°. 7. Nous obferverons encore, une chofe fur ce fujet, c'eft que les Maîtres des Communautés, foit Colléges, foit Penfions, ou autres, doivent avoir une attention particuliere pour empêcher les railleries que quelques jeunes gens pourroient faire contre la piété, & ceux qui en pratiqueroient les actions. Rien n'eft plus capable d'en détourner ceux qui auroient des fentimens de Religion, que ces difcours fcandaleux. On ne fçauroit trop humilier des jeunes gens qui en tiendroient de cette forte ; ils ne conviennent qu'à des Suppôts du Démon. Et s'ils fe rendoient indociles fur un article fi effentiel, il faudroit les féparer des autres & les renvoyer au plutôt à caufe du danger qu'il y auroit à les fréquenter.

N°. 8. Nous infiftons beaucoup fur le fujet de la Religion, & plus fans doute que ne le voudroient plufieurs perfonnes, qui ne fouffriront qu'avec peine qu'on s'arrête quelquetemps fur cette matiere, croyant que pour l'inftruction de la Jeuneffe il s'agit plutôt de fcience que de piété : mais je les prie de confidérer que ce point eft le capital, & qu'il entraine avec lui tout le refte. En effet tout le but de l'éducation fe réduit à trois objets, qui font de former des Chrétiens, des Citoyens, & des Gens de Lettres. Or fi avec le fecours de la grace on a le bonheur de faire de bons Chrétiens, les deux autres objets s'enfuivront. Un jeune Etudiant qui aura de la piété, aimera fon prochain, fur-tout fes parens ; il fera attaché à fa Patrie, & s'acquittera de ce qu'il doit à tout le monde : il fera donc bon Citoyen. S'il a de la piété, il accomplira auffi les devoirs de fon état, qui font pour lui l'application à l'étude. De plus, la piété combat les paffions, qui font le plus grand obftacle au fuccès des études, & en particulier la diffipation, la molleffe, l'oifiveté, l'amour des plaifirs des fens : il n'y a même que la piété qui puiffe vaincre & furmonter entiérement les mauvais penchans, qui font les ennemis domeftiques & irréconciliables de l'homme. D'autres confidérations peuvent bien arrêter pendant un temps leurs effets extérieurs, mais elles ne font pas capables d'en détruire la fource, je veux dire les penfées & les defirs, ni même les défordres fecrets. En un mot, il n'y a que la Religion qui puiffe être un rempart fuffifant pour foutenir les attaques continuelles & violentes de l'amour du plaifir & des autres paffions de la Jeuneffe. J'en appelle fur cela à l'expérience, au fentiment intérieur, & aux principes de la foi. C'eft donc avec raifon que S. Paul dit : *Pietas ad omnia utilis eft, promiffionem habens vitæ quæ nunc eft, & futuræ* : I. Ad Timoth. cap. 4, v. 8. Oui, la piété eft utile même pour la vie préfente : fans elle on eft fans confolation dans les plus grandes peines, fouvent réduit à une efpece de défefpoir : la vie, fans la piété, n'eft prefque qu'un tiffu de peines, d'agitations, de craintes, d'inquiétudes caufées par les différentes paffions. Rien n'eft donc plus fage & plus néceffaire que de tâcher de l'infpirer aux enfans, & de la cultiver en eux. Ce font ces raifons fupérieures à toutes confidérations, qui m'ont engagé à en parler avec quelqu'étendue. Je n'ignore pas qu'en agissant de la forte, on s'expose à être blâmé par certaines personnes, & à perdre leur estime ; on se déshonore même dans leur esprit : mais j'ai cru ne pouvoir me dispenser de le faire. Ayant entrepris de présenter quelques vues qui pouvoient contribuer à perfectionner l'éducation publique & particuliere de la Jeunesse , & regardant celles qui concernent la Religion comme les plus importantes, il m'a paru que ç'auroit été manquer à un devoir essentiel, que de ne les pas exposer avec l'étendue convenable. Je me fais honnèur de la qualité de Citoyen , & je ne dois pas rougir de celle de Chrétien : l'une & l'autre m'obligent à le faire.

Les numeros de l'Article XVI contiennent la solution du cinquieme Problême de la Préface. Voyez aussi l'Article XXXIX.

XVII. Il est nécessaire de faire ici quelques réflexions à l'occasion de ce que nous avons dit précédemment, qu'il falloit faire rendre compte aux jeunes gens de ce qu'ils auroient appris non pas par cœur, mais simplement en lisant avec attention : c'est peut-être le meilleur moyen de réussir dans l'instruction de la Jeunesse ; il est de beaucoup préférable à celui de faire apprendre par cœur : celui-ci est propre à cultiver la mémoire : mais il est très-pénible à la plûpart des enfans, & d'ailleurs il ne sert guères à former leur jugement : & cependant c'est ce qu'il faut avoir principalement en vue dans le soin qu'on prend de cultiver leur esprit. Or le premier moyen dont nous parlons, qui est de faire rendre compte aux jeunes gens de ce qu'ils ont lû avec réflexion, est excellent

pour leur former l'efprit , parce que l'on a occafion de leur faire remarquer ce à quoi ils doivent faire plus d'attention , & ce qui doit leur
fervir de régle foit pour la conduite , foit pour
bien juger des chofes. De plus en rendant ainfi
compte de ce qu'ils ont retenu par la lecture
& en écoutant ce qu'on leur dit, ils apprennent à parler, ils s'accoutument à fe fervir des
mots propres à exprimer leurs penfées & à les
arranger enfemble felon les régles de la Grammaire Françoife que les Maîtres ont foin de
leur apprendre & de les leur rappeller dans les
occafions. Il eft évident que cet exercice eft
très-propre à produire ces deux bons effets,
c'eft à-dire, de leur former l'efprit & même
le cœur, & de leur apprendre à s'exprimer &
à parler correctement. On ne peut donc mieux
faire que de le pratiquer très-fouvent : mais
par rapport aux enfans il faut les y préparer
en les inftruifant de vive voix de ce qu'on veut
leur demander enfuite ; & à l'égard des jeunes
gens plus avancés en âge , ils peuvent s'y préparer eux-mêmes par une lecture faite avec attention : il feroit même fouvent néceffaire qu'ils
luffent plufieurs fois ce dont ils feroient obligés
de rendre compte. Cette méthode d'inftruire
feroit employée très-utilement dans les Claffes
pendant un quart-d'heure ou une demie heure :
mais elle convient fur - tout dans les éducations particulieres. Si elle eft un peu pénible
& affujettiffante pour les Maîtres, ils en feront bien récompenfés par la fatisfaction que
leur procureront les progrès rapides de leurs
Eleves qui y trouveront deux avantages qui
exciteront leur émulation , l'un qu'ils auront
beaucoup moins de peine que s'ils apprenoient

des leçons par cœur, l'autre qu'ils seront animés par le succès : car ils acquerront un grand nombre de connoissances en peu de temps. Il faut donc appliquer les enfans & les autres jeunes gens plus souvent à cet exercice qu'à celui d'apprendre par cœur, principalement ceux qui ont une mémoire ingrate, & qui par conséquent ne peuvent retenir ce qu'ils étudient qu'avec beaucoup de peine. Nous proposerons dans la suite (XXVI) une autre pratique pour les jeunes gens un peu avancés : c'est celle des analyses & des extraits : elle peut être comparée avec celle-ci pour l'utilité que les jeunes gens en retireront. On peut les employer l'une & l'autre, tant envers ceux qui apprennent le Latin, qu'à l'égard des autres.

XVIII. N°. 1. Je crois qu'il faudroit mettre une distinction entre les Ecoliers d'une même Classe par rapport aux leçons que l'on donne à apprendre par cœur. Comme il y a une grande différence entre les enfans ou les jeunes gens à l'égard de la mémoire, il semble que l'on ne devroit pas exiger le même devoir à ce sujet de tous les Ecoliers indistinctement. (1) Ceux qui ont une mémoire heureuse, n'ont presque point de peine à apprendre leurs leçons, & les sçavent en peu de temps. D'autres au contraire font obligés de faire des efforts pénibles pour les retenir ; & s'ils y parviennent, ils ne le peuvent qu'en y mettant beaucoup de temps qui seroit bien mieux employé à la traduction du latin, ou à la composition d'un Thême, ou à quelque lecture utile : & comme c'est une tâ

(1) Voyez le plan général d'institution pour la Bourgogne, page 89.

che qui revient tous les jours, c'est un désagrément presque continuel pour ces pauvres enfans qui sont exposés à être rebutés à cause de
la difficulté extrême qu'ils éprouvent dans ce
travail ingrat : & cela est d'autant plus fâcheux,
que parmi eux il s'en trouve plusieurs qui ne
manquent ni de bonne volonté ni de talens
beaucoup plus estimables que la mémoire, &
qui peuvent les rendre très-utiles à la Société.
Il seroit donc nécessaire de partager les Ecoliers de chaque Classe en deux bandes à cet
égard, dont l'une apprendroit en entier toutes
les leçons, & l'autre n'en apprendroit qu'une
partie, selon que le Professeur le régleroit. Il
feroit ce partage au commencement de l'année, sur ce qu'il sçauroit, par le témoignage
qu'on lui rendroit de ses nouveaux Ecoliers, ou
par l'expérience qu'il en feroit. Sans ce partage
on n'exerce pas assez la mémoire de ceux qui
ont de la facilité, & ils sont privés chaque jour
de plusieurs connoissances utiles qu'ils auroient
pû acquérir, ou bien on accable les autres qui
n'ont pas la même facilité. C'est à-peu-près
comme si l'on donnoit à chacun la même quantité de nourriture, en les obligeant tous de la
prendre en entier, ni plus ni moins. Cette précaution retrancheroit ce qui resteroit de plus
rebutant dans les études par rapport à un grand
nombre d'Ecoliers (je suppose l'exécution des
moyens précédens) dont plusieurs retiennent
assez bien ce qu'il y a de plus essentiel dans une
leçon, quoiqu'ils éprouvent une grande difficulté à l'apprendre mot à mot : ce qui n'empêche pas qu'ils ne puissent être de fort bons Ecoliers. Lorsqu'on donneroit des leçons de méthode à apprendre par cœur, il faudroit que

tous les appriffent en entier ; mais on exempteroit des autres leçons ou devoirs, en tout
ou en partie, ceux qui auroient moins de
facilité. On feroit de même pour les autres
leçons qu'il feroit néceffaire de fçavoir en
entier.

On pourra objecter que ce que nous propofons feroit contraire à l'avantage des jeunes
Etudians, parce qu'il leur importe que leur mémoire foit cultivée par l'exercice, qui étant ré-
pété fouvent, ajoutera l'habitude à la faculté
naturelle.

Je conviens qu'il faut cultiver la mémoire
des jeunes gens : mais il ne faut pas la forcer,
ni la furcharger ; de même qu'il faut donner de
l'exercice au corps pour le fortifier : mais fi on
vient à excéder fes forces par des travaux trop
grands ou continués trop long-temps fans re-
lâche, bien loin de le fortifier, on l'épuifera,
on l'accablera. Ce fera à-peu-près de même fi
on lui donne trop de nourriture : il faut de la
modération en tout, & fe proportionner aux
forces & à la difpofition des fujets : ce qui eft
bon & modéré pour l'un, eft exceffif pour
un autre. En voulant trop pouffer la mémoire
d'un enfant on le fatigue, on le dégoute de l'é-
tude, on lui ôte le temps & le courage de faire
ufage de fon efprit pour vaquer à quelque autre occupation plus utile & moins pénible.
Peut-être même fera-t-on tort à fon jugement
en voulant trop charger fa mémoire.

N°. 2. En voilà affez pour faire fentir la
néceffité de faire ce que l'on propofe ici, &
combien de peines & de défagrémens on épar-
gneroit aux jeunes Etudians. Mais il faudroit
auffi faire à-peu-près la même chofe par rap-

port aux autres devoirs , je veux dire les Versions & les Thêmes , il n'est pas rare de trouver des esprits lents qui ne peuvent faire que
dans une heure , ce que d'autres achevent sans
peine dans une demie heure , ou peut-être
moins. Cependant les premiers quoique moins
expéditifs n'en font pas quelquefois moins
propres pour réussir dans les Sciences : ils ont
peut-être même plus de solidité & de justesse.
Mais si on exige d'eux un trop grand travail ils
le feront mal , & ce qui est encore plus fâcheux , ce travail excessif pourra nuire à leur
justesse par l'habitude qu'ils prendront de faire
leur devoir précipitamment & très-imparfaitement. Au reste en leur donnant moins de devoir qu'aux autres , il faudroit les exhorter à
aller au - delà de ce qui leur seroit prescrit ,
quand ils le pourroient & qu'ils seroient en
train.

N°. 3. Il y a une autre observation à faire par
rapport aux leçons de mémoire que nous avons
déja touchée : elle consiste à ne donner à apprendre par cœur aux jeunes Etudians , que ce
qu'ils entendent au moins en partie : ainsi s'il
s'agit d'une leçon de méthode , il faudroit la
leur expliquer avant qu'ils l'étudient : il en seroit
de même d'une leçon d'un Auteur latin. Rien
n'est plus disgracieux que d'apprendre quelque
chose que l'on n'entend pas , & d'ailleurs cela
est beaucoup plus difficile. On ne doit donc
donner des leçons à apprendre par cœur aux
jeunes Etudians , soit du Latin , soit du François , que quand ils les entendent assez bien :
ainsi il faut les expliquer auparavant quand
elles renferment quelque chose qu'ils ne comprennent pas. Voilà donc les deux précautions

qu'il faut prendre par rapport aux leçons de mémoire, la premiere de mettre une distinction entre les Ecoliers d'une Classe, afin de ne pas surcharger ceux qui ont une mémoire ingrate ou peu heureuse, la seconde de ne leur rien faire apprendre que ce qu'ils entendent plus ou moins bien. Par ces deux précautions on fera cesser un des plus grands désagremens que les enfans & les autres éprouvent dans les Classes, sur-tout ceux qui ont peu de mémoire : elles feront à l'égard des leçons qu'on leur donne à apprendre ce que d'autres précautions qui regardent les Versions ou les Thêmes, & les Auteurs à expliquer, opéreront par rapport à ces devoirs : ces autres précautions font une méthode bien digérée. (Art. VI.) Un Manuel des Commençans. (Art. VII.) Des petits Traités intéressans pour les Ecoliers. (Article XIX. No. 2.) Avec ces secours il n'y aura plus rien de disgracieux dans les Etudes, ni de fort pénible pour les Etudians, souvent même ils y trouveront de l'attrait, parce qu'ils travailleront avec intelligence & verront toujours clair dans ce qu'ils feront, & que d'ailleurs ils éprouveront la satisfaction que leur causera le succès. Les trois *numeros* de cet Article font encore pour la solution du premier Problême.

XIX. No. 1. On peut dire que l'on est riche & dans l'abondance à l'égard des Livres nécessaires pour l'instruction de la Jennesse touchant la Religion : il n'en est pas de même par rapport aux Livres qui doivent servir pour apprendre les Langues & les Sciences. Je suis persuadé qu'il n'y en a que fort peu qui soient tels qu'ils devroient être pour l'usage des Eco-

liers, depuis ceux que l'on met entre les mains
des enfans qui commencent, jufqu'à ceux dont
ils fe fervent à la fin de leurs études. Si l'on
veut s'en doner la peine, on verra, par exemple, que dans les Rudimens & dans les Méthodes il y a beaucoup de chofes qui ne font pas
bien préfentées, & qu'il eft impoffible que les
enfans entendent, non pas parce qu'elles font
au-deffus de leur portée, confidérées en elles-
mêmes; mais parce qu'elles ne font pas expliquées clairement, & dans l'ordre qui convient;
enforte que fouvent ce n'eft pas tant la faute
des enfans, s'ils ne comprennent pas ce qu'on
leur fait apprendre, que celle des Auteurs de
leur Rudiment ou de leur Méthode. J'en dis à
peu près autant des Commentaires fur les Auteurs Latins qu'on leur fait expliquer. Il faudroit que les notes qui s'y trouvent, fuffent
toujours préfentées avec autant de clarté qu'il
feroit poffible, & qu'elles continffent une explication précife & exacte de tout ce qui peut
faire de la difficulté. Il arrive affez fouvent
que non-feulement des Ecoliers, mais même
de jeunes Maîtres étant embarraffés fur quelqu'endroit d'un Auteur, & cherchant à s'é-
claircir dans les Commentaires & dans les Traductions, ne trouvent pas les éclairciffemens
qu'ils cherchoient, & qu'après avoir employé
leur peine & leur temps, ils font à peu près
dans le même embarras où ils étoient d'abord.
Il feroit donc à fouhaiter que l'on compofât
des Livres tels qu'ils devroient être pour l'u-
fage des Ecoliers. Or il eft facile à l'Univerfité
d'exécuter ce plan ; & j'ajoute qu'il n'y a prefque qu'elle qui puiffe le faire avec le degré de
perfection que l'on peut défirer, au moins par

rapport à la totalité des nouveaux Livres dont les Etudians auroient befoin. Ceux qui en feroient chargés feroient d'abord de leur mieux, & quand bien même la premiere édition ne feroit pas encore auffi parfaite qu'on le fouhaiteroit, il feroit facile d'en faire une feconde, que l'on rectifieroit fur les obfervations que l'on auroit faites fur la premiere. Je voudrois même que cette premiere édition fût peu nombreufe, afin que l'on pût faire la feconde peu de temps après la premiere, qui ne feroit regardée que comme un effai. Tant qu'on ne prendra pas ces mefures, on n'aura jamais les Livres tels qu'ils doivent être pour les mettre entre les mains des Ecoliers: c'eft du moins ce que l'on peut juger de la plûpart. On pourroit faire auffi dans le même goût quelques Recueils d'endroits choifis de plufieurs Auteurs, dans lefquels on mettroit ce qui feroit plus convenable aux jeunes gens.

N°. 2. Voici les petits Traités qu'il feroit à fouhaiter que l'on compofât pour les baffes-Claffes, & auffi en partie pour la Troifiéme. 1°. Une Hiftoire générale, mais abrégée de l'ancien Teftament. 2°. Outre cette Hiftoire générale, il faudroit encore un autre Abrégé de la Vie des principaux Perfonnages de l'ancien Teftament, felon l'ordre des temps. Cet Abrégé feroit terminé par une Hiftoire fuccinte de la Vie de N. S. 3°. Un Catéchifme ou une Expofition fommaire des dogmes & de la morale de la Religion Chrétienne. 4°. Un petit Recueil de Fables choifies, intéreffantes pour les enfans & utiles pour leur inftruction. 5°. Un Abrégé de l'Hiftoire Eccléfiaftique qui contiendroit fur-tout un Précis de la Vie des prin-

cipaux Peres de l'Eglife , & de quelques autres
Perfonnages illuftres. Les jeunes gens faute
d'avoir eu ces fecours confondent fouvent les
Temps , & n'ont aucune idée des Peres de
l'Eglife qu'ils entendent nommer , & qu'ils
trouvent cités dans ce qu'ils lifent ; & cette
ignorance les empêche de prendre un certain goût aux lectures qu'ils font. 6°. Une petite Hiftoire de France qui s'étenderoit un peu
fur les Regnes intéreffans , & pafferoit légére-
ment fur les autres. Quand on leur feroit expliquer ces Abrégés d'Hiftoire , on leur montreroit de temps-en-temps fur des Cartes de
Géographie les Royaumes , les Pays , les Mers,
les Rivieres dont il feroit parlé , afin de leur
donner quelque idée de la fituation des lieux.
7°. Une Hiftoire naturelle divifée en trois parties , deux pour les Animaux , & une pour les
quatre Elémens : Dans la premiere on parleroit des Quadrupedes & des Infectes : on diroit
auffi quelque chofe en général des Reptiles &
des Amphybies ; la feconde traiteroit des Oi-
feaux & des Poiffons , avec quelques notions
des Teftacés ou Animaux à coquilles , comme
les Huîtres : enfin la troifieme auroit pour objet les quatre Elémens, la Terre , l'Eau, l'Air,
& le Feu , defquels il y auroit bien des chofes à dire , fort utiles & fort intéreffantes.
Cette troifieme partie feroit deftinée pour les
Ecoliers de Troifiéme , dont plufieurs quittant
leurs études avant la fin du cours ordinaire auroient befoin des connoiffances qu'elle renfermeroit , & de celles qui feroient contenues
dans les Traités fuivans pour fuppléer en partie
à la Philofophie. 8°. Un Abrégé de la Sphère
& de la Géographie ; il contiendroit les no-

tions des Cercles de la Sphère, de ses principaux points & des Zones : on y donneroit quelques connoissances des mouvemens célestes, sur-tout du Soleil & de la Lune. Tout cela pourroit être mis devant les yeux des jeunes gens au moyen d'une Sphère armillaire. On peut voir dans la seconde addition aux Réflexions sur les Prix de l'Université combien de choses intéressantes on pourroit mettre dans le Traité des quatre Elémens, & celui de la Sphère, qui ne seroient pas au-dessus de la portée des Ecoliers de Troisiéme si elles étoient bien présentées. Quant à la Géographie on donneroit des notions de la latitude, de la longitude, de l'élévation du Pole & des autres choses qui serviroient de principes dans la Géographie.

Nº. 3. Il faudroit aussi, comme on l'a dit, pour la Classe de Troisiéme, un petit Traité qui montreroit les principales sources des erreurs les plus communes. Ce seroit une espece de Logique ; mais tous ces petits Traités ne devroient contenir que ce qui pourroit être entendu facilement par les Ecoliers auxquels ils seroient destinés. Au reste, cela dépend sur-tout de la maniere dont les choses y seroient exposées : car il n'y a presque rien de ce qui convient aux jeunes gens, qu'on ne puisse leur rendre intelligible quand ils sont capables d'attention. Ces Traités renfermeroient les connoissances qui sont les plus utiles dans les Sciences auxquelles elles appartiennent, ensorte que les jeunes gens qui auroient fait leurs Classes jusqu'en Troisiéme inclusivement, & qui quitteroient leurs études pour prendre le parti du Commerce ou de quelque

Profeffion, fçauroient ce qui leur conviendroit dans ces Sciences : & fi dans la fuite ils avoient befoin d'en cultiver plus particuliérement quelques-unes, ils le pourroient par eux-mêmes avec les principes qu'ils en auroient appris dans leurs Claffes.

N°. 4. Comme les talens font partagés, il feroit à fouhaiter pour la perfection de chacun de ces Ouvrages, qu'il y eût deux Profeffeurs chargés d'y travailler, l'un pour faire le choix, l'arrangement & la difpofition de la Matiere, & l'autre traduiroit en Latin l'ouvrage du premier : mais l'un & l'autre pourroient travailler à plufieurs des petits Traités indiqués. Il feroit bon que le premier revît la Traduction, pour juger s'il n'y auroit pas quelques changemens à faire dans ce qu'il avoit compofé d'abord, on nommeroit plufieurs perfonnes pour travailler aux différens Traités. Il feroit jufte de donner quelques récompenfes aux Auteurs de ces petits Ouvrages auffi bien qu'à ceux des Traductions dont nous parlerons pour les Claffes de Troifiéme, de Seconde & de Rhétorique, & à ceux qui compoferoient un cours de Philofophie ; autre objet qui contribueroit infiniment à rendre les études de l'Univerfité plus utiles à la Jeuneffe, & plus eftimées des connoiffeurs. On ne manque pas de fonds à préfent, depuis que le Roi a bien voulu donner à l'Univerfité le Vingt-huitiéme entier des Poftes. Il femble qu'on ne pourroit faire un meilleur ufage de ce qui n'eft pas deftiné aux Profeffeurs, que d'en employer une partie pendant quelques années pour récompenfer des Maîtres qui auroient rendu un fi grand fervice à la Jeuneffe confiée à l'Univerfité : ils auroient élevé dans fon fein, par leur travail, des édifices fpirituels ; dont

la durée feroit égale à celle de cette Ecole célebre, & qui feroient des monumens immor-
tels de fon attention & de fon application à
lui procurer les fecours les plus propres pour
fon inftruction. Je crois que le Public ne défa-
prouveroit pas qu'on retardât pendant quelques temps des édifices matériels pour donner
lieu à ceux dont il s'agit ici.

N°. 5. Il feroit à propos d'expofer aux enfans ce dont il s'agit dans une partie de leur
Auteur, avant qu'on la donnât à traduire, &
même avant qu'on la leur expliquât. S'il s'a-
giffoit par exemple de la Vie de Charlemagne
dans un petit Abrégé de l'Hiftoire de France,
que je fuppofe qu'on leur donne pour Auteur,
il faudroit avant de l'expliquer leur faire connoître cet Empereur, en leur racontant quelques-uns des principaux traits qui feroient
contenus dans l'Abrégé. Cela produiroit deux
avantages, l'un de leur rendre la traduction
plus facile, parce qu'ils en connoîtroient déja
la matiere, au moins en partie; l'autre d'exciter en eux l'émulation, tant à caufe qu'ils réuffiroient mieux, & avec moins de peine dans
leur travail, que parce qu'ayant déja quelque
connoiffance de l'objet auquel ils s'appliqueroient, ils auroient envie de le mieux connoître; au lieu que s'ils n'en avoient aucune connoiffance, ils feroient dans une indifférence
entiere à fon égard : *ignoti nulla cupido*. Il feroit donc à fouhaiter que dans toutes les occafions on intéreffât la raifon des jeunes gens
en éclairant leur efprit, foit par l'explication
des chofes qu'ils n'entendent pas, foit par le
récit des faits dont il feroit queftion dans leur
devoir. Ces éclairciffemens leur donneroient

du goût pour l'objet de leur application &
leur faciliteroient le travail, & cette facilité
augmenteroit encore leur goût ; car comme
nous l'avons déja dit, on se porte volontiers
à faire ce en quoi on réussit Or il vaut beaucoup mieux engager les jeunes gens au travail
& à l'application par goût que par la crainte
des réprimandes & des châtimens. Ce moyen
aura un heureux succès par rapport à la plûpart des sujets : c'est en cela que consiste principalement la perfection de l'Art d'enseigner,
mais il faut prendre garde de fomenter l'orgueil en voulant exciter le goût. Les orgueil-
leux sont odieux à Dieu & aux Hommes &
insupportables à eux - mêmes. L'orgueil est
l'ennemi de la paix & de la tranquillité de
l'esprit : c'est comme un Serpent qui verse son
venin dans le cœur de celui qui le nourrit.

XX. Ce ne seroit pas assez d'avoir des Traités Latins convenables aux enfans dans les
basses Classes & de les bien expliquer, il faut
de plus que les Maîtres ayent soin d'interroger
les Ecoliers sur ce qui est renfermé dans les
leçons qu'on leur a fait expliquer, en leur faisant des questions, non plus précisément sur ce
qui regarde le Latin, mais sur la matiere exprimée par le discours ; c'est le moyen de les
engager à faire attention à ce que contiennent
les leçons, de les leur rendre intéressantes, de
leur en faire tirer de l'avantage à l'égard des
objets dont il est parlé. Sans cette précaution
ils ne tireroient presque aucun profit de ces
leçons quant à la matiere qui y est contenue.
Je parle des basses-Classes, sur-tout la Septiéme, la Sixiéme, & la Cinquiéme. Cet exercice, de leur proposer des questions sur ce qui
est contenu dans ce qu'ils ont expliqué, leur

ouvrira l'efprit, & leur donnera lieu d'apprendre les chofes le plus néceffaires & les plus
convenables à leur âge, pourvû que les Traités
qu'on leur fera voir foient compofés avec le
goût & le difcernement que demande l'inftruction de la Jeuneffe. On fent bien que pour
avoir des Traités tels qu'il feroit à fouhaiter,
il faudroit en compofer exprès, comme on
vient de le dire. Quant aux Claffes fupérieures, la Seconde & la Rhétorique, l'exercice
dont nous parlons, ne feroit plus fi néceffaire,
foit parce que les jeunes gens feroient accoutumés à faire attention à la matiere traitée
dans leurs Livres, foit parce qu'ils auroient
plus d'ouverture d'efprit. Nous remarquerons
par occafion que la pratique propofée dans
cet article devroit être un des principaux exercices des petites Ecoles où l'on apprend à lire
aux enfans : fi on ne leur explique pas ce qu'on
leur fait lire, quoiqu'en François, ils n'apprennent rien des chofes qu'ils ont lûes : il eft donc
néceffaire de le leur expliquer & de leur faire
des queftions dont les réponfes foient contenues
dans leur leçon, & même leur faire remarquer
qu'elles y font contenues.

XXI Nous avons vû. (Art. XVI. N°. 1.)
qu'il n'eft pas à propos de mettre entre les
mains des jeunes Étudians de longues Hiftoires
pour les lire pendant le cours de l'année ; on
rifqueroit d'exciter en eux du dégoût pour les
études moins attirantes par rapport à eux ; car
la plûpart des hommes, fur-tout des jeunes
gens, ont plus de goût pour l'Hiftoire que
pour toute autre chofe ; mais il feroit encore
plus dangereux de leur faire apprendre la Verfification Françoife, & de les y exercer. Il eft
conftant même par l'expérience que cela n'eft

pas néceſſaire pour ſentir les beautés des Ouvrages en Poëſie : ces beautés s'apperçoivent
par le goût & le diſcernement, que l'on peut
acquérir ſans la connoiſſance de la Verſification
Françoiſe : ainſi cette connoiſſance n'eſt pas
néceſſaire. Mais ce qu'il y a de plus important
à conſidérer, c'eſt qu'elle ſeroit fort dangereuſe
pour les jeunes gens, dont pluſieurs ne manqueroient pas de s'en ſervir pour faire des
Chanſons piquantes & d'autres Vers ſatyriques
contre leurs Compagnons, contre leurs Maîtres même, & contre d'autres ; ce qui mettroit infailliblement le trouble & la diviſion
dans les eſprits. Rien n'eſt ſi aiſé que de réuſſir juſqu'à un certain point dans ces ſortes de
petites Piéces, quand on ſçait la verſification.
Il y a peu de Sujets qui ne puiſſent s'attirer des
applaudiſſemens dans ce genre ; la malignité
ſupplée en quelque ſorte au talent. On ſçait
aſſez la démangeaiſon des jeunes gens pour
s'exercer dans ce genre : lorſqu'ils croyent pouvoir y réuſſir, ils ſont charmés de faire l'eſſai
de leur nouvelle ſcience. Ce ne ſeroient pas
ſeulement ceux qui ont le cœur mauvais, qui
ſeroient ſuſceptibles de cette tentation ; ce
ſeroient quelquefois de bons caractéres qui y
ſuccomberoient, ſi on les y expoſoit en leur
apprenant cet Art dangereux : or ce ſeroit pour
eux un malheur extrême d'y ſuccomber, car
rien n'a de plus fâcheuſes ſuites que ces Chanſons ou Vers ſatyriques. Ce n'eſt pas ſeulement
la connoiſſance de la corruption du cœur qui
doit faire juger du danger dont nous parlons :
l'expérience l'a auſſi fait connoître dans pluſieurs endroits, & a fait repentir les Maîtres
d'avoir donné à leurs Ecoliers une connoiſſance
ſi funeſte pour eux, par l'abus qu'ils en faiſoient.

XXII. Plufieurs perfonnes penfent auffi avec raifon qu'il ne faudroit pas exercer les jeunes gens dans les Claffes à la Verfification Latine. Ce fentiment eft fondé fur une maxime qui doit fervir de régle de conduite dans l'enfeignement public, c'eft que les Maîtres doivent avoir égard dans leurs leçons au befoin & à l'utilité du plus grand nombre de leurs Eleves. Or le grand nombre des Ecoliers d'une Claffe n'a pas befoin de fçavoir faire des Vers Latins. A peine fur cinquante ou foixante s'en trouvera - t - il un ou deux qui foient un jour dans le cas de faire un ufage utile de cette connoiffance. Le temps que les autres occupent à cet exercice eft perdu, ou prefque perdu pour un grand nombre qui n'ont point de talent ou de goût pour la Poëfie Latine, & à qui ce travail eft très-pénible, très-difgracieux & capable de les rebuter. (J'en attefte les Maîtres qui ont veillé fur les études des Ecoliers, & les autres perfonnes qui ont fait leurs Claffes.) Et par rapport à ceux qui pourroient s'exercer avec quelque fuccès en ce genre, mais qui n'en ont pas befoin, il feroit plus avantageux pour eux qu'on leur prefcrivît un autre travail. Il eft vrai qu'il eft à propos que les jeunes Etudians connoiffent la ftructure des Vers, au moins les plus ordinaires: il faut auffi qu'ils fçachent la quantité, & qu'ils s'accoutument à l'obferver dans la prononciation, en parlant ou en lifant le Latin : mais ils peuvent aifément apprendre tout cela fans être exercés dans la Poëfie. En fupprimant cet exercice, les jeunes gens auront plus de temps à s'occper des études beaucoup plus utiles pour le très-grand nombre : & prefque tous ceux qui

auroient eu quelque fuccès dans la Poëfie pourront profiter autant ou plus dans la lecture réfléchie des bons Auteurs, foit Poëtes, foit Orateurs, foit Hiftoriens, ou dans la Verfion qu'ils
en feront.

XXIII. N°. 1. Il feroit à fouhaiter que l'on
vît les mêmes Auteurs dans la même Claffe des
différens Colléges, par exemple, dans la Troifiéme; & comme il y a fouvent des Ecoliers
qui doublent une Claffe, il faudroit partager
les Auteurs affectés à une Claffe, en deux années, les uns pour la premiere, les autres pour
la fuivante. Cependant fi parmi les Auteurs
d'une Claffe il y en avoit quelqu'un plus néceffaire ou plus utile que les autres, il feroit à
propos de l'expliquer tous les ans. Les Ecoliers
qui redoubleroient cette Claffe, ne perdroient
pas leur temps à revoir cet Auteur. Souvent
même ils y profiteroient plus qu'en voyant
un Auteur qu'ils n'auroient pas encore expliqué. Le grand point pour faire du progrès
dans les études eft de s'appliquer à un bon
Auteur autant qu'il eft néceffaire pour le bien
poffé der & fe le rendre propre, s'il eft poffible; ce qui demanderoit fouvent qu'on le revît dans une feconde année après la premiere.

N°. 2. Si l'on voyoit ainfi les mêmes Auteurs dans tous les Colléges, & qu'on y donnât les mêmes devoirs, comme d'ailleurs on y
verroit auffi la même Méthode, les Ecoliers de
la même Claffe dans les différens Colléges feroient à-peu-près de la même force par-tout:
ainfi une Claffe ferviroit de régle pour juger
du progrès des études des jeunes gens; au lieu
qu'à préfent on ne peut fçavoir le degré de

science d'un Étudiant par la Classe où il est, quand même il seroit du nombre des bons Écoliers ; de même que l'on ne connoît pas la distance de deux Villes, quoiqu'on entende dire qu'elles sont éloignées de dix lieues, à cause de la différence des lieues dans les différens Pays.

Afin qu'on parvînt encore plus sûrement à établir une égalité de force dans les Classes de même degré, il seroit bon que tous les exercices de chaque Classe fussent prescrits, & que l'ordre dans lequel ils devroient se succéder les uns aux autres, fût réglé. Cette uniformité des mêmes exercices dans les Classes semblables, jointe à l'explication des mêmes Auteurs, à l'enseignement de la même Méthode, & au travail des mêmes Devoirs, ne pourroit manquer de procurer un progrès à peu près égal dans le gros des Écoliers de ces Classes de différens Colleges.

XXIV. N°. 1. En fait d'Auteurs Latins on a coutume de n'expliquer dans les Classes de Seconde & de Rhétorique, & même de Troisiéme, que ceux qui sont anciens, à peu près du temps d'Auguste, ou avant cette époque : ne seroit-il pas à propos de joindre à ces Auteurs quelques bonnes Traductions Latines, de certains morceaux de nos meilleurs Auteurs, tels que Bossuet, Flechier, Bourdaloue, Massillon, différens Discours des Avocats Généraux, ou d'Académiciens, dont la matiere conviendroit aux jeunes Étudians, des morceaux d'Histoire générale ou particuliere, des Révolutions des Empires ou des Etats, &c. En faisant un bon choix de tout ce qu'il y a de meilleur, sans s'astraindre à prendre tout ce qui se trouve dans les différens Ouvrages où l'on puiferoit, il eft certain qu'on pourroit faire des Extraits dont la matiere feroit infiniment plus inftructive & intéreffante pour les jeunes gens, que ce que l'on voit des anciens Auteurs dans les Claffes. Ainfi par rapport à la matiere il n'y a point de doute que les morceaux choifis des Modernes l'emporteroient de beaucoup fur les Anciens : mais il y a deux autres objets à confidérer outre la matiere. Ce font l'éloquence & la connoiffance du Latin.

N°. 2. Quant à l'éloquence il y auroit auffi plus à profiter pour les jeunes gens dans les Modernes que dans les Anciens ; 1°. parce qu'il ne s'agit pas pour eux d'une éloquence telle que celle qui étoit en ufage dans les Tribunes aux Harangues de Rome, mais de celle qui convient à nos Mœurs, à l'Etat & aux circonftances où nous fommes, & c'eft précifément celle qui fe trouve dans nos Auteurs modernes ; 2°. parce qu'il y a communément plus d'ordre & de méthode dans les Modernes, ou du moins, un ordre plus facile à faifir par les jeunes gens ; on peut remarquer cet ordre, fur-tout dans les Difcours de la Chaire, foit Sermons de Morale, foit Panégyriques, foit Oraifons Funébres ; 3°. à caufe des penfées fublimes que ces morceaux contiennent, tirées du fond de la matiere, au lieu que celles dont traitent les Anciens ne comportent pas d'employer des penfées femblables.

N°. 3. A l'égard de la Latinité, il eft vrai que les Anciens l'emportent fur les Traductions Latines qu'on pourroit faire : mais cette Latinité foit qui précifément dans le même goût que celle des anciens Auteurs, n'eft pas néceffaire pour le très-grand nombre des Ecoliers d'une Claffe , & c'eft ce gros des Écoliers qu'un Maître public doit fe propofer : le Latin de bonnes traductions feroit fuffifant pour eux ; & ils feroient plus de progrès dans ce Latin des Modernes que dans celui des Anciens, foit parce qu'ils l'entendroient mieux & avec moins de peine, foit parce qu'ils s'y appliqueroient davantage, tant à caufe de la facilité qu'ils éprouveroient, qu'à caufe de l'intérêt qu'ils prendroient aux matieres qui feroient beaucoup plus utiles & intéreffantes pour eux que celle dont les Anciens traitent, enforte que ces jeunes gens par ce double motif fe porteroient d'eux-mêmes à l'étude de ces Traductions : cette confidération eft de la plus grande conféquence ; & quand les jeunes gens fe feroient exercés pendant quelques temps au Latin de ces Traductions que je fuppofe bien faites, ils feroient des progrès rapides dans celui des Auteurs anciens , parce qu'ils connoîtroient la fignification de la plûpart des mots & feroient accoutumés à leur arrangement , tel à-peu-près qu'il fe trouve dans ces Auteurs. Ainfi de quelque côté que l'on confidere la queftion préfente , il paroît qu'il feroit avantageux pour les jeunes gens qu'on employât une partie du temps des Claffes à expliquer en Seconde & en Rhétorique de bonnes Traductions Latines des morceaux choifis de nos meilleurs Auteurs.

N°. 4. Si aux Traductions dont il s'agit dans cet Article, accompagnées de quelques Notes on joint les Examens dont nous parlerons dans la fuite , & qu'il feroit à propos de faire environ quatre fois l'année dans les Colléges & même dans les Penfions, l'émulation des Etu-

dians feroit des plus grande, parce que ces
Traductions renfermeroient les deux grands
mobiles qui l'excitent, je veux dire, la facilité
du fuccès & l'agrément avec l'utilité des matieres, qui par ces qualités deviennent intéreffantes pour eux.

Mais ces moyens d'exciter les jeunes gens à
l'étude feront encore plus efficaces fi leur cœur
eft dégagé des paffions. Car quand le cœur en
eft rempli, il n'eft occupé habituellement qu'à
ce qui en eft l'objet. Or c'eft par l'amour de la
Religion & par les fentimens qu'elle infpire,
qu'elles s'affoibliffent & que leurs accès s'étei-
gnent. Ainfi la Religion qui eft l'objet effentiel
de la bonne éducation de la jeuneffe devient
encore précieufe par cette confidération,
qu'elle peut beaucoup fervir au progrès des
bonnes études, je veux dire celles qui procurent l'acquifition des connoiffances néceffaires
ou vraiment utiles. Voilà donc quatre moyens
principaux d'exciter l'émulation dans les Étudians. 1°. La facilité que procurent les Traductions accompagnées de Notes; 2°. l'utilité
des matieres & l'intérêt qu'ils y prendront. 3°.
Les Examens à faire environ quatre fois l'année 4°. Les Inftructions & les Exhortations
fur la Religion, & tout ce qui peut contribuer
avec le fecours de la grace à en infpirer l'a-
mour & les fentimens.

N°. 5. A ces Traductions il faudroit ajouter un Traité Latin des principes du Droit naturel qui feroient connoître aux jeunes gens
comment il faut fe conduire dans la Société
pour s'acquitter de fes devoirs envers les autres hommes, & pour éviter les injuftices dans
lefquelles ils pourroient tomber faute de les con-

noître. Ces injustices que l'on commet par ignorance, causent quelquefois bien des peines &
des inquiétudes pour réparer les torts ou les
préjudices qu'on a portés au prochain : ils ne
font pas rares sur-tout dans les gains que l'on
fait dans le Commerce : souvent on se rend
coupable d'usure sans le sçavoir. Il seroit encore fort utile de connoître certaines Loix du
Royaume dont on peut avoir besoin dans les
affaires & pour la conduite ordinaire de la vie.
On se donne bien de la peine pour acquérir des
connoissances beaucoup moins utiles que celles
de ces Loix ; par exemple, combien n'emploie-
t-on pas de temps & de travail pour connoître
l'Histoire, les Guerres, les Coutumes, les Usages, les Loix des anciens Peuples & des Empires qu'ils ont formés ; & néanmoins ces connoissances ne servent presque de rien à la plûpart des particuliers, ou même leur sont inutiles ? Ne vaut-il pas bien mieux occuper son
temps à l'acquisition des sciences d'usage, telles que celles dont il s'agit, qui tendent à former des Citoyens. Le Traité dont nous parlons seroit à la vérité plus convenable à la
Classe d'éloquence que l'on feroit après la Philosophie : (voiez Art. XXX.) mais comme il
y auroit beaucoup d'Ecoliers qui quitteroient
leurs études avant d'arriver à cette Classe, en
la supposant établie, il seroit très utile de l'expliquer dans celle de Seconde : ce qui n'empêcheroit pas qu'on n'en fit voir un autre plus
étendu sur la même matiere dans la Classe d'é-
loquence si elle subsistoit. Il n'y a point de
Science si nécessaire à sçavoir que celle qui
apprend à être juste, équitable & prudent
dans la conduite de la vie. C'est donc celle-là

particuliérement à laquelle il faut appliquer les jeunes gens quand ils en font devenus capables.

XXV. N°. 1. Outre les Traductions Latines dont nous venons de parler, il faudroit qu'il y eût des Commentaires tant pour ces Traductions que pour les anciens Auteurs que l'on feroit voir dans les trois Claffes fupérieures, furtout dans la Seconde & la Rhétorique, car pour celle de Troifiéme elle feroit occupée en partie par quelques-uns des petits Traités dont nous avons parlé, fçavoir ceux de la Sphère & des quatre Elémens. Mais les Commentaires des Traductions feroient plus courts que ceux des anciens Auteurs ; parce que ces Traductions auroient beaucoup moins d'endroits difficiles. Ces Commentaires feroient bien différens de ceux deftinés aux Commençans, ils contiendroient le Texte des Traductions tel qu'il feroit, & auffi celui des anciens Auteurs tel qu'il eft, fans changer la fuite des mots pour la conftruction : on n'y mettroit pas les mots François en interlinéaires, ils contiendroient feulement le Texte & les Notes au bas de la marge, comme on fait communément; mais ces Notes feroient plus proportionnées au befoin des jeunes gens, foit par leur clarté, foit par le but qu'on s'y propoferoit comme nous allons dire.

N°. 2. Diftinguons d'abord les différentes efpeces de Notes, il y en a d'hiftoriques, de chronologiques & de géographiques. Ces trois fortes n'auroient guère lieu que pour les anciens Auteurs, encore ne devroient-elles être d'ufage communément que quand ces Auteurs ont fait des fautes dans quelqu'un de ces trois genres, ce seroit pour les faire connoître. Mais hors ce cas elles ne seroient pas ordinairement nécessaires, parce que la plûpart des jeunes gens n'ont pas besoin d'une connoissance particuliere de ces matieres. Quant à ceux qui voudroient s'en instruire, ils les trouveroient ailleurs plus développées & traitées avec plus d'ordre que dans de simples Notes. Il y a des Notes destinées à éclaircir des endroits obscurs & à les faire entendre. Celles-ci ne seroient encore guères nécessaires que pour les Auteurs anciens, il faudroit même passer légerement sur les endroits qui font l'objet des disputes des Sçavans, de peur d'y employer bien du temps au hazard de n'en point tirer d'avantages. Souvent ces Textes sont ou altérés par la négligence des Copistes, ou mal construits par un défaut d'attention de la part des Auteurs qui n'ont pas dit ce qu'ils ont voulu dire, ou qui se sont mal exprimés : & c'est pourquoi souvent on feroit mieux de chercher par ce qui précede & ce qui suit ces endroits obscurs, de chercher, dis-je, ce qu'ils ont voulu dire plutôt que ce qu'ils ont dit, ou que les Copistes ou les Imprimeurs leur font dire.

Nº. 3. D'autres Notes sont employées à faire connoître le génie des Langues ou à faire sentir les beaux endroits des Auteurs, en expliquant en quoi consiste leurs beautés, celles-ci sont utiles pour faire du progrès dans les Belles-Lettres ; mais si on leur donnoit l'étendue qui leur seroit nécessaire, pour les faire bien entendre au commun des Etudians, elles grossiroient beaucoup les Volumes, à cause du grand nombre de beaux endroits qui se trouvent dans les bons Auteurs anciens ou mo-

dernes; c'eſt pourquoi il paroît qu'il ſeroit à
propos de compoſer un Traité qui contiendroit
des obſervations qui ſeroient deſtinées à développer en quoi conſiſte les beautés les plus ordinaires qui ſe rencontrent dans les bons Auteurs, avec des Exemples tirés de ceux que
l'on feroit voir dans les Claſſes. Un petit Traité
dans ce goût, qui ſeroit bien exécuté, pourroit
beaucoup contribuer à l'avancement des jeunes
gens dans les Belles - Lettres, ſi on le faiſoit
voir en Troiſiéme, & peut-être en Seconde,
en obligeant les Ecoliers à en rendre compte,
ſur-tout, ſi les Maîtres expliquoient ou déve-
loppoient les endroits qui paroîtroient en avoir
beſoin; & alors dans les Notes des Commentaires on renverroit aux obſervations de ce Traité, au moyen de quoi ces Notes pourroient
être fort courtes. Il y auroit encore d'autres
Notes ou remarques à faire, ce ſeroit celles
qui ſerviroient à redreſſer certains endroits peu
exacts pour la Morale, ou ſeulement pour la
juſteſſe, qui ſe trouvent quelquefois dans les
anciens Auteurs. Voilà donc pluſieurs ſortes de
Notes qui doivent entrer dans les Commentaires, ſur-tout ceux des anciens Auteurs : les
principales ſont 1°. celles qui ſervent à expliquer les endroits obſcurs, qui ſeroient capables de rebuter les jeunes gens; 2°, celles qui
ſont deſtinées à faire ſentir les beautés des Auteurs ; 3°. celles qui font remarquer les fautes
dans leſquelles ils ſont tombés par rapport à la
morale ou à la juſteſſe. Mais en général il faudroit que toutes ces Notes fuſſent préſentées
avec le plus de clarté poſſible, afin qu'elles
fuſſent à la portée des Ecoliers mêmes médiocres. Comme tout n'eſt pas également bon &
convenable

convenable aux jeunes gens, même dans les meilleurs Auteurs, (il s'agit ici des Anciens) il faudroit non-seulement choisir les Auteurs, mais aussi faire un discernement de ce qu'il y auroit de plus beau & de plus utile dans chacun par rapport aux Etudians.

N°. 4. Tous ces moyens que nous avons exposés pour l'avantage des Classes de Belles-Lettres, réunis ensemble, sçavoir les Traductions Latines des morceaux choisis des Auteurs modernes, le choix de ce qu'il y auroit de plus beau & de plus utile pour les jeunes gens dans les Anciens, le Recueil des observations sur les beautés des bons Auteurs pour les faire sentir aux jeunes gens, les Commentaires ou Notes sur les Traductions & sur les Ouvrages des Anciens, ou du moins sur des morceaux choisis, ces moyens, dis-je, auroient le même effet pour les Ecoliers des hautes Classes que la Méthode de Syntaxe dont nous avons parlé, le Commentaire des Commençans & les petits Traités marqués ci-dessus par rapport à ceux des basses-Classes ; je veux dire que ces Ouvrages qu'on composeroit à l'usage des hautes Classes exciteroient & animeroient les Ecoliers de ces mêmes Classes, tant par le succès qu'ils leur procureroient que par l'intérêt qu'ils prendroient aux matieres; ils feroient même plus excités & animés à cause qu'ils auroient plus d'ouverture & de goût que les Commençans. Ainsi il y auroit une émulation générale qui regneroit dans toutes les Classes de Grammaire & de Belles-Lettres. On ne verroit donc presque plus d'Ecoliers qui ne s'appliquassent d'eux-mêmes, & ne profitassent dans leur Classe ; & on ne feroit plus dans la

trifte néceffité, au moins pour l'ordinaire, de
leur témoigner du mécontentement par rapport à leur devoir de Claffe : on fent bien de
quelle importance eft cette confidération. Cela
a rapport au quatriéme Problême & en contient une folution très - fatisfaifante pour des
efprits qui ne feront pas prévenus.

XXVI. On a remarqué avec raifon dans
une Lettre publique fur un Plan d'Etude,
qu'il feroit à propos d'exercer les jeunes gens
qui font dans les Claffes d'Humanité, à faire
des Analyfes des plus beaux difcours des bons
Auteurs ; effectivement, rien ne feroit plus
avantageux aux jeunes gens, pour leur former
le jugement & le goût, pourvû que les Maîtres les dirigeaffent dans cet exercice, & euf-
fent foin de lire ces Devoirs des Ecoliers, pour
les avertir des fautes qu'ils auroient faites :
outre que ce feroit un moyen excellent de
former & de perfectionner leur difcernement,
ils retiendroient auffi par-là les beaux endroits
qu'ils auroient analyfés ; ils apprendroient à
bien écrire, c'eft-à-dire, à fe former le ftyle.
On pourroit faire non-feulement des analyfes
des Difcours, foit Latins, foit François, mais
auffi des Extraits & des Abrégés d'autres morceaux des Auteurs, & fur-tout des Hiftoires.
Cet Exercice pourroit fervir pour les Compofitions deftinées à donner les Places, en commençant dès la Troifiéme. Il feroit d'autant
plus utile, qu'il accoutumeroit les jeunes gens
à une pratique qui eft un des meilleurs moyens
pour faire des progrès dans les différentes études particulieres que l'on entreprend après le
cours des Etudes publiques. Sans cette habi-

tude acquiſe dans la jeuneſſe, on ne ſe porte
preſque jamais aux exercices les plus utiles,
à cauſe des peines que l'on éprouve d'abord
à faire les choſes auxquelles on n'eſt pas ac-
coutumé.

Voilà quatre exercices que nous avons propoſés, chacun en ſon lieu, qui ſont bien im-
portans pour le progrès de la jeuneſſe ; 1°. d'expliquer aux Commençans les mots & leurs aſ-
ſemblages qu'on a lieu de croire qu'ils n'entendent pas. (Art. XII.) 2°. De leur faire des queſtions dont les réponſes ſoient dans ce qu'on leur
a fait lire ou apprendre. (XX) 3°. De leur faire
rendre compte des lectures qu'ils ont faites ou
entendues. (XVII.) 4°. Enfin de leur donner
à faire des analyſes ou des extraits de quelques
morceaux d'Auteurs, (il s'agit dans ces quatre nnméros, principalement du François, au
moins avant la Claſſe de Seconde.) Les deux
premiers exercices conviennent plus particuliérement aux moins avancés, le troiſiéme
à ceux qui le ſont un peu plus, & le quatriéme aux autres qui le ſont encore davantage.

XXVII. N°. 1. Voici encore un autre exercice dont nous avons déja parlé par rapport
aux enfans, qui ſera très-utile à pluſieurs égards,
mais qui eſt plus convenable à une éducation
particuliére qu'à une Claſſe, excepté celles de
Septiéme & de Sixiéme : c'eſt de faire copier
aux jeunes gens quelques endroits d'un Livre
qui contiennent des inſtructions qui leur conviennent, celles ſur-tout qui ſont difficiles pour
eux. Il ſeroit bon avant de les leur faire écrire,
de leur en donner une idée, en leur expliquant
au moins les principaux points de ce qu'on leur

donneroit à écrire. Je dis que cet exercice leur
feroit très-utile à plufieurs égards : car 1°. ils
acquerroient une connoiffance générale de la
matiere dont il s'agiroit, & des termes qui ferviroient à l'exprimer ; très-fouvent c'eft le défaut d'intelligence des termes, ou du moins
le peu d'ufage qu'on en fait qui empêche de
comprendre la matiere : 2°. ils apprendroient
l'Orthographe en fuivant exactement le modele
qu'ils copieroient ; 3°. enfin ils apprendroient à
parler & même à coucher par écrit leurs penfées : ce qui leur donneroit de la facilité pour
écrire des Lettres. Démofthene étoit fi con-
vaincu de l'utilité de cette pratique, qu'il écri-
vit jufqu'à huit fois les Ouvrages de Thucidide
pour s'en rendre le ftyle familier. Il paroît donc
que cet exercice eft un des plus utiles pour
faire faire du progrès à des jeunes gens qui ont
déja quelque âge, & à des perfonnes d'un âge
plus avancé ; mais dont on a négligé l'inftruction dans leur jeuneffe. A l'égard de celles qui
n'auroient pas encore appris les premiers principes de la Grammaire Françoife, il faudroit
leur donner une notion des neuf parties du
difcours ; c'eft-à-dire, des neufs fortes de mots,
fçavoir, le Nom, le Pronom, l'Article, le
Verbe, &c. mais principalement du Verbe,
& leur en faire remarquer d'abord les quatre
parties générales qui font l'Indicatif, l'Impéra-
tif, le Subjonctif, l'Infinitif ; & enfuite les
Temps de chaque partie, les Perfonnes, &
fur-tout les Terminaifons : on leur apprendroit
à les conjuguer, & particuliérement ceux de
la premiere Conjugaifon qui font en bien plus
grand nombre que ceux des trois autres ; &
pour cet effet il feroit à propos de leur donner

plufieurs Exemples de Verbes à écrire, en prenant pour modele ceux de la même conjugaifon, qui feroient dans un abrégé de Grammaire Françoife qu'on leur mettroit entre les mains. En employant ces moyens, ils apprendroient beaucoup plus facilement & plus promptement l'Orthographe & la maniere de parler & d'écrire correctement, que fi on négligeoit ces moyens. De plus, la connoiffance des différens temps & modes des Verbes contribueroit à l'intelligence des phrâfes & auffi des matieres qu'elles exprimeroient; car la connoiffance exacte des fignes influe fur celle des chofes qu'ils fignifient. Mais il faudroit que ces écritures fuffent lûes par quelqu'un qui feroit en état de corriger les fautes & même d'expliquer ce qui en auroit befoin pour le faire entendre au Difciple.

Au défaut d'un Maître bien inftruit des matieres, le jeune homme pourroit être aidé par quelqu'autre, comme un Parent, que je fûppofe cependant avoir une notion au moins légere de l'Orthographe; tandis que le Copifte liroit tout haut ce qu'il auroit écrit; le Parent fuivroit la lecture en regardant le Livre, & lui demanderoit comment il auroit écrit certains mots qui paroîtroient les plus difficiles pour l'orthographe, & lui feroit dire la ponctuation pour la confronter avec celle du Livre.

Nᵒ. 2. Nous avons dit que le défaut d'intelligence des termes & même le peu d'ufage que les perfonnes en font les empêche d'entendre la matiere. C'eft ce qui arrive par rapport aux Sciences, aux Arts, & aux affaires qui ont rapport aux Loix, aux Coutumes & à la Procédure ; ceux même qui ne manquent pas d'intelligence, mais qui n'ont pas appris ces Sciences ou ces Arts, ont peine à suivre les discours sur ces matieres, quoiqu'ils ne supposent pas un fond de connoissances propres à ces Sciences ou Arts, parce que quand même ils entendroient les termes de l'Art dont on parle; cependant comme ils ne leur sont pas familiers, ils n'excitent pas assez promptement dans leur esprit les idées qui y sont attachées, pour suivre ce que l'on dit.

XXVIII. N°. 1. Il faudroit accoutumer les jeunes gens à parler Latin dans les Classes supérieures, en commençant par la Seconde, afin qu'ils en acquissent la facilité, que l'on ne peut avoir sans cet exercice. Elle est utile dans bien des cas, soit dans les Theses, soit dans les Examens, soit dans d'autres occasions, tant publiques que particulieres. Cette habitude n'est pas difficile à acquérir dans la Jeunesse quand on sçait déja assez bien le Latin; mais on n'y parvient presque jamais dans un âge un peu avancé, lors même que l'on entend bien cette Langue. Pour y habituer les jeunes gens, on les obligeroit de rendre compte en Latin de ce qu'on leur demanderoit en Classe. On pourroit les obliger, par exemple, à faire en Latin un Précis de l'explication du Professeur ou de ce qu'on leur auroit donné à lire, soit une Instruction sur la Religion ou quelque autre matiere.

N°. 2. Il nous paroît qu'il ne faudroit commencer cet exercice qu'en Seconde, parce que si on les y obligeoit avant ce temps, ils y auroient de la répugnance à cause de la difficulté qu'ils y éprouveroient par la disette des mots , & de la peine qu'ils auroient pour leur donner la construction convenable ; & ce seroit pour eux un obstacle , au progrès du developpement des pensées & de la raison , parce qu'ils seroient tout occupés de la difficulté qu'ils auroient à parler Latin. De plus , ils s'accoutumeroient souvent à un Latin presque barbare. Il vaut donc beaucoup mieux qu'ils emploient ces premiers temps à se perfectionner dans l'usage de la Langue maternelle.

XXIX. N°. 1. Nous avons déja montré qu'il seroit à souhaiter que les trois Professeurs de Sixiéme , de Cinquiéme & de Quatriéme changeassent entr'eux de Classe au commencement de chaque année Scholastique , ensorte que celui de Sixiéme passât d'abord en Cinquiéme , & ensuite en Quatriéme ; après quoi il reviendroit en Sixiéme : de même les deux Professeurs de Troisiéme & de Seconde alterneroient entr'eux , comme font ceux de Philosophie.

Il reviendroit deux avantages considérables de cet usage : le premier , c'est que les Ecoliers ne changeroient pas si souvent de Maîtres puisqu'ils auroient d'abord le même en Sixiéme , en Cinquiéme & en Quatriéme , & qu'ils auroient aussi le même en Troisiéme & en Seconde , par-là ils seroient mieux connus de leurs Maîtres , qui pourroient leur être plus utiles par la connoissance de leurs caractères & de leurs dispositions ; sans cette connoissance , les Maîtres sont exposés à faire des fautes dans la conduite qu'ils tiennent envers les Ecoliers , quant à la maniere dont ils leurs parlent , & celle dont ils agissent à leurs égards. Il seroit d'autant plus avantageux que les enfans eussent le

même Maître pendant les trois premieres années de leurs Claſſes, après la Septiéme, que
c'eſt le temps où ils ont le plus beſoin d'une
conduite aſſortie à leur caractere. Le ſecond
avantage de cet établiſſement, c'eſt qu'il donneroit occaſion à l'émulation des Profeſſeurs,
ſoit par la variété des études dont ils s'occuperoient, ſoit par la néceſſité de s'appliquer pour
être bien au fait des matieres différentes qu'ils
enſeigneroient d'une année à l'autre. Quand
bien même ils les poſſéderoient bien après
pluſieurs années d'exercice, il faudroit encore
qu'ils les reviſſent de nouveau quand ils ſeroient
obligés de les enſeigner, afin de les avoir bien
préſentes à l'eſprit; ainſi ils auroient de l'émulation, & cette émulation paſſeroit des Maîtres aux Ecoliers.

Pour ce qui eſt du Profeſſeur de Rhétorique,
il ne ſeroit pas néceſſaire qu'il changeât, parce
qu'il y a dans cette Claſſe aſſez d'objets différens pour ſoutenir l'émulation, d'autant plus
que les connoiſſances en ſont non-ſeulement
plus multipliées, mais auſſi plus relevées &
demandent plus d'application que celles des
Claſſes précédentes.

N°. 2. Si cet établiſſement faiſoit peine à quelque Profeſſeur actuellement en place, parce qu'il
ſe ſeroit fixé à la Claſſe où il eſt depuis pluſieurs
années, cela n'empêcheroit pas qu'on ne l'exé-
cutât par rapport aux autres qui ſeroient bien-
aiſe de ce changement, ou du moins qui s'y
prêteroient volontiers pour le bien des Ecoliers; par exemple, les Profeſſeurs de Sixiéme
& de Cinquiéme pourroient changer de place
entr'eux, quoique celui de Quatriéme voulût
reſter dans la ſienne : de même ceux de Cin-

quiéme & de Quatriéme pourroient paſſer d'une Claſſe à l'autre, quoique celui de Sixiéme demeurât dans la ſienne : enfin celui de Cinquiéme n'empêcheroit pas ceux de Sixiéme & de Quatriéme de permutér. Au reſte, on n'auroit ces égards que pour ceux qui ſont actuellement en place, à cauſe de l'habitude où ils ſont depuis pluſieurs années : quant à ceux qui viendroient dans la ſuite, ils n'entreroient en place qu'à condition qu'ils ſuivroient le réglement que l'on feroit à ce ſujet.

XXX. N°. 1. On a propoſé dans des Mémoires publics de renvoyer la Rhétorique après la Philoſophie. En effet, il ſemble que ſans cette ſcience, des Ecoliers de Rhéthorique ne pourront être que de vains diſcoureurs, lorſqu'ils voudront traiter quelque matiere qu'on leur propoſera pour s'exercer, ſoit parce qu'ils n'auront pas le jugement aſſez formé, ſoit parce qu'ils ne pourront rapporter les preuves & les comparaiſons que leur fourniroit la Philoſophie. (1) Ciceron lui-même reconnoît que c'étoit à cette ſcience qu'il étoit redevable d'être devenu Orateur. *Et fateor*, (dit-il dans ſon Livre intitulé, *Orator, num.* 12,) *me Oratorem, ſi modò ſim, aut etiam quicumque ſim, non ex Rhetorum officinis, ſed ex Academiæ ſpatiis exſtitiſſe.*

Ces raiſons méritent à la vérité beaucoup d'attention ; mais d'un autre côté, ſi la Rhétorique étoit remiſe après la Philoſophie, il y auroit un très-grand nombre de jeunes gens qui ne la feroient jamais, parce que les parens

(1) La matiere que l'on dicte peut néanmoins y ſuppléer en quelque choſe.

D v

qui font fouvent empreffés pour leur procurer
un état, les employeroient à quelqu'autre occupation auffi-tôt qu'ils auroient achevé leur
Philofophie ; & par-là ces jeunes gens ayant
négligé de faire cette Claffe dont les exercices
peuvent beaucoup contribuer à donner de la
facilité pour parler en public, ils n'en retrou-
veroient pas l'occafion ou ne pourroient pas
fe déterminer à en profiter, quand même elle
fe préfenteroit ; ainfi ils feroient privés toute
leur vie de l'utilité qu'ils en auroient tiré.

Il y auroit un moyen de parer aux inconvéniens que l'on objecte de part & d'autre ;
ce feroit de partager cette Claffe en deux,
dont l'une, qui retiendroit le nom de *Rhéto-*
rique, fe feroit avant la Philofophie, comme il
fe pratique : elle devroit être employée principalement à l'explication des Auteurs convenables à cette Claffe, tant Grecs que Latins ;
les Profeffeurs en feroient remarquer les beaux
endroits, & tâcheroient de mettre leurs Eleves en état de les fentir & de les appercevoir
par eux-mêmes : c'eft ce qu'ils feroient auffi
par rapport aux Auteurs François qui fe font
diftingués par leur éloquence & par leur maniere de bien écrire dans les différens genres.
Pour ce qui eft de l'autre Partie, qu'on appelle-
roit l'*Eloquence*, il faudroit la remettre après
la Philofophie. Les fecours que les jeunes
gens tireroient de cette Science & de la Rhétorique, les mettroient en état de réuffir à
la compofition, dans laquelle ils pourroient
faire alors de grands progrès en peu de temps.
Cette Claffe feroit donc employée à la compofition de plufieurs Piéces, comme Narra-
tions, Defcriptions, Fables, Amplifications,

Analyses, & encore à l'explication des Auteurs Grecs & Latins , comme aussi à la lecture réfléchie de quelques bons Auteurs François.

Il n'est pas difficile de démontrer clairement la nécessité de cet Etablissement , en développant un peu ce que nous avons insinué. Nous ne nous y arrêterons pas : nous laissons au Lecteur à y suppléer. Revenons à notre supposition d'une seconde Classe de Rhétorique.

N°. 2. Des Ecoliers qui entreroient dans la Classe d'Eloquence avec les connoissances qu'ils auroient acquises dans celles de Rhétorique & de Philosophie , avanceroient à pas de Géants dans la carriere de l'Eloquence , étant conduits par un Maître qui les guideroit dans leur course, & qui perfectionneroit le goût qu'ils auroient déja, pour distinguer la solide Eloquence de celle qui n'en a qu'une vaine apparence. Lorsqu'on fait attention aux peines que sont obligés de prendre ceux dont les fonctions demandent qu'ils acquierent le talent de la parole, & au temps qu'il faut qu'ils y emploient , sur-tout s'ils n'ont pas eû les secours que l'on peut tirer d'habiles Maîtres particuliers , peut-on s'empêcher de désirer pour l'avantage de la Jeunesse un Etablissement qui exempteroit de la plus grande partie de ces peines, & du temps qu'on emploie, par les facilités qu'il procureroit ? On feroit dans une année avec agrément ce qu'on ne peut faire à présent que dans plusieurs avec des peines & une application capables d'intéresser la santé de ceux qui l'entreprennent, sur-tout s'ils sont obligés d'étudier en même-temps, comme il

arrive affez fouvent, d'autres Sciences qui feules fuffiroient pour les occuper tout entiers.
Cette Claffe feroit celle dont les jeunes gens
tireroient de plus grands avantages, parce
qu'ils auroient alors le jugement plus formé,
& que leur efprit feroit orné de connoiffances
fondamentales qui les guideroient dans les Etudes importantes qu'ils y feroient. Outre l'éloquence dans laquelle ils fe perfectionneroient
fans beaucoup de peine, on les appliqueroit au
Droit pour en apprendre ce qu'il feroit à fouhaiter que tous les Gens d'Etude en fçuffent,
tant pour le réglement de la vie que pour la
conduite des affaires les plus ordinaires : il en
faudroit compofer un Traité conformément à
cette fin. De plus, il y auroit encore trois
fortes de Traités à faire voir dans la même
Claffe. 1°. Deux ou trois petits Ouvrages de
M. Nicole qui traitent des moyens de connoître la vérité en matiere de Religion. 2°. Une
Géographie Phyfique qui parleroit des chofes
les plus remarquables que Dieu a créées pour
l'utilité de l'homme, tant celles qui font fur la
furface de la terre, que celles qui font au-
deffous. 3°. Le Traité du choix & de la méthode des Etudes, par M. Fleuri. Rien ne feroit plus important pour des jeunes gens qui
feroient fur le point de finir le cours de leurs
Etudes, que d'être inftruits des matieres contenues dans ces Traités qui occuperoient la
Claffe du foir ; & celle du matin feroit employée à l'explication des Auteurs Grecs &
Latins & à tous les autres exercices qui pourroient former les jeunes gens à l'éloquence.
On peut voir tout cela expliqué plus au long
dans le quatorzieme Mémoire du Recueil de

1763 , où l'on trouvera auffi la maniere dont on pourroit établir ces Claffes d'éloquence dans l'Univerfité de Paris fans qu'il en coutât rien à l'Etat.

XXXI. N°. 1. Quant à la Philofophie, voici ce que nous obferverons d'abord, qui eft de la plus grande conféquence , pour cultiver les principales facultés de l'efprit : l'étude des Mathématiques, & fur-tout de la Géométrie eft devenue commune dans les Claffes de Philofophie de l'Univerfité de Paris depuis plufieurs années. Elle y avoit droit à caufe du befoin qu'on en a pour différentes parties de la Phyfique qu'on appelle Phyfico - Mathématiques, comme la Méchanique , l'Aftronomie, l'Optique; &c. & encore plus parce qu'elle peut beaucoup fervir à cultiver les facultés de l'efprit qui font les plus utiles par rapport à la recherche & à la découverte de la vérité, fçavoir, la pénétration, la fagacité & la jufteffe; mais afin de tirer ces avantages plus fûrement , il faudroit fans négliger les Démonftrations ordinaires des propofitions , y en joindre d'autres qu'on appelle *Métaphyfiques*, quand cela fe pourroit aifément. Ces fortes de raifons & de démonftrations, ne prouvent pas feulement la vérité des propofitions , mais de plus elles font voir le rapport de la vérité dont il s'agit avec la nature de la chofe que l'on confidere. Par leur moyen l'efprit pénétre dans l'intérieur des objets , & eft alors éclairé d'une lumiere que ne lui communiquent pas les démonftrations ordinaires. Or, l'efprit en pénétrant ainfi dans l'objet des propofitions, contracte la facilité de pénétrer dans la nature des chofes auxquelles il s'applique, & acquiert de

la fagacité pour trouver , foit des preuves des
vérités qu'il connoît déja , foit certaines vérités qui lui étoient inconnues. De plus, apper-
cevant ainfi la vérité plus clairement , & étant
frappé de fa lumiere , il apprend à la diftinguer du faux , & il en acquiert auffi la facilité
en quoi confifte la juftefle. Ces démonftrations
font donc propres à perfectionner la pénétration, la fagacité & la juftefle d'efprit, ce qui
eft bien plus utile que les autres avantages
que l'on peut tirer de l'Etude des Mathématiques.

N° 2. Pour ce qui eft de la fagacité , on fent
bien qu'après qu'on fe fera appliqué pendant
plufieurs mois à ces raifons métaphyfiques des
propofitions de Mathématiques on fera fouvent
en état, par la pénétration que l'efprit aura
acquife, de trouver foi-même des preuves des
vérités que l'on connoît dans les fciences, &
de découvrir quelquefois des vérités que l'on
ne connoiffoit pas, ou de faire quelqu'application heureufe des vérités connues. Tout cela,
dis-je, fe fent ou fe voit affez bien fi on fait
attention que la fagacité de l'efprit ou fa facilité de trouver foi-même en certains cas ce
qu'il cherche eft une fuite naturelle de fa pénétration, & que la pénétration doit s'acquérir par l'ufage des raifons métaphyfiques, puifque par ces raifons l'efprit pénétre dans la nature intime des objets qu'il confidere, ou dans
le rapport de quelques-unes de leurs propriétés.
Souvent on a befoin de cette facilité d'inven-
tion dans les études que l'on fait, car quoique
ce que l'on cherche foit peut-être dans quelque Livre, on ne fçait pas où l'y trouver, on
ignore même fi cela y eft, ou bien on n'a pas

les Livres qu'on voudroit confulter. Cette fagacité pour trouver des raifons des vérités auxquelles on s'applique eft d'un ufage fort étendu, parce que les raifons métaphyfiques peuvent avoir lieu dans la plûpart des Sciences, celles même qui n'en paroiffent pas d'abord fufceptibles, comme la Grammaire.

On dira peut-être que l'on peut s'exercer aux Démonftrations métaphyfiques dans d'autres Sciences que les Mathématiques, comme la Logique, la Morale, & fur-tout la Métaphyfique. Je conviens qu'on peut appliquer des raifons métaphyfiques fur d'autres objets que ceux des mathématiques : mais il y a bien des matieres où elles font plus difficiles à faifir qu'elles ne le font communément dans les Mathématiques ; & de plus, dans plufieurs de ces Matieres on eft plus fujet à fe tromper à l'égard de ces raifons, qu'on ne l'eft pour l'ordinaire en employant les raifons du même genre dans l'étude des Mathématiques. On trouvera dans la troifieme addition à la fuite de ce Mémoire, plufieurs Exemples de Démonftrations métaphyfiques, tirés des Mathématiques. Voilà la folution de la feconde Partie du troifieme Problême de la Préface.

XXXII. Nº. 1. Nous renvoyons ici au premier Mémoire du Recueil imprimé en 1763, où l'on prouve qu'il faudroit faire compofer une Philofophie par plufieurs Profeffeurs qui feroient en état de bien réuffir chacun dans la Partie dont il feroit chargé : on ménageroit bien du temps aux jeunes gens, qui employeroient à l'étude celui qu'ils perdent à écrire ; & d'ailleurs ils auroient par-tout, à Paris & dans les Provinces, des Traités beaucoup meilleurs fur chaque partie de cette Science, que ceux qu'on leur donne communément.

On pourroit croire d'abord que s'il y avoit une Philosophie publique que tous les Professeurs fussent chargés d'enseigner, il y auroit à craindre qu'ils ne tombassent dans une sorte de paresse & de langueur qui les mettroit hors d'état de produire quelque chose par eux-mêmes: mais on peut voir la réponse à cette objection, page 13 du Mémoire cité, & plus au long encore dans le second Mémoire qui est une addition au premier. On trouvera dans ces deux Mémoires, & sur-tout dans le second, de quoi satisfaire pleinement à cette objection.

N°. 2. Les Cahiers de la composition des Professeurs que l'on pourroit dicter pendant un quart-d'heure dans une Classe, feroient des especes de Commentaires de la Philosophie imprimée : ils pourroient aussi combattre quelques opinions particulieres qui y seroient enseignées. Mais ils ne devroient pas renfermer d'autres questions que celles qui seroient contenues dans le cours public ; de peur qu'insensiblement les Professeurs n'abandonnassent presque ce cours pour ne s'attacher qu'à leurs Cahiers. Ils s'occuperoient aussi à composer des Cahiers qui contiendroient les matieres ordinaires sur lesquelles on interrogeroit dans une Thèse pendant une partie du temps qu'elle dureroit ; ces interrogations seroient bien plus propres à faire connoître la capacité du Répondant que non pas les argumens ordinaires qui emploient une bonne partie du temps à répéter des Formules, & c'est pourquoi il seroit à propos d'interroger pendant quelque-temps. Or la composition de ces Cahiers qui ne serviroient

qu'à l'usage particulier de ceux qui soutien-
droient des Thèses, seroit encore un moyen
d'exciter les Professeurs au travail.

N°. 3. Il faudroit avoir surtout une grande attention à rejetter toutes les questions inutiles &
les vaines subtilités qui faisoient autrefois le fond
de la Philosophie scholastique, & ne mettre
dans celle que l'on composeroit que des matieres qui seroient véritablement utiles. Les vaines subtilités ne doivent pas être bannies de la
Philosophie seulement à titre d'inutilités, mais
aussi parce qu'elles nuisent à la justesse d'esprit,
d'autant qu'il s'égare souvent dans l'application
qu'il donne à ces bagatelles : & c'est pourquoi
on doit éviter, dans les questions même utiles,
de proposer des objections de pure subtilité : il
ne faut parler que de celles qui se présentent
naturellement à un bon esprit, & rejetter les
autres que l'on ne trouve qu'en mettant, pour
ainsi dire, son esprit à la torture. Il y a tant
de connoissances que l'on pourroit apprendre,
qu'il est nécessaire de faire un choix pour s'en
tenir à celles dont on fait communément usage
dans le cours de la vie. Il faut donc écarter toutes celles qui ne seroient que de simple curiosité, quand même ce ne seroit pas des subtilités, (1) afin qu'il reste plus de temps pour les

(1) » Altiora te ne quæsieris, & fortiora te ne scru-
» tatus fueris : sed quæ præcepit tibi Deus, illa cogita
» semper, & in pluribus operibus ejus ne fueris curio-
» sus. Non est enim tibi necessarium ea quæ abscondita
» sunt, videre oculis. In supervacuis rebus noli scru-
» tari multipliciter, & in pluribus operibus ejus non eris
» curiosus. » Ce sont les avis que le S. Esprit donne
aux hommes, chap. 3, vers. 22 & suiv. de l'Ecclé-
siastique.

autres qui font utiles : il y en a même encore de
celles-ci plus que les jeunes gens n'en pourront
communément apprendre.

Nº. 4. Les raifons que nous venons d'alléguer
prouvent auffi qu'il ne faudroit pas s'arrêter
dans une Philofophie à l'ufage des Colléges, à
la recherche des caufes incertaines de plufieurs
effets, quoiqu'ils foient d'une grande conféquence, parce que l'on rifque de perdre bien
du temps à difcuter ces fortes de queftions : le
plus fouvent après d'affez longues differtations
pour examiner les différentes opinions fur ces
caufes, on n'en eft pas plus avancé : il fuffit
alors de connoître bien ces effets qui font quelquefois la caufe de quantités d'autres que l'on
explique clairement par le moyen des premiers
qui peuvent être regardés comme des principes
à caufe de leur certitude & des conféquences
que l'on en tire. On peut apporter pour exemples de ce que nous difons, la pefanteur des
corps en général & celle de l'air en particulier,
fon reffort, la réfraction des rayons de lumiere
lorfqu'ils paffent d'un milieu dans un autre,
tantôt en s'approchant de la perpendiculaire,
tantôt en s'en éloignant, &c. Ces effets qui font
inconteftables, étant pris pour des principes,
fourniffent des explications claires & précifes
de quantité d'autres effets. Mais il faut abandonner aux differtations des Sçavans les caufes
de ces premiers effets, fans quoi on s'expofe à
faire perdre bien du temps aux jeunes gens, &
peut-être à les accoutumer à raifonner fur de
faux principes.

Nº. 5. Une Philofophie imprimée feroit un
moyen affez naturel de mettre dans tous les
Colléges l'uniformité, premiérement à l'égard du

fond des chofes qu'on enfeigneroit aux jeunes gens, enfuite par rapport à l'ordre felon lequel les différentes parties de la Philofophie devroient fe fuccéder les unes aux autres, & encore par rapport au temps qu'il faudroit employer pour chacune. Il feroit à propos que l'on fixât même ces deux derniers points, c'eft-à-dire l'ordre ou la fuite de ces Parties, & le temps pour chacune : autrement chaque Maître abondant en fon fens, cette Science fera traitée fort diverfement dans les différens Colléges ; en forte que fi un Ecolier vient à paffer de l'un à l'autre, il ne fe reconnoîtra plus : peut-être même que dans certaines Claffes de Philofophie on ne donnera la Morale que par écrit, fans l'expliquer ; & c'eft néanmoins la Partie dont les jeunes gens retireroient plus de fruit pour leur conduite, fi elle étoit traitée comme il faut. Or voilà le point de vue (la bonne conduite) auquel il faut fe fixer, & le centre auquel les Etudes doivent fe rapporter.

XXXIII. N°. 1. Je crois que le temps & l'ordre convenables pour chaque Partie pourroient être fixés de la maniere fuivante : environ deux mois & demi, tant pour certaines définitions ou notions générales qu'il feroit à propos d'expliquer d'abord, que pour la Logique, à laquelle je fuppofe qu'on emploie environ deux mois : enfuite à peu près fix mois & demi pour la Morale & la Métaphyfique, fçavoir trois mois & demi pour la Morale, & trois mois pour les deux Parties principales de la Métaphyfique, qui font la Théologie naturelle & la Pneumatologie, ou le Traité de l'Ame. Ainfi cette derniere Partie finiroit vers le premier Juillet, temps auquel devroit commencer l'Arithmétique Vers la fin de l'année l'émulation tombe, les Ecoliers se relâchent ; ils ont donc besoin d'être ranimés, & c'est ce que fait l'Arithmétique, qui vient alors fort à propos pour relever l'émulation. Je crois donc que pour la soutenir jusqu'à la fin, il n'y a rien de mieux à faire que de commencer cette matiere vers le premier de Juillet : elle attire les jeunes gens par sa nouveauté, par sa clarté, & par ses calculs, auxquels ils s'appliquent volontiers lorsqu'ils ne sont ni trop difficiles, ni trop longs; c'est pourquoi il vaut mieux employer la fin de l'année à cette Partie, qu'à la Métaphysique, qui n'exciteroit certainement pas la même émulation dans la Classe. Il est vrai que pour suivre cet ordre, & ne donner que trois mois de la premiere année à la Métaphysique, il faudroit remettre l'Ontologie, dont on fait la premiere Partie de cette Science, à la seconde année; (au cas néanmoins qu'on voulût lui donner une certaine étendue capable d'occuper environ trois semaines :) mais cela même seroit un avantage pour les jeunes gens, qui ne sont guères en état d'entrer pendant la premiere année dans les subtilités dont on traite dans cette Partie, lesquelles seroient capables de les rebuter par les difficultés qu'ils éprouvent pour les entendre.

N°. 2. Il y auroit d'autant moins d'inconvéniens à remettre cette Partie de la Métaphysique à la seconde année, qu'il est à propos de n'en point faire mention dans les Thèses que l'on a coutume de soutenir à la fin de l'année Scholastique. Les questions que l'on y traite, telles que celles sur les Universaux & les Catégories, y figureroient mal avec celles des deux

autres Parties ; & on ne pourroit les y faire entrer (dans les Thèses) qu'en prenant sur le
temps & l'application qu'il faut donner à ces
deux Parties, & à la Morale, qui peuvent fournir assez de matieres intéressantes pour occuper
même une année entiere ; sur-tout si dans la
Morale on traitoit avec l'étendue convenable
les principes de la Loi Naturelle, les conven-
tions les plus ordinaires, comme les contrats
de vente & d'achat ; l'usure qui s'y rencontre
souvent sans qu'on le sçache, & dont il est par
conséquent nécessaire d'instruire des jeunes
Philosophes ; & qu'à la fin on y donnât le Traité
de la Vérité de la Religion Chrétienne, Traité
qui est devenu nécessaire, eu égard au temps
où nous sommes, dans lequel l'incrédulité est
devenue, pour ainsi dire, à la mode. Ce qui
n'a sa source que dans l'ignorance & dans la
corruption du cœur, on s'en fait un titre de
bel-esprit ; on croit qu'il faut prendre les airs
& le langage d'un homme sans religion, pour
paroître sur le bon ton : c'est ce qui cause la
perte d'un grand nombre de jeunes gens, qui
deviennent la dupe & la victime de ce préjugé
déplorable. C'est donc un devoir très-pressant
pour les Maîtres, & en particulier pour ceux
de Philosophie, de les prémunir contre une
illusion si commune & si pernicieuse. Or tout
cela posé, il est certain qu'on ne peut employer
près d'un mois dans la premiere année pour y
voir l'Ontologie, qui d'ailleurs n'est pas nécessaire pour les deux autres Parties de la Métaphysique, soit parce que l'on donne avant
la Logique certaines notions générales qui suf-
fisent, quoiqu'on en traite plus au long dans
l'Ontologie ; soit parce que s'il y en a encore

quelques autres qui aient leur application dans ces deux Parties, on les y peut mettre en abrégé comme des Obſervations Préliminaires dans les endroits où elles conviennent.

Je ſçais bien que ſi l'on s'en tient rigoureuſement à l'ordre ſpéculatif des Sciences, il paroît plus naturel que l'Ontologie précéde les deux autres Parties de la Métaphyſique : mais je ſuis perſuadé que ce n'eſt pas cet ordre ſpéculatif qu'il faut ſuivre, quand il n'eſt pas proportionné aux diſpoſitions de ceux qui les étudient. L'ordre le meilleur à ſuivre, eſt celui qui eſt le plus avantageux aux jeunes gens ; voilà le vrai principe d'où il faut partir par rapport à l'ordre des Sciences. Or il ne ſeroit pas utile aux jeunes gens que l'on commençât la Métaphyſique par l'Ontologie ; c'eſt là plus difficile des trois parties, & que la plûpart des jeunes gens n'entendent que très-imparfaitement, lorſqu'on la traite la premiere, & ſur-tout immédiatement après la Logique : il vaut donc mieux la remettre à la ſeconde année, ſoit au commencement, ſoit plutôt après la Géométrie & avant la Phyſique, & n'y occuper tout au plus qu'environ quinze jours ou trois ſemaines ; il ſeroit à ſouhaiter que l'on reſſerrât encore ce temps.

Les raiſons que nous venons d'alléguer prouvent auſſi qu'il eſt plus à propos de donner la Morale avant les deux Parties de la Métaphyſique (1), parce qu'elle eſt plus aiſée, & que les

___

(1). L'exiſtence de Dieu & l'immortalité de l'Ame que la Morale ſuppoſe, ſont des vérités que les jeunes gens connoiſſent aſſez pour que l'on puiſſe en remettre les démonſtrations après la Morale : autrement il faudroit les donner même avant la Logique.

Ecoliers après s'être exercés à raisonner sur les principes & les matieres de Morale, seront préparés à entrer dans la Métaphysique, & y feront certainement plus de progrès que s'ils étoient entrés tout d'un coup dans la Métaphysique après la Logique. Il est vrai que ce que nous proposons ici, est contraire à l'usage; mais outre que les Maîtres trouveront moins de difficultés à suivre ce nouvel ordre, à cause que les Ecoliers entendront plus facilement les matieres, ne doit-on pas convenir qu'il faut préférer l'avantage des jeunes gens à un usage moins utile qui s'est introduit, peut-être en partie à cause du mauvais goût dans lequel on traitoit la Morale, de laquelle on faisoit une science spéculative, remplie de difficultés & de vaines subtilités ?

Nº. 3. Après ce que nous venons de dire, il est facile de juger à peu près comment il seroit à propos de distribuer le temps de la seconde année. On auroit déja employé six semaines de la précédente à voir la premiere partie des Elémens de Mathématiques, & une partie de la seconde qui est un Abrégé d'Algébre: il faudroit encore occuper près de trois mois de l'année de Physique, tant à achever cette seconde partie, qu'à voir la troisiéme qui sont les Elémens de Géométrie. On s'appliqueroit singuliérement aux Démonstrations métaphysiques de plusieurs propositions, à cause de leur grande utilité pour perfectionner les principales qualités de l'esprit, comme nous l'avons observé. Ce qui resteroit du troisieme mois, c'est celui de Décembre, à la fin des Mathématiques, pourroit être employé à enseigner l'Ontologie. On commenceroit donc à voir la Phy-

fique dès les premiers jours du mois de Janvier : les Phyfico-Mathématiques, c'eft-à-dire,
la Méchanique qui renferme différentes parties, enfuite l'Aftronomie, & enfin quelques
principes d'Optique rempliroient environ trois
mois ; après quoi la Phyfique expérimentale
occuperoit le refte de l'année Scholaftique.

Les Traités qu'on auroit expliqués en Troifiéme touchant la Sphère & les quatre Elémens
donneroient lieu d'abréger l'Aftronomie & la
Phyfique expérimentale, qui outre l'explication
des qualités fenfibles & quelques connoiffances du flux & reflux de la mer, des Metéores,&c.
doit contenir des notions de plufieurs Sciences, de la Botanique, de la Chymie, de l'Ana-
tomie, & quelques principes & obfervations
générales de Médecine pour la confervation de
la fanté & fon rétabliffement dans les incommodités & les maladies les plus ordinaires.

Il nous paroit que voilà à peu près le temps
que l'on devroit employer à enfeigner chacune
des parties de la Philofophie dans les Claffes
pendant l'efpace de deux ans que dure le cours,
& qu'il feroit auffi à propos de fuivre l'ordre
que nous avons indiqué, comme étant celui
qui eft le plus utile & le plus convenable aux
jeunes gens. Au refte, quand on préféreroit
un autre ordre & une autre diftribution de
temps, il eft toujours certain qu'il feroit néceffaire de prefcrire l'ordre & le temps pour
chacune, de peur que quelque Maître ne fe
livrât trop à fon goût particulier, qui fouvent
ne feroit pas le plus avantageux aux Etudians,
quoiqu'il fe perfuadât du contraire ; car on fe
perfuade aifément que ce à quoi on eft porté

par

par inclination, eſt ce qu'il y a de mieux à faire.

N°. 4. Pour dire en peu de mots ce qu'il y auroit à faire pour rendre l'enſeignement de la Philoſophie plus utile à la Jeuneſſe, nous le réduirons aux Articles ſuivans ; 1°. la rendre moins contentieuſe & moins pointilleuſe qu'elle n'étoit autrefois ; ces pointilleries font perdre bien du temps & nuiſent à la juſteſſe d'eſprit ; 2°. la traiter avec le plus d'ordre & de méthode qu'il eſt poſſible, non-ſeulement par rapport à ſes différentes parties comparées entr'elles, mais auſſi dans chaque queſtion, en propoſant d'abord les principes & les obſervations qui peuvent ſervir à en faciliter l'intelligence & la déciſion ; 3°. écarter toutes les queſtions incertaines ou peu utiles au commun des Etudians, & n'y laiſſer, ou n'y mettre que celles qui feroient d'uſage pour eux, & non pas ſeulement à quelqu'un d'entr'eux, car la raiſon & l'équité demandent qu'un Profeſſeur public ſe propoſe l'utilité du gros de ſes Auditeurs. Ces queſtions incertaines ou peu utiles ne devroient pas même être expoſées en détail en rapportant les raiſons pour & contre dans une Philoſophie publique à l'uſage des Ecoles, au moins pour l'ordinaire; le temps employé à ſe mettre au fait de ces raiſons, ſeroit mal employé; 4°. travailler ſurtout à perfectionner la juſteſſe d'eſprit, & à en étendre l'intelligence, afin qu'il devienne capable de découvrir par lui-même ce dont il peut avoir beſoin, quand il ne le trouveroit pas dans les Livres, & d'y parvenir facilement au moyen de quelques légeres ouvertures qui ſe préſentent. Or, pour cela, il n'y aura rien de mieux à faire, que de donner des Démonſ-

trations métaphysiques, de plusieurs Propositions mathématiques, & même d'en proposer
aux Etudians quelques-unes à trouver par eux-
mêmes lorsque cela se pourra faire aisément, &
qu'ils seront un peu habitués à ces Démonstrations. Voyez la troisieme Addition à la fin de
ce Mémoire : elle contient la solution de la
seconde Partie du troisieme Problême proposé
dans la Préface ; 5°. établir & développer les
grands principes du Droit naturel qui tendent
à former l'honnête homme, le bon Citoyen,
& enfin le bon Chrétien avec le secours de la
grace ; 6°. exposer les preuves & les Démonstrations de la Religion Chrétienne : cela est
devenu nécessaire dans un temps où l'Irréligion fait les plus grands efforts pour séduire les
hommes & en faire des Apostats.

Si la Philosophie étoit traitée en cette maniere dans les Ecoles, en sorte qu'on en exclût
toutes les vaines subtilités qui rebutent les jeunes gens, & que l'on suivît, soit dans les parties
générales de cette Science, soit dans les questions particulieres qui y sont renfermées, que
l'on suivît, dis-je, l'ordre qui seroit le plus
propre à en faciliter l'intelligence, il n'y auroit point de jeunes gens, pour peu qu'il eut
d'ouverture, qui ne pût entendre assez aisément toutes ces questions : car quand on a fait
quelques réflexions sur la maniere d'exposer
une matiere avec clarté, & que l'on a de l'expérience en ce genre, on s'apperçoit qu'il n'y a
point ou presque point de questions en Philosophie que l'on ne puisse faire entendre même
à un jeune homme d'onze à douze ans, pourvû
qu'il soit capable d'attention, & que l'on lui
présente la question avec la clarté & l'ordre

convenables, en faisant les observations préliminaires qui peuvent conduire à son intelligence. Les jeunes gens réussiroient donc alors dans l'étude de la Philosophie ; par conséquent ils y prendroient goût & s'y appliqueroient volontiers, sur-tout si les matieres qu'on leur proposeroit étoient utiles & les intéressoient, en les choisissant selon que nous l'avons indiqué en général. Il est donc clair qu'alors on ne seroit plus dans la nécessité, au moins pour l'ordinaire, de leur témoigner du mécontentement par rapport à leurs études : ils y feroient tous du progrès selon leurs talens & leur application ; & quelle satisfaction n'en recevroient pas alors les Parens & les Maitres, d'autant plus qu'en s'appliquant à leur étude ils éviteroient l'occasion de se déranger, & la corruption du cœur à laquelle ils sont très-exposés à cet âge : ils éviteroient, dis-je, la corruption, non-seulement à cause de leur application ; mais aussi à raison de l'instruction qu'ils tireroient de leurs études, car les matieres qui en seroient l'objet tendroient à Dieu plus ou moins directement. Voilà une solution bien satisfaisante des cinq Problêmes exposés dans la Préface, sur-tout si on y joint, par rapport au cinquieme ce que nous dirons encore Article XXXIX : elle répond cette solution à celles que nous avons données pour la Grammaire & les Belles-Lettres. Nous espérons que ceux qui sont sans prévention, n'en jugeront pas moins favorablement.

Ce sont-là des moyens de perfectionner la Philosophie qui sont bien à désirer & qui ne peuvent être indifférens qu'à ceux qui les ignorent, ou qui seroient sans sentimens pour l'é-

ducation de la Jeuneſſe : mais on ne peut eſpérer qu'ils ſeront mis à exécution autant que
l'exige l'intérêt public, à moins qu'on ne com-
poſe une Philoſophie telle qu'il convient, laquelle ſoit rendue publique, & dont l'uſage
ſoit preſcrit dans toutes les Ecoles de Philoſophie.

N°. 5. En général, l'enſeignement public
ne doit pas être arbitraire, ni par rapport au
fond, ni par rapport à la maniere : & il eſt
conſtant que tandis que l'un & l'autre ne ſeront
pas fixés par un bon Réglement, auquel chaque
Maître public ſoit obligé de ſe conformer, les
jeunes gens ne ſeront pas inſtruits comme il ſeroit à ſouhaiter (je parle de ce qui arrive le
plus ordinairement :) on aura beau faire de
bons Livres qui contiennent d'excellens avis &
les meilleures pratiques qu'il faudroit obſerver,
les choſes iront toujours à peu près le même
train. L'Ouvrage de M. Rollin en eſt un illuſtre
exemple ; je veux parler de ſon Traité des Etudes. On a loué, célébré, admiré cet Ouvrage
dans toute la France : d'ailleurs l'Auteur avoit
tout ce que l'on peut ſouhaiter du côté des talens de l'eſprit, & des qualités du cœur, pour
s'attirer l'eſtime publique & particuliere : il
étoit même décoré des titres qui peuvent attirer le plus de conſidération dans le genre dont
il s'agit ; il étoit ancien Principal d'un Collége
de Paris, qu'il avoit rendu célebre, non-ſeulement par la bonne diſcipline qu'il y avoit établie, mais plus encore par les inſtructions ſoli-
des ſur la Religion, & par le goût qu'il y avoit
introduit pour les Belles-Lettres ; il avoit été
Recteur de l'Univerſité à trois différentes fois,
& il eſt mort Profeſſeur du Collége Royal.

& Membre de l'Académie des Belles - Lettres de Paris : ajoutez à cela, qu'il a composé son Traité des Etudes à la priere de l'Université. Qui ne croiroit après cela que tout le monde s'eſt fait une Loi d'exécuter le plan de M. Rollin, au moins pour le fond ? On se plaint néanmoins qu'on ne l'obſerve pas. Concluons donc que si l'on veut que chacun ſuive un plan d'étude que l'on eſtimera le meilleur, c'eſt une néceſſité que l'on faſſe un Réglément pour chacune des Claſſes, que les Maîtres ſoient obligés d'obſerver. Il ſeroit à ſouhaiter que ce Réglement contînt auſſi ce qu'il conviendroit de faire pendant les Vacances à l'égard de chacune des Claſſes : je crois que l'on ne pourroit mieux employer le temps que l'on deſtineroit à l'étude pendant les Vacances, qu'à repaſſer ce que l'on auroit vû dans le cours de l'année. Il eſt important pour la ſuite que les jeunes gens s'accoutument à cette pratique, de repaſſer ce que l'on a lû, ſans laquelle on ne poſſéde preſque jamais bien ce que l'on a étudié.

XXXIV. N°. 1. Outre la Philoſophie ſcholaſtique imprimée, il y a d'autres livres qu'il faudroit mettre entre les mains des Etudians. Nous avons déja parlé de ceux qui regardent la piété, ſçavoir, 1° les cinq Volumes des Eſſais de Morale de M. Nicole, qui contiennent des réflexions ſur les Epîtres & les Evangiles des Dimanches & de quelques Fêtes des Myſteres : ces réflexions conviennent d'autant plus à de jeunes Philoſophes, qu'elles ſont très-propres à former l'eſprit par la méthode qui y regne, & ſur-tout par la force & la juſteſſe des raiſonnemens. On peut tirer les mêmes avantages des quatre premiers Tomes de ſes Eſſais de Morale. 2°. Plusieurs Volumes de l'Abrégé de l'Histoire de l'ancien Testament avec des éclaircissemens & des réflexions, par M. Mésangui ; 3°. la seconde & troisieme Partie du Discours de l'illustre M. Bossuet sur l'Histoire Universelle, sur-tout la seconde, &c. Quant aux autres Livres dont les Etudians en Philosophie devroient faire usage pendant le cours des Classes, il y en a plusieurs qui sont connus de tout le monde, comme la Logique de Port-Royal, les premiers Volumes du Spectacle de la Nature, & aussi les deux derniers, qui sont sur la vérité de la Religion, les Leçons de Physique expérimentale de M. l'Abbé Nollet, &c.

On peut ajouter à ces Livres un petit Traité intitulé, *Élémens de Chymie théorique*, par M. Macquer, Docteur-Régent de la Faculté de Médécine de Paris, &c. Cette partie de la Physique peut être regardée comme la plus utile, soit par la connoissance qu'elle donne de la Nature physique de plusieurs corps, soit sur-tout par les remedes qu'on en peut tirer pour la guérison des maladies, soit encore par les moyens qu'elle peut fournir pour rendre les Métaux plus propres aux usages auxquels on veut les employer. Il seroit à souhaiter que les Maîtres de l'Art tâchassent d'en tirer le secret pour préserver le cuivre du verd de gris, en y mêlant, lorsqu'il est en fusion, quelque préparation que fourniroit cet Art. Il a produit des effets qui paroissoient au moins aussi difficiles dans l'exécution que celui dont il s'agit : ainsi on ne doit pas desespérer d'y parvenir si on veut se donner la peine de faire les recherches & les tentatives que mériteroit un secret de cette importance, qui fauveroit la vie à bien des Citoyens, & préferveroit de maladies & d'incommodités fâcheufes, une quantité d'autres qui y font expofés par l'ufage que l'on fait des vaiffeaux de cuivre pour préparer la nourriture.

N°. 2. Si la Chymie eft utile pour la confervation de la fanté, la Botanique ne l'eft peut-être pas moins pour la même fin : c'eft pourquoi il feroit à propos de procurer quelques connoiffances des Simples ou Plantes médicinales aux jeunes Étudians. Or, il feroit facile de leur faire connoître ces Plantes pendant certains temps de la récréation, & fur-tout dans les promenades ; enforte qu'ils acquerroient cette connoiffance par maniere de divertiffement. Pour cela, il feroit à propos que chaque Collége eût dans un des Fauxbourgs ou dans la proximité de Paris un Jardin qui lui fût affeté, foit qu'il appartînt en propre au Collége, foit qu'il n'en eût que l'ufage en le louant, comme on le fait quelquefois, même dans des Penfions. Il faudroit que l'on fît venir dans ce Jardin les principales Plantes médicinales. Les Maîtres les feroient connoître aux Ecoliers & leur en expliqueroient les vertus & la maniere d'en faire ufage. On les conduiroit à ce Jardin de temps-en-temps les jours de congé felon que M. le Principal le jugeroit à propos. On pourroit commencer dès la Quatriéme à les y mener : par-là les Etudians apprendroient dès leur jeuneffe ce que l'on ignore communément toute la vie, faute d'en avoir été inftruit vers ce temps ; & cependant cette connoiffance feroit fouvent plus d'ufage que quantité d'autres pour lefquelles on fe donne bien de la peine. On fe

rendroit utile à foi-même & aux autres : fouvent on s'exempteroit de la néceffité de recourir aux Médecins & aux Chirurgiens, en employant des remedes fort fimples qui guéri-
roient fans rifque & fans dépenfe, des bleffu-
res ou d'autres maux dont on feroit attaqué. Il
faudroit auffi faire connoître aux jeunes gens
les autres drogues fimples qui font le plus en
ufage, comme la Manne, la Caffe, la Rhubar-
be, le Séné, le Quinquina, &c.

XXXV. Voici encore une obfervation
de pratique par rapport aux Livres que l'on
met entre les mains des jeunes Etudians. On
leur donne des Dictionnaires François & Latins
pour y chercher les mots ; ils en ont befoin
pour les Thêmes & les Traductions, foit des
Verfions, foit des Auteurs : mais il faut éviter
de leur en donner pour les matieres qui demandent un ordre fuivi ; par exemple, s'il s'a-
giffoit de Phyfique, de Chymie, de Botanique, d'un Traité des Animaux, &c. il ne faudroit pas leur mettre entre les mains des Dictionnaires fur ces matieres, parce qu'elles s'y
trouvent pêle-même & fans fuite. Si c'eft, par
exemple, fur les Animaux, un Article fait la
defcription d'un Poiffon, le fuivant d'un Oi-
feau, celui d'après d'un Reptile, & ainfi des
autres articles qui n'ont prefque jamais de rapport entr'eux, quoiqu'ils fe fuivent : ce qui eft
capable de jetter de la confufion dans l'efprit
des jeunes gens, au lieu qu'il faut les accoutumer à mettre de l'ordre & de la méthode dans
leurs études. D'ailleurs un Dictionnaire des
Animaux entre les mains des jeunes gens leur
feroit fouvent perdre un temps confidérable,
lorfqu'ils voudroient le confulter pour connoî-

tre ce qu'ils auroient en vûë ; car au lieu de lire
feulement l'article dont ils auroient befoin, ils
en liroient prefque toujours quantité d'autres
qui tomberoient fous leurs yeux, & y paffe-
roient fouvent tout le temps de leurs études :
ainfi ce temps qui étoit deftiné à remplir quelque devoir, ils le perdroient à contenter une
curiofité indifcrete qui ne produiroit que de la
confufion dans leur efprit : c'eft même ce qui
arrive encore à bien d'autres qu'à des jeunes
gens, auxquels les Dictionnaires deviennent
fouvent pernicieux pour cette raifon, je veux
dire, à caufe de la perte du temps qu'ils oc-
cafionnent ; outre qu'ils ne donnent ordinairement qu'une connoiffance fuperficielle des matieres qu'on y lit. Des Traités fuivis touchant
ces matieres feroient plus utiles, fur-tout s'ils
étoient accompagnés de bonnes tables : ils contribuent à les faire entendre (les matieres) &
à les retenir plus facilement. D'abord ils fervent à l'intelligence des matieres, à caufe qu'on
y commence par des notions & des connoiffances générales qui fervent de principes à ce qui
vient après, & que d'ailleurs on y traite de
fuite les chofes qui ont du rapport les unes aux
autres ; & par cette autre raifon, les premieres
fervent de même à faire entendre les fuivantes. Cet ordre eft encore favorable à la mémoire, car il fait que les unes rappellent le
fouvenir des autres, à caufe du rapport qu'il
y a entr'elles.

XXXVI. On a remarqué dans un Ecrit
public, qu'il feroit auffi à fouhaiter qu'il y
eût dans les Colléges un Cabinet de plufieurs
Machines & d'Inftrumens dont la connoiffance
pût être utile à la plûpart de ceux qui ont reçu

une éducation honnête. Faute d'avoir eu cette occasion favorable on ignore jusqu'à un âge assez avancé, & souvent pendant toute la vie, des choses que les gens d'étude voudroient assez souvent connoître. Il faudroit que ce Cabinet contînt, par exemple, les Machines simples de la méchanique & quelques Machines composées; une Machine Pneumatique; des Pompes aspirantes & foulantes, des Globes terrestres & célestes, des Sphères, sur-tout l'Armillaire, une Horloge un peu grosse, dont on pût faire voir aisément les Parties principales; quelques Piéces détachées semblables à celles de l'Horloge, afin qu'on les pût examiner plus facilement, des Télescopes, des Microscopes, des Miroirs convexes transparens, un Aimant, une Boussole, &c. Il faudroit qu'il y eût aussi un Herbier, dans lequel on auroit rassemblé les principales Plantes d'usage pour la Médecine & plusieurs Drogues, soit simples, soit composées. Il seroit bon qu'il y eût dans la même chambre ou dans une autre quelques-uns des Instrumens les plus ordinaires de la Chymie, afin que les jeunes gens en eussent une idée. Ce Cabinet seroit sur-tout pour l'instruction des Pensionnaires & des Boursiers; mais il pourroit servir aussi pour celle des Externes qui seroient en Troisiéme ou dans quelqu'une des Classes supérieures. Quand les jeunes gens n'apprendroient que le nom, la figure, & l'usage des Instrumens qu'on leur feroit voir, ce seroit déja une connoissance qui seroit utile à plusieurs. Il faut cependant convenir qu'il y a moins d'avantage à retirer de cet article que des précédens, j'entends pour le plus grand nombre des Ecoliers. Or, il faut estimer les connoissances par leur utilité plutôt que par un certain brillant qui frappe davantage la plûpart des hommes, & attire leur admiration.

XXXVII. N°. 1. On auroit peine à accorder cette maxime dictée par la droite raison avec le zèle excessif de quelques Auteurs qui voudroient qu'on fît apprendre à tous les jeunes Etudians des Colléges un grand nombre de Sciences & d'Arts qui seroient inutiles à la plûpart. Il y auroit de quoi accabler les jeunes gens, tant est grande la multitude des connoissances dont ils veulent charger leur mémoire & leur esprit : on diroit que c'est à qui en proposera le plus. Une bonne partie de la vie d'un homme suffiroit à peine pour achever la tâche qu'ils exigent des Eleves dans l'espace de huit ou neuf années, dont les premieres doivent être comptées pour peu, à cause de la foiblesse de leur corps & de leur esprit. En un mot, ce que l'on demande d'eux est impossible, sur-tout à la plûpart. J'ajoute qu'il seroit nuisible à la Société & à eux-mêmes, bien loin de leur être utile. En effet, qu'arriveroit-il si la plûpart des Ministres de l'Eglise, des Magistrats, des Marchands, des Commerçans & autres savoient quantité de Sciences ou d'Arts qui ne les regardent pas ? ils négligeroient souvent les devoirs de leur état & l'application qu'ils sont obligés d'y donner, & cela pour suivre leur goût particulier & leur vaine curiosité, par rapport à certaines Sciences ou à quelques Arts, dont la connoissance ne serviroit qu'à contenter leur vanité. Si peu qu'on connoisse les hommes, on conviendra facilement de ce que nous avançons ici, sans qu'il soit nécessaire d'y insister davantage. D'ailleurs, cette multiplicité de

Sciences disparates feroit caufe que les jeunes gens n'auroient que des connoiffances fuperficielles dont ils ne pourroient pas faire d'application, faute d'être affez claires & bien diftinctes dans leur efprit. Ainfi elles leur deviendroient inutiles pour eux & pour les autres: leur multiplicité feroit même nuifible aux jeunes gens, foit parce que s'ils s'étoient bornés aux Sciences qui leur conviennent, ils les auroient approfondies & auroient été en état d'en faire un plus grand ufage, foit à caufe que les connoiffances fuperficielles nuifent à la jufteffe d'efprit par la confufion qu'elles y caufent, laquelle devient d'autant plus grande que le nombre de ces connoiffances s'augmente. Il fuffit donc que dans les Claffes les jeunes gens apprennent ce qui eft néceffaire, ou du moins utile dans le cours de la vie à la plûpart de ceux qui font diftingués entre les Citoyens, les uns plus, les autres moins, & qu'on fe mette en état de pouvoir acquérir facilement les Sciences ou les Arts qui ne font néceffaires qu'à quelques particuliers, ou à certaines conditions.

N°. 2 Voilà, je crois, ce que la droite raifon & la confidération du bien, foit public, foit particulier, demandent fur cet article : le furplus ne feroit qu'illufion & éblouiffement. Je conviens qu'il y a des changemens confidérables à faire dans les Claffes des Colléges pour que les Eleves en retirent tout l'avantage qu'ils peuvent en recevoir ; mais ces changemens devroient fe faire plutôt à l'égard de la qualité des matieres qu'on y enfeigne, que de leur quantité, & encore par rapport à la maniere de les enfeigner, ou plutôt de les digérer & de les traiter dans les Livres qu'on leur mettroit entre les mains. En général, les Ecoliers font affez chargés de travail : cela n'empêche pas cependant qu'il ne foit vrai qu'en faifant les changemens néceffaires , ils apprendroient nonfeulement des connoiffances plus utiles , mais auffi un plus grand nombre de connoiffances ; parce que les matieres étant mieux digérées & traitées avec plus de clarté & de méthode , les Etudians les apprendroient avec plus de facilité & en moins de temps

XXXVIII. N°. 1. L'émulation étant un des meilleurs foutiens des Etudes, & la principale caufe des progrès que l'on y fait , on doit employer tous les moyens convenables pour l'exciter dans les jeunes gens. Or des examens faits de temps en temps en préfence de quelques perfonnes refpectables , font très-propres à produire ce bon effet. il faudroit donc en faire au moins quatre pendant l'année pour les Penfionnaires & les Bourfiers (ce feroit aux Maîtres de Penfion à imiter cet exemple dans leur Maifon) le premier à la fin de Janvier (*a*) ; le fecond un peu après Pâques ; le troifieme vers le milieu de Juin ; & le quatrieme vers la fin des Claffes de différens Ordres, & par conféquent plutôt pour les Philofophes que pour les Rhétoriciens, & de même plutôt pour ceuxci que pour les Ecoliers des Claffes inférieures : ce dernier examen foutiendroit l'émulation jufqu'à la fin de l'année. Les Prix pour lef-

(*a*) Il vaudroit mieux remettre ce premier examen vers la fin de Janvier que de le faire plutôt , à caufe que dans le commencement de l'année Scholaftique l'émulation des Ecoliers fe foutient par le renouvellement des exercices qui avoient été interrompus pendant les Vacances.

quels on compofe vers ce temps ne regardent
préfque que les Ecoliers les plus forts de chaque Claffe ; & les autres ne font pas excités par
ce motif, parce que voyant qu'il y en a plufieurs qui réuffiffent mieux qu'eux, ils perdent
l'efpérance d'y parvenir. Ainfi fur environ
foixante Ecoliers, fouvent il y en a peut-être
à peine vingt qui foient animés au travail par
les Prix ; les examens au contraire les animeroient tous, ou prefque tous : on pourroit établir qu'il n'y auroit de reçus à l'examen que
ceux qui auroient eu dans quelqu'une des compofitions précédentes depuis le dernier examen
une place au-deffus du milieu , enforte que ce
feroit une honte de n'être pas admis à l'examen:
la crainte d'être de ce nombre feroit travailler
les plus foibles jufqu'à la derniere compofition
avant l'examen , & le defir d'y bien répondre
animeroit les autres au travail jufqu'à cette
épreuve. Ainfi , ce moyen d'exciter l'émulation feroit beaucoup plus avantageux que les
Prix, parce qu'il auroit fon effet fur le très-
grand nombre des jeunes gens ; & c'eft ce grand
nombre qu'il faut toujours avoir en vue : il feroit bon qu'il y eût auffi un examen tout au
commencement de l'année Scholaftique , outre
les quatre marqués ci-deffus dont la matiere
feroit tout ce que les Etudians auroient vû dans
le cours de l'année précédente , afin de les engager à repaffer pendant les vacances ce qu'ils
auroient étudié dans cette année : ce feroit le
meilleur moyen de bien fçavoir ce qu'ils auroient appris , & de le retenir : & de plus ils
s'accoutumeroient par-là à revenir de temps en
te ps fur leurs pas , en repaffant ce qu'ils auroient déja appris : c'eft une pratique néceffaire

pour s'inſtruire ſolidement, car ſans cela on n'acquierre que des connoiſſances ſuperficielles dont on ne peut preſque faire aucun uſage : on s'expoſe à une confuſion d'idées qui ne manque pas de jetter dans l'erreur, faute d'avoir aſſez réfféchi ſur les matieres.

N°. 2. On preſcriroit la matiere de chacun des autres examens, & même on indiqueroit les Livres à l'uſage des Ecoliers, que les Examinateurs ſuivroient dans les queſtions qu'ils propoſeroient. On les interrogeroit ſur différentes matieres qu'on leur auroit enſeignées, ſur la Religion, ſur l'Hiſtoire Sacrée qu'ils auroient appriſe, ſur la Grammaire, ſur la Traduction du Latin ou du Grec en François, en leur faiſant expliquer quelques endroits de leurs Auteurs, ſur la Verſion du François en Latin, en leur propoſant des phrâſes à mettre en Latin. On demanderoit à ceux qui étudieroient l'Eloquence, les choſes qui appartiennent à cet Art : on leur feroit expliquer pluſieurs morceaux des Auteurs qu'ils auroient vus ; & ils reciteroient quelques-uns des plus beaux par cœur. Pour ce qui eſt des Philoſophes, il faudroit auſſi leur faire des queſtions, dont les réponſes ſe trouveroient, au moins implicitement, dans les Traités qu'ils auroient vus ; enſorte qu'ils ſoient aſſurés qu'en ſçachant bien ces Traités, ils répondront d'une maniere ſatiſfaiſante à ce que l'on pourroit leur demander dans l'examen. Il faudroit y employer les queſtions beaucoup plus que les argumens qui tiennent trop de temps, & qui ſouvent, dégénerent en ſubtilités, ſoit en eux mêmes, ſoit à l'égard des réponſes qui, aſſez ſouvent, viennent plutôt de quelque facilité de parler que d'un

fond de sçavoir ou de justesse : & quand on proposeroit quelques argumens , il faudroit qu'ils
fussent fondés sur des difficultés qui se présentent d'elles-mêmes à un bon esprit , & dont la
solution contribue à éclaircir la matiere ; & non
pas sur de vaines subtilités qui ne servent qu'à
l'obscurcir.

Nº. 3. En général , il faudroit comme on
vient de le dire , interroger les Ecoliers, de maniere que ceux qui sçauroient bien la matiere
qu'on leur auroit donné à apprendre , fussent
comme assurés qu'ils réussiront bien & qu'on
fera content d'eux. Or cela dépend beaucoup
des questions qu'on leur fait , & de la maniere
dont on les propose ; il ne faudroit leur demander que ce qui se trouve dans le Traité ou autre Livre qu'on leur -aura donné pour matiere
de leur examen , & le faire clairement & sans
superfluité de paroles , car cet exercice ne seroit
pas établi pour faire briller les Examinateurs ;
alors ceux qui auront bien étudié & qui sçauront bien leur matiere , répondront d'une maniere satisfaisante. Si au contraire , on leur demande autre chose que ce qui est dans leur Auteur , ou qu'on les interroge d'une façon obs-
cure , pour l'ordinaire ils ne répondront pas
bien. Or , on doit éviter de leur causer cette
peine qui pourroit les rebuter ; ce seroit leur
donner lieu de se plaindre.

Je crois qu'on pourroit se contenter d'examiner seulement les Ecoliers qui seroient parvenus
en Quatriéme ou en Troisiéme , & ceux qui seroient dans les Classes supérieures ; parce que
les Enfans des basses-Classes ne seroient peut-
être pas assez sensibles au succès de ces examens
qui leur paroîtroient communément fort éloi-

gnés. De plus, on feroit obligé d'employer déja bien du temps pour les autres Ecoliers dans les Colléges où il y auroit bien des Penfionnaires, & plufieurs Bourfiers : car on feroit dans la néceffité de partager ceux d'une même Claffe en plufieurs bandes, afin de pouvoir les interroger tous pendant un temps convenable : ce qui demanderoit plufieurs féances.

Il eft certain que des examens qui fe feroient ainfi de temps à autre pendant l'année, feroient capables de foutenir & de renouveller l'ardeur des Ecoliers pour l'étude. fur-tout s'ils fe faifoient en préfence de quelques perfonnes refpectables qui ne foient pas du Collége. On a parlé dans un autre Mémoire d'un examen fait dans chaque Collége par M. le Recteur, conjointement avec plufieurs Membres refpectables de l'Univerfité, & on a fait voir que ces examens feroient beaucoup plus propres à exciter l'émulation dans le gros des Ecoliers, que les Prix de l'Univerfité. Ce petit Ouvrage ou Mémoire eft intitulé *Réflexions fur les Prix de l'Univerfité*. D'ailleurs, les examens que nous propofons étant réunis aux deux moyens dont nous avons parlé, je veux dire, 1°. la facilité que l'on procureroit aux Etudians de réuffir dans leurs études, en levant les difficultés qui ont coutume de les arrêter & de les rebuter ; ce qui exciteroit en eux le goût & l'application à caufe du fuccès qu'ils auroient ; 2°. l'utilité & l'agrément des matieres qu'on propoferoit à leur travail, en choififfant celles qui leur feroient plus convenables & intéreffantes pour eux : les examens, dis-je, réunis à ces deux moyens feroient très-fuffifans avec le moyen expliqué dans l'article fuivant, pour foutenir l'é-

mulation, & ne feroient pas fujets aux inconvéniens confidérables qui ont été expofés en
partie dans le Mémoire qui vient d'être cité.

XXXIX. N°. 1. Il faut mettre au nombre
des principaux moyens de perfectionner les
études, l'attention des Maîtres pour infinuer à
leurs Eleves dans les différentes occafions qui
s'en préfenteront, la néceffité de combattre les
paffions, de réfifter aux attraits de la volupté,
aux fuggeftions de la cupidité, de l'orgueil &
de l'amour-propre, de ne point fe livrer à l'in-
quiétude & aux craintes, par rapport aux évé-
nemens fâcheux de la vie, mais de s'abandonner en toutes chofes aux difpofitions de la Pro-
vidence divine, de qui tout dépend. Je dis que
cette attention des Maîtres pour infinuer ces
maximes à leurs Eleves, eft un des principaux
moyens de perfectionner les études, parce que
fi les jeunes gens ne s'y attachent pas & ne
font pas leurs efforts pour s'y conformer, ils
fe laifferont aller à la pareffe & à la noncha-
lence, ils s'occuperont des objets de leurs paffions, ils concevront du dégoût pour le travail, ils ne pourront fouffrir l'ordre & la difcipline; & les perfonnes prépofées pour les
faire obferver leur deviendront odieufes; ils
feront indociles & leur réfifteront: peut-être
même fe rendront-ils infolens & un fujet de
fcandale pour leurs compagnons qu'ils détour-
neront de l'étude & de l'application à remplir
leur devoir, par leur exemple, par leurs difcours & par leurs railleries: ce font là les fuites ordinaires des paffions, quand elles s'em-
parent de l'efprit des jeunes gens. Il eft donc
vrai que ce font de grands obftacles aux progrès de leurs études: ainfi il eft du devoir des

Maîtres de les détruire autant qu'ils le peuvent.

N°. 2. Peut-être dira-t-on que les passions sont nécessaires pour exciter les hommes à cultiver les Arts & les Sciences, & que sans elles tout languiroit, tout périroit par le défaut d'émulation ; & qu'ainsi c'est une nécessité de les exciter pour soutenir un Royaume dans un état florissant.

Voilà sans doute l'objection la plus spécieuse, pour tâcher d'étayer l'amour-propre, & de le rendre supportable ou même important à la Société. Mais s'il est vrai que l'amour-propre enflammé par les passions, apporte quelques avantages à la Société, combien n'y cause-t-il pas de maux incomparablement plus grands ? S'il n'épargne pas ceux qui en sont possédés, en leur causant une infinité d'agitations, d'inquiétudes & de tourmens, on peut bien croire, & on ne le sçait que trop par l'expérience, qu'il ne ménage guère les autres.

Mais remontons plus haut, & allons jusqu'au principe pour détruire de fond en comble ce retranchement de l'amour-propre : il est impossible que le cœur de l'homme soit privé d'amour : en lui tout est amour ou en vient : quand il ne se porte pas vers un objet il est nécessaire qu'il se tourne vers un autre. Si donc l'amour qui domine dans un homme ne se portoit pas vers des biens qui lui sont particuliers, il se tourneroit vers le bien public, le bien de la Société, comme il arrivoit souvent chez les Grecs ou chez les Romains, dans certains temps de leur République, car je suppose ici que l'amour ne s'éleve pas encore jusqu'au seul objet qui en soit digne. Or si l'amour de l'homme se porte vers le bien de la Société,

ne lui fera-t-il pas infiniment plus utile (à la
Société) que s'il ne respire que son bien particulier ? On nous dispensera sans doute de la
preuve d'une vérité qui saute aux yeux. Il n'est
donc pas vrai que l'amour-propre ou les paffions qui en font des productions, ou si on veut,
des émanations & des développemens font néceffaires pour le bien de la Société. On diroit
avec bien plus de vérité qu'elles en font la
pefte.

Mais épurons & ennobliffons l'amour du
bien public, en fuppofant qu'il devienne l'amour
du prochain par rapport à Dieu ; & voyons fi
cet amour de la patrie ainfi chriftianifé ne lui
fera pas bien auffi utile que celui qui dominoit
dans quelques-uns des Grecs & des Romains:
celui-ci étoit toujours fondé fur l'amour-propre, fur le defir de la gloire, qui en étoit tellement la bafe & le foutien, que fans l'efpérance d'en acquérir, l'amour de la patrie feroit
auffi-tôt tombé, & fe feroit évanoui : auffi l'a-
mour pour chaque particulier, n'ayant pas le
même appui, n'étoit pas réuni en eux à celui
de la patrie. Au contraire, un homme animé
du premier, c'eft-à-dire, de l'amour véritable
du prochain, eft difpofé à fe facrifier pour
fon Roi, pour fa Patrie, pour le moindre de
fes freres, quand même il devroit fe couvrir
de honte devant les hommes. Comparons préfentement l'amour-propre avec celui du prochain, pour voir comment il foutiendra ce
parallele. Celui-ci, comme nous venons de le
dire, met les hommes qu'il anime, dans la
difpofition de perdre tout, & leur vie même,
s'il eft néceffaire de la donner pour leurs freres,
& fur-tout pour leur Roi, comme étant le

Ministre de Dieu , qu'il a placé sur nos têtes pour nous protéger & nous procurer la paix & la tranquillité de cette vie : mais un Héros de l'amour - propre sacrifieroit sa Patrie pour contenter son avidité ., il feroit descendre son Roi du Trône , s'il le pouvoit, pour y monter à sa place , afin de satisfaire son ambition.

N°. 3. Pour mieux sentir les effets favorables de l'amour du prochain par rapport aux Sciences dont il s'agit particuliérement dans ce Mémoire , joignons l'exemple au raisonnement , & prenons-en un général qui sera d'autant plus propre pour confirmer ce que nous disons qu'il en renferme plusieurs autres particuliers , & qu'il est plus connu à cause du tems & du lieu où il s'est passé : je veux parler de Messieurs de P. R. qui ont éclairé la France & l'Europe presque dans tous les genres de Sciences véritablement utiles , par des Ecrits pleins de lumiere , qui ne peuvent manquer de passer à la postérité la plus reculée , par l'estime publique qu'ils se sont acquise. Sans nous arrêter ici ni à leurs Ouvrages de piété dont on connoît le goût solide & l'excellence , ni à ceux de controverse qui sont remplis , comme tout le monde sçait , d'une lumiere & d'une force qui surprennent les lecteurs ; je dis , ceux même qui s'attendoient à y trouver des raisons convaincantes ; quel service n'ont-ils pas rendu aux Siences naturelles , depuis les premieres qu'on apprend aux enfans jusqu'à celles qui terminent l'éducation des jeunes gens (1).

(1) On connoît le mérite de la *Grammaire générale & raisonnée*, dite de Port-Royal , & de l'*Art de pen-*

Il feroit trop long d'indiquer ici, je ne dis pas
les principaux Ecrits qu'ils ont compofés, mais
feulement les différentes matieres dont ils traitent. Nous nous contenterons donc de dire
que ce font ces grands hommes qui ont mis les
autres fur la voie, enforte qu'on peut les regarder comme les premiers Auteurs des bons
Ouvrages qui ont été faits depuis eux, & qui
fe feront dans la fuite. Leurs noms feront à jamais mémorables & refpectables chez les Sçavans : & ceux qui fe propofent de le devenir ne
peuvent mieux faire que de profiter de leurs
lumieres & de celles qu'ils ont procurées. Or
l'on fçait à n'en pas douter que ce qui les a engagés à entreprendre tant de travaux, a été l'a-
mour du prochain, le zèle pour la Religion.
O Religion divine que vous êtes aimable ! que
vous êtes digne d'occuper toute la capacité de
notre cœur ! c'eft vous feule qui pouvez faire le
bonheur public & particulier : il n'y a que vous
qui puiffiez nous procurer la fouveraine félicité
dans la vie future, & nous en donner l'avant
goût dans celle-ci. Puiffiez-vous vous emparer
de nos cœurs, & vous en rendre la maîtreffe,
afin de nous conduire au terme que vous nous
propofez ; faites que ce foit l'objet de nos
vœux les plus ardens !

    Après ces confidérations oferoit-on encore

---

fer, appellé de même communément, la Logique de
Port-Royal : ce font comme les deux termes de l'éducation de la Jeuneffe ; d'autant que dans le premier il y
a des obfervations excellentes pour apprendre à lire,
dont on fe fert aujourd'hui avec un grand fuccès envers
bien des enfans, & que le dernier renferme des réflexions importantes fur les différentes parties de la Philofophie.

dire que le bien d'un Etat demande qu'on excite l'amour-propre & les paſſions qui en naiſ-
ſent comme d'un germe, qu'on les excite,
dis-je, dans les ſujets de l'Etat, & qu'il ne
peut ſe ſoutenir autrement : non, eſpérons
plutôt que l'on dira (je parle des juſtes eſti-
mateurs des choſes) qu'il faut travailler à l'af-
foiblir le plus qu'il eſt poſſible, & même qu'il
faudroit l'exterminer ſi on le pouvoit, pour les
former (les ſujets) à s'attacher au bien de l'E-
tat, & à procurer l'avantage des autres, autant qu'ils en ſeroient capables. Nous eſpé-
rions qu'on voudra bien nous pardonner de
nous être un peu étendu ſur cette matiere ;
nous avons cru qu'il étoit à propos de renver-
ſer juſqu'au fondement ce rempart de l'amour-
propre que ſes défenſeurs lui ont élevé. Il nous
a paru que cela ſeroit utile pour convain-
cre de plus en plus de la néceſſité de combattre continuellement les paſſions, & de l'obligation dans laquelle ſont les Maîtres de s'occuper à régler le cœur de leurs Eleves pendant
tout le temps qu'ils ſont chargés de leur éducation.

XL. Les Précepteurs, ſoit communs, ſoit
particuliers, avec leſquels les Ecoliers conver-
ſent plus familiérement, pouvant beaucoup
contribuer à l'éducation de leurs Eleves, tant
pour former leur cœur que pour cultiver leur
eſprit, il ſeroit à ſouhaiter que les Principaux
aſſemblaſſent de temps en temps ceux qu'on
appelle Maîtres de quartiers pour les entretenir des moyens les plus propres pour réuſſir
dans la fin importante qu'ils ſe propoſent (1),

______

(1) Le Principal pourroit auſſi y appeller les nouveaux Maîtres particuliers, s'il le jugeoit à propos.

leur indiquer les meilleurs Ouvrages sur cette
matiere, les engager à les lire, & charger même
ceux d'entr'eux, qui seroient plus capables d'y
bien réussir, d'en rendre compte dans quelques-unes de ces assemblées. Si le temps ne
permettoit pas à un Principal de s'appliquer autant qu'il seroit nécessaire pour faire lui-même
les Discours qui conviendroient dans ces ren-
contres, il seroit à propos qu'il chargeât quelque personne connue & respectable pour faire
ces Conférences. On pourroit aussi en employer quelques-unes à expliquer & développer certaines parties ou les plus difficiles ou
les plus importantes de quelques - unes des
Sciences particulieres qui sont les plus nécessaires aux Maîtres. Si ces Conférences étoient
bien faites, elles ne serviroient pas seulement
à instruire les Maîtres, sur-tout les plus jeunes ; mais elles animeroient tous ceux qui ai-
meroient leur devoir & les exciteroient à s'en
acquitter avec plus de soin & d'exactitude : &
les Maîtres s'appliquant ainsi à leurs fonctions,
quels avantages n'en retireroient pas leurs Eleves ? Il faut employer tous les moyens possibles pour réussir dans l'affaire dont il s'agit,
comme étant de la plus grande conséquence.
Or celui que l'on propose ici est très-propre
pour parvenir à cette fin si désirable. Ces Conférences donneroient lieu aux Principaux de
connoître mieux les talens des Maîtres, & de
faire un choix plus sûr & plus éclairé des Sujets
pour remplir les places des Professeurs quand
elles seroient vacantes. On sent bien qu'elles
exciteroient aussi beaucoup l'émulation des
Maîtres pour les études qui leur conviendroient.

XLI. Il

XLI. Il y auroit une autre chose à faire pour l'utilité des Colléges ; ce seroit un réglement général qui prescrivît les exercices des Ecoliers qui y demeurent, les temps auxquels ils devroient commencer, & leur durée, en un mot tout ce que devroient faire les Pensionnaires & les Boursiers pendant le jour. Un Réglement qui seroit fait par l'Université & confirmé par l'autorité publique, contiendroit sans doute ce qui seroit le plus avantageux pour l'éducation de la Jeunesse ; & par conséquent devroit être observé partout, non - seulement dans les Colléges, mais aussi dans les Pensions. Tant que la maniere d'élever les enfans & les jeunes gens ne sera pas fixée & prescrite en détail, il y aura toujours des variétés & des systêmes particuliers de conduite & d'instruction qui ne tourneront pas à l'avantage de la Jeunesse. On en a sous les yeux une expérience bien triste par rapport aux enfans qu'on envoie aux petites Ecoles : ils y pourroient apprendre dans sept ou huit mois ou même moins, s'ils étoient bien dirigés, & qu'on les instruisît comme il convient, ce qu'ils n'apprennent souvent que dans deux ou trois ans, & quelquefois dans un plus long-temps ; & encore y en a t-il beaucoup qui ne sçavent jamais lire, ou qui le sçavent si imparfaitement, qu'ils ne peuvent presque faire usage de ce qu'ils ont appris : & ceux mêmes qui sont parvenus à lire assez bien, sont si mal dirigés dans leur lecture qu'ils n'en retirent presqu'aucun profit, parce que les Maîtres & Maîtresses d'Ecole manquent à pratiquer deux choses essentielles au progrès des enfans, la premiere d'expliquer les mots & les phrâses de leurs leçons qu'ils n'entendent pas ; la seconde de faire des questions sur ce qui est renfermé dans ces leçons, afin qu'ils y fassent attention, qu'ils le comprennent & qu'ils le retiennent (Art. XX). Faute d'employer ces deux moyens, les lectures qu'on leur fait faire deviennent inutiles. Que le sort de ces pauvres enfans est à plaindre ! Qu'il seroit à souhaiter que l'autorité publique y pourvût par un Réglement qui prescriroit la maniere la plus facile & la plus naturelle d'apprendre à lire, & qui ordonneroit les exercices nécessaires pour que les enfans profitassent des lectures qu'ils font à l'Ecole ou ailleurs ! Au reste je ne parle ici que de la plûpart des petites Ecoles & non pas de toutes absolument ; il y en a plusieurs qui sont gouvernées par des Maîtres ou Maîtresses qui s'acquittent de leur devoir avec beaucoup de fruit pour les enfans commis à leurs soins.

En général, soit qu'il s'agisse de petites Ecoles ou d'autres, c'est une maxime de très-grande importance par rapport à l'éducation de la Jeunesse, que la maniere d'élever & d'instruire les enfans & les jeunes gens dans les Ecoles publiques ne doit pas être abandonnée au jugement & à la discrétion des Maîtres. Il faut donc nécessairement un Réglement public pour les Colléges & pour les Pensions, qui détermine les exercices des Ecoliers dans les différens temps de la journée. Ce Réglement dirigeroit les Maîtres dans leurs fonctions, en leur montrant ce qu'ils auroient à faire dans tous les temps & tous les momens, & de plus il exciteroit leur zèle : car alors ceux qui seroient tentés de se relâcher & de se laisser aller à la négligence, en seroient détournés par la crainte qu'ils auroient que le Public & les Parens sur-tout, ne remarquassent aisément les négligences dans lesquelles ils tomberoient envers leurs Eleves. Ce Réglement seroit comme un flambeau qui éclaireroit les Maîtres, les Ecoliers un peu avancés, les Parens & le Public.

XLII. Me seroit-il permis de proposer une pratique qui n'est guère d'usage dans les Colléges, mais qu'il seroit bon d'y faire observer, & de la faire entrer dans le Réglement dont nous venons de parler : c'est à l'égard des jeunes gens dont on auroit lieu d'être mécontent par rapport à ce qui seroit directement contraire à la Religion : ceux sur-tout, qui, non-seulement paroissent n'avoir aucune inclination pour la piété, mais qui donnent des marques d'une disposition opposée ; qui, bien-loin de prier Dieu avec respect & recueillement à la Messe & aux Offices, y apportent un esprit de dissipation qui est un sujet de scandale & de distraction pour les autres : on oblige ces jeunes gens d'aller à la Messe les jours ouvriers aussi bien que les autres Ecoliers, qui heureusement ne sont pas dans le même cas : ne vaudroit-il pas mieux les en empêcher quelquefois ces jours-là, eu égard à leurs mauvaises dispositions qui fait que le saint Sacrifice de la Messe qui par lui-même est une source de graces, devient pour ces jeunes gens un nouveau sujet de condamnation ? Je crois que cette sorte de punition qui seroit humiliante pour eux, seroit capable d'en faire rentrer quelques - uns en eux-mêmes : elle pourroit être utile pour eux, & le seroit pour les autres qui ne seroient plus détournés par leur dissipation & leur mauvais exemple. Je suppose qu'il y ait un Maître pour veiller sur eux durant le temps de la Messe, qui les feroit travailler à leur devoir pendant que les autres y assisteroient ; & afin que cette punition fût plus propre à faire impression sur eux, il seroit bon qu'on les fît mettre à genoux, & qu'ils fussent découverts durant tout ce temps. Dans les Colléges où il y auroit beaucoup de Pensionnaires, il faudroit qu'il y eût deux Maîtres pour cette fonction ; l'un pour garder les petits, & l'autre pour les grands. Quand il s'agit sur-tout d'une action aussi sacrée que l'assistance au saint Sacrifice de la Messe, il vaut mieux l'omettre que de la pratiquer mal de maniere à se rendre coupable d'une prophanation ; au reste, il ne s'agit ici que d'une punition passagere qui ne dureroit que quelques jours : car si un Ecolier avoit le cœur tellement gâté, qu'il fallût l'employer habituellement, il faudroit plutôt le séparer des autres, de peur qu'il ne leur devînt pernicieux.

XLIII. L'établissement d'une Ecole pour les Maîtres, avec l'accessoire que nous y avons joint ; sçavoir, les petits Colléges dans les quartiers éloignés de celui de l'Université, contribueroit aussi, & même plus que tout autre moyen, à l'éducation de la Jeunesse & au progrès des études par plusieurs endroits : 1°. parce qu'il donneroit des Maîtres à l'Université qui seroient habiles, attachés à leur devoir, affectionnés à leurs fonctions ; 2°. parce que les enfans des Parens éloignés du quartier de l'Université, seroient instruits avec tout le soin & l'application qu'on peut souhaiter ; 3°. parce que le desir d'avoir une place dans cette Ecole exciteroit l'émulation d'un très-grand nombre d'Ecoliers, tant pour la sagesse que pour la science, & cette émulation ne pourroit manquer de se communiquer, par la force du bon exemple, aux autres Ecoliers qui ne se proposeroient pas de devenir membres de cette Ecole. Nous parlons assez au long de cet établissement dans le cinquiéme Mémoire du Recueil, à cause qu'il est la base de l'édifice que l'on veut élever, & qu'il est le fondement sans lequel tout le reste ne peut se soutenir.

XLIV. Ce que nous disons ici de l'établissement d'une Ecole de Maîtres, il faut l'entendre aussi d'un réglement pour le choix des Chefs de l'Université ; c'est-à-dire, que ce réglement contribueroit aussi beaucoup à l'éducation de la Jeunesse, en ce qu'il maintiendroit l'ordre le plus régulier & une discipline exacte dans l'Université. (On a exposé dans le sixiéme Mémoire du Recueil comment il faudroit faire ce choix.) En effet, peut-on douter qu'une bonne discipline observée exactement, dans un Corps consacré à l'instruction de la Jeunesse, ne soit un moyen très-propre pour parvenir à la fin à laquelle il est destiné. Or, rien ne peut tant contribuer à la discipline exacte d'un Corps que le choix toujours éclairé & judicieux de ses Chefs. D'ailleurs ce réglement seroit nécessaire pour maintenir l'Ecole des Maîtres dans la régularité qui lui conviendroit, parce qu'il seroit seul capable d'assurer une succession non-interrompue de bons Chefs dans cette Maison.

XLV. Outre ces deux établissemens ; il y en a encore un autre à former qui seroit glorieux pour l'Université de Paris, & d'une grande

utilité pour les jeunes gens , qui, étant au-
deſſus de l'âge où l'on a coutume d'apprendre
les Elémens du Latin, n'oſent pas aller dans
les baſſes - Claſſes où on les enſeigne. Je ſuppoſe qu'ils aient ſeize à dix-huit ans ou même
plus ; prendront - ils ſur eux d'aller ſe mêler
avec des enfans de huit à neuf pour faire les
même exercices dans leſquels ils réuſſiroient
moins bien que pluſieurs de leurs Condiſciples,
quoique ce ne ſoit que des enfans? Du moins
cela arriveroit-il ſouvent, ſur - tout dans les
commencemens. Il ſeroit donc à ſouhaiter qu'il
y eût quelques Claſſes ou même un ou deux
Colléges dont les enfans ſeroient exclus, &
qui ſeroient deſtinés pour ces jeunes gens, qui
ſont en aſſez grand nombre. Et comme il faudroit abréger le temps du cours des études
pour des Ecoliers de cet âge , il ne devroit y
avoir que quatre Profeſſeurs dans ces Colléges
pour les Claſſes ordinaires, l'un pour la Sixiéme
& la Cinquiéme , un autre pour la Quatriéme
& la Troiſiéme , un autre pour la Seconde & la
Rhétorique , & enfin un quatrieme pour la
Philoſophie. Il eſt viſible qu'un tel établiſſement conviendroit mieux à l'Univerſité de Paris qu'à toute autre , & qu'il y manquera toujours un ſecours très-utile pour ne pas dire
néceſſaire à l'inſtruction publique, juſqu'à ce
que cet établiſſement ait lieu , non ſeulement
en faveur de ceux qui voudroient commencer
leurs études lorſqu'ils ſeroient ſortis de l'enfance , mais auſſi pour beaucoup d'autres qui
les ayant mal faites , voudroient recommencer
au moins quelques Claſſes, comme la Rhétorique & la Philoſophie. Or , rien ne ſeroit
plus facile que de faire l'établiſſement en queſ-

tion dans Paris où il y a dix Colléges de l'U-
niverfité dont les baffes-Claffes ne fervent que
pour les enfans : il n'en couteroit rien ni à l'E-
tat ni aux Particuliers. Les enfans mêmes en
profiteroient, parce qu'il y auroit plus d'émulation dans leur Claffe en plufieurs Colléges,
qu'il n'y en a dans la fituation préfente. Tout
cela eft prouvé manifeftement dans le quatorzieme Mémoire du Recueil, où l'on indique
les moyens qu'il faudroit prendre pour exécuter cet établiffement avantageux, qui, avec
les autres propofés dans le préfent Mémoire,
rendroit cette célebre Ecole, fur-tout la Faculté des Arts, beaucoup plus utile & plus chere
aux Citoyens qu'elle n'a encore été.

XLVI. La lecture réfléchie de quelques
Hiftoires bien écrites, mêlées de réflexions
judicieufes faites à propos fur les caufes des évé-
nemens, & fur le caractere & la conduite des
hommes, peut encore être regardée comme un
moyen très-propre pour perfectionner les études : car l'étude de l'Hiftoire, quand elle eft
bien dirigée, eft un des principaux moyens
pour éclairer l'efprit & perfectionner la raifon :
elle tient lieu d'une longue expérience pour
fçavoir comment il faut fe conduire avec les
hommes : elle apprend à les connoître : ce
qui eft très-utile à la plûpart des hommes, &
néceffaire à ceux qui ont autorité fur les autres, afin de fçavoir comment il faut fe com-
porter à leur égard, pour les amener au but
que l'on fe propofe. Mais afin de tirer de
l'étude de l'Hiftoire l'avantage qu'on y doit
chercher, il ne fuffit pas de lire indiftincte-
ment toutes fortes d'Hiftoires, on y perdroit
bien du temps, & on ne finiroit pas, à caufe

de la multitude immense des Livres en ce genre ; il y a un choix à faire : il faut lire l'Histoire de son pays préférablement à celles des pays étrangers. Il faut encore choisir entre les Histoires de son pays ; car souvent il y a une grande différence entre celles qui ont été composées par les différens Auteurs. Et par rapport aux pays étrangers & aux Histoires anciennes, il faut communément s'en tenir à celles qui s'arrêtent seulement à rapporter les Révolutions des Empires, leurs causes, le caractere & la conduite des grands hommes qui y ont eu le plus de part : quand ces sortes d'Ouvrages sont bien faits, il y a plus de profit à en tirer que de la plûpart de ceux qui rapportent les faits en détail ; outre qu'il n'est pas possible de lire le grand nombre de ceux-ci. Il y a plusieurs Ouvrages en ce genre qui sont estimés, entr'autres quelques-uns de l'Abbé Vertot. Nous avons déja parlé de l'Histoire Universelle par M. Bossuet, auquel on peut ajouter son Histoire des Variations qui sont aussi des especes de Révolutions qui ont eu en partie les mêmes causes que celles des Empires.

Dans le nombre d'Ouvrages de cette espece, qui est assez grand, chacun pourra, s'il en a la commodité, lire ceux dont il croira que la lecture lui sera utile. Il y a aussi des Histoires particulieres de grands hommes, soit Princes, soit Ministres, qui sont fort propres à former l'esprit des jeunes gens, comme celle de Théodose le Grand, par M. Fléchier, de Henri VII, Roi d'Angleterre, par M. de Marsollier, celle du Cardinal Ximénès, par le même, & par M. Fléchier, celle du Cardinal d'Amboise, Miniſtre du Roi Louis XII, celle du Cardinal Commendon, traduite par M. Fléchier, celle du Cardinal Martinuſius, Régent du Royaume de Hongrie, &c. mais il faut ſçavoir ſe borner dans ces lectures; autrement on y employeroit trop de temps; & d'ailleurs lorſqu'on a lû quelques-uns de ces ſortes d'Ouvrages, on ne retrouve plus qu'à peu près la même choſe dans les autres de ce genre, quant à ce qui eſt capable de former l'eſprit : il vaut mieux alors relire ce qu'on a déja lû, que de faire de nouvelles lectures. C'eſt une maxime qu'il ſeroit à ſouhaiter qu'on ſuivît auſſi dans les autres études. Quand on a vu pluſieurs bons Ouvrages ſur une matiere, il y a ordinairement plus à profiter à relire ce qu'on a lû qu'à lire d'autres Livres ſur la même matiere. L'étude de l'Hiſtoire conviendroit fort après la Claſſe d'Eloquence : ce ſeroit alors que les jeunes gens ſeroient plus en état d'en profiter : & au défaut de cette Claſſe, il faudroit s'y appliquer après la Philoſophie.

XLVII. Il y a deux autres objets qui ſeroient encore liés très-étroitement au progrès de l'inſtitution des Eleves de l'Univerſité : ce ſont la répartition de l'honoraire expoſée dans le huitieme Mémoire du Recueil de 1763, & les prix de ſageſſe dont il eſt parlé dans le quinzieme. Mais nous croyons qu'il ſuffit ici d'indiquer ces deux Mémoires, ſans nous arrêter à faire ſentir le rapport que ces deux objets ont avec le progrès des jeunes gens dans la ſcience & la vertu. Si après tout ce que nous avons propoſé pour perfectionner les études, quelqu'un vouloit encore conteſter qu'en faiſant uſage de ces moyens, elles ne

feroient pas beaucoup meilleures , tant par
rapport au choix de leur objet , que par rapport à l'étendue des connoiffances que le gros
des Etudians acquerroit , qu'elles ne l'ont été
jufqu'à préfent , il nous femble que ce feroit
nier qu'il fait jour en plein midi. Il nous refte à
ajouter dans ce Mémoire quatre autres moyens
aux précédens.

XLVIII. N°. 1. Nous avons déja parlé en
plufieurs endroits de moyens très-propres à
faire naître & entretenir l'émulation ; mais
comme leur exécution ne dépend pas de chaque Maître en particulier , il eft à propos d'en
indiquer encore d'autres : ce font les fins que fe
peuvent propofer les Etudians , & de montrer
quelles font celles que l'on doit exclurre,
quoiqu'au préjudice des enfans , on s'en ferve
fouvent à leur égard. Il eft néceffaire d'exciter
l'émulation des jeunes gens , afin que les études foient animées ; car fi elles font languiffan-
tes , elles deviennent plus pénibles qu'elles ne
le feroient , & prefque fans fruit ; d'où il arrive que tôt ou tard les Etudians fe rebutent,
& s'ils continuent le cours de leurs études, ce
n'eft plus que pour la forme , & parce qu'ils
y font forcés. Mais fi l'émulation s'empare de
leur efprit , elle leur donnera de l'amour pour
l'étude ; ils s'y porteront avec plaifir , & fur-
monteront avec ardeur les difficultés qui s'y
rencontrent ; elle produira & entretiendra l'attention , & l'attention , fi elle eft foutenue,
caufera infailliblement un progrès rapide qui
renouvellera à fon tour l'émulation & l'application. Que fi ces difpofitions favorables font
accompagnées des fecours que l'on trouve dans
les bons Maîtres , on a lieu d'attendre les plus

grands succès dans les études. Mais quel moyen faut-il employer pour exciter l'émulation ? Il est certain que tout moyen qui tendroit à corrompre le cœur, doit être rejetté. Un Auteur très-connu par la réputation qu'il s'est acquise (feu M. Crevier qui avoit été Professeur de Rhétorique dans l'Université) n'approuvoit pas que l'on donnât aux enfans de l'argent comme une récompense de leurs succès, de peur de leur inspirer du goût pour l'argent ; en quoi il ne disoit rien qui ne fût conforme aux principes des Auteurs qui ont traité de l'éducation de la Jeunesse, car ils ne veulent pas que l'on propose aux enfans pour récompenses, des ajustemens & des friandises afin de les encourager ; de peur qu'elles ne réveillent en eux les passions de la vanité & de l'amour du plaisir des sens. En effet, nous portons tous en nous-mêmes un fond de corruption toujours prêt à produire de mauvais fruits, pour peu qu'on y donne occasion : rien cependant de plus commun que de voir des Parens & des Gouvernantes exciter des jeunes gens à faire ce que l'on demande d'eux par l'appas d'un habillement qu'on leur fait envisager comme quelque chose de fort estimable & de bien précieux. Les amis des Parens se joignent à eux : ils louent & félicitent les jeunes gens, sur-tout de l'autre sexe, au sujet de leurs habits & de leurs ajustemens ; ils les admirent en se récriant sur le goût & la magnificence de leurs parures. On ne seroit pas surpris de voir que la Jeunesse prît plaisir à avoir des ajustements, c'est une suite & un penchant d'une nature viciée dans son origine ; mais des Parens & autres qui leur sont attachés, sont inexcusables d'exciter & de fomenter cet effet de la vanité & de l'orgueil. C'est à peu près comme s'ils excitoient leurs enfans à la vengeance, à la gourmandise, ou à quelque autre affection contraire à la Loi de Dieu ; voilà néanmoins comment on forme le cœur de la Jeunesse dans plusieurs familles.

N°. 2. Mais, je le demande, risqueroit-on moins de faire naître l'orgueil dans les jeunes Etudians si on les animoit à l'étude en leur représentant que c'est par la science que l'on s'attire de l'estime & de la considération dans le monde, que c'est le moyen de parvenir aux honneurs & aux grands emplois, que rien n'est plus propre à se faire un grand nom parmi les hommes de son temps & ceux qui viendront dans la suite, que rien n'est plus glorieux & plus satisfaisant que de l'emporter sur tous les autres, & de leur être supérieur par les talens de l'esprit ? Pourroit-on, à cause de quelques succès qu'ils auroient eus, leur donner des louanges sans mesure & sans précaution, qui leur feroient croire qu'ils sont beaucoup au-dessus de leurs Condisciples ? N'est-il pas évident que de tels discours ou d'autres semblables exciteroient en eux des sentimens d'orgueil & de vanité ? Si l'on appréhende que de l'argent donné en récompense aux enfans & aux jeunes gens, n'excite en eux la cupidité, n'est-il pas beaucoup plus à craindre que de pareils discours ne leur causent de l'orgueil, dont ils sont bien plus susceptibles que de l'avarice ? Ainsi on leur gâteroit certainement le cœur, en voulant les animer à cultiver leur esprit, ce qui seroit un renversement visible de l'ordre ; car les connoissances de l'esprit doivent être employées à régler le cœur. L'homme peut parvenir à la fin à laquelle il est destiné, sans avoir acquis les sciences naturelles ; mais il ne le peut s'il n'a le cœur réglé : sans cela il sera malheureux, même dès cette vie, à cause du trouble & de la violence des passions dont il sera agité. Un jeune homme qui aura conçu le dessein de l'emporter sur les autres, & qui aura contracté l'habitude de ce desir, se rendra insupportable dans la Société, & trouvera par-tout des contradictions ; souvent même il ne pourra réussir dans son dessein, parce qu'il y en aura quelques autres qui le surpasseront ; & tout cela lui causera des peines & des chagrins cuisans qui dureront autant que sa vie, s'il ne parvient à rompre cette malheureuse habitude qu'il s'étoit formée. Combien de Parens & de Maîtres sont en partie cause de ce mal, faute d'y faire assez d'attention ! On croit faire beaucoup en apprenant bien des choses curieuses aux jeunes gens ; on les y anime par des motifs de vanité, & toutes ces connoissances ne leur servent souvent de rien ; ou, ce qui est bien plus fâcheux, ils n'en font usage que pour leur perte, & pour se rendre misérables, en les employant à nourrir l'orgueil que l'on a excité en eux.

Cette passion est si funeste, qu'elle rend ceux qui en sont possédés, ennemis de Dieu qui leur résiste, & des hommes qui ne souffrent qu'avec peine qu'on veuille dominer sur eux ; elle est le bourreau de ceux dont elle s'est rendue maîtresse, par le trouble & l'agitation qu'elle leur cause & par les contradictions qu'elle leur attire ; d'ailleurs s'ils acquierent des connoissances, l'usage qu'ils en font, répond communément au principe d'où elles viennent : car s'ils ont des talens distingués, ils s'en servent souvent au préjudice de leurs Concitoyens, & quelquefois au malheur de l'Etat, ou peut-être à sa ruine s'ils en ont l'occasion. On peut dire que c'est la cause la plus ordinaire des dissentions, des querelles, des troubles, des guerres dans l'Etat, des divisions, des disputes & des héréfies dans l'Eglife. Après cela croiroit-on pouvoir exciter & fomenter une passion qui produit tant & de si grands maux, qui est si pernicieuse & aux Particuliers & à l'Etat ?

N°. 3. On peut présenter aux jeunes gens d'autres motifs capables de les animer au travail : s'ils ont des sentimens de Religion, & de la crainte de Dieu, il suffira de leur faire bien sentir la nécessité indispensable du travail, & même d'un travail pénible & laborieux : *In sudore vultûs tui vesceris pane.* Gen. cap. 3, ℣. 19. Il faut leur inculquer que chacun doit s'acquitter des devoirs de son état, que sans cela il est impossible de plaire à Dieu & de faire son salut, & que le devoir de leur état est de s'appliquer à l'étude. On leur représentera que ce seroit être ingrat à l'égard de leurs Parens, de ne pas répondre aux peines & aux soins qu'ils se donnent, & aux dépenses qu'ils font pour eux, & que l'ingratitude est un vice honteux, indigne d'un honnête homme ; qu'il faut se mettre en état de rendre service aux autres, aux siens sur-tout & à la Patrie, chacun selon le rang dans lequel il se trouve ; qu'il faut tâcher de s'attirer la confiance du Public, afin de pouvoir le servir

plus utilement dans les fonctions que l'on exercera. On peut aussi se servir de quelques louanges pour témoigner aux jeunes gens que l'on
est content de leur application ; il faut le faire
sur-tout s'ils sont timides, & qu'ils tombent
dans le découragement, croyant n'être pas
capables de réussir. Mais en général les louanges que l'on donne, doivent toujours être
modérées ; il faut les faire tomber ordinairement plutôt sur le travail que sur le succès :
en un mot, elles doivent être assaisonnées de
maniere qu'elles n'excitent pas l'orgueil ; autrement on leur corrompt le cœur, & on les
expose à devenir malheureux dans cette vie &
dans l'autre. Que s'il y avoit des sujets que
l'on ne pût engager à l'application, ni par ces
motifs ou d'autres semblables, ni par l'exemple des autres, ni par les menaces, ni par les
punitions, ce ne seroit pas une raison qui au-
torisât à se servir de moyens qui leur seroient
nuisibles par rapport au cœur : car comme il
est plus nécessaire de le former que de cultiver l'esprit, & même que toutes les connoissances que l'on acquiert doivent toujours tendre à régler le cœur, selon que nous l'avons
déja observé, ce seroit un renversement de
l'ordre de cultiver l'esprit aux dépens du cœur :
c'est néanmoins ce qui n'arrive que trop souvent.

Mais les deux principaux moyens d'exciter
le goût des études & l'application dans les enfans & les jeunes gens, sont contenus dans
quelques uns des articles précédens ; c'est 1°.
de prendre les mesures que nous avons exposées pour lever les difficultés capables de rebuter ou d'arrêter les Etudians ; 2°. de leur

faire expliquer des Auteurs dont la matiere les
attire, & de leur préfenter dans les Verfions,
les Thêmes & autres devoirs, des objets intéreffans pour eux. En levant les difficultés qui
les auroient embarraffés dans les devoirs qu'on
leur donne, par exemple, dans les Verfions,
ils y réuffiront, & toutes les Phrâfes qu'ils traduiront, feront comme autant de découvertes
qu'ils feront, qui ne manqueront pas de les
animer par le plaifir qu'ils éprouveront à les
faire; fi donc à ce plaifir fe joint encore celui
qu'ils reffentiront par l'intérêt qu'ils prendront
aux matieres choifies fur lefquelles ils s'exer-
ceront, ils fe plairont dans leur travail, &
s'y appliqueront volontiers : ainfi il ne faudra
plus à l'égard du grand nombre, au moins
pour l'ordinaire, ni réprimandes, ni punitions
& peu de menaces pour les obliger à s'appliquer
à leurs devoirs : & par-là quelle fatisfaction n'é-
prouveront pas les Parens & les Maîtres ? (Ces
deux moyens regardent directement l'efprit:
il y en a un dont l'objet direct eft le cœur:
il s'agit de travailler à éteindre fes paffions qui
empêchent l'application de l'efprit aux études. Voyez l'art. XXXIX.)

XLIX. Il feroit avantageux aux jeunes Etudians qui fréquentent les Penfions ou qui y habitent, tant par rapport au progrès des études
que pour la fûreté de leurs mœurs, qu'il y
eût au moins deux fortes de Penfions, dont les
unes ne fuffent deftinées que pour des enfans
depuis les premiers commencemens jufqu'en
Troifiéme inclufivement, & les autres ne fuffent que pour des Ecoliers des Claffes fupérieures. L'attention des Maîtres de Penfion
feroit moins partagée ; ainfi ils pourroient fe

rendre plus utiles à leurs Diſciples. Il eſt très-difficile qu'une même perſonne dirige bien les études des petits & des grands : cela demande une étendue de connoiſſances que l'on exigeroit inutilement du commun des Maîtres : celui qui réuſſit avec les grands Ecoliers, ſouvent n'auroit pas le même ſuccès avec les petits : à plus forte raiſon, un bon Maître des petits, ne ſeroit pas toujours propre pour conduire & enſeigner les grands : les talens ſont partagés.

Ajoutons que les Maîtres de Penſion ne peuvent pour l'ordinaire avoir le nombre de Précepteurs qui ſeroit néceſſaire pour les Ecoliers de toutes ou preſque toutes les Claſſes : il en faudroit cinq ou ſix quand même il n'y auroit point de Philoſophes & cela eſt ordinairement impraticable dans une Penſion où il n'y a qu'environ trente à quarante Ecoliers. De plus, s'il arrive des déſordres parmi ceux des baſſes-Claſſes, cela vient quelquefois de leur fréquentation avec les grands (1). Ceux-ci ſont encore ſouvent de mauvais exemple pour les petits par leur indocilité envers les Maîtres : enfin les Maîtres de Penſion outre qu'ils pourroient s'acquitter de leur devoir beaucoup plus facilement ; trouveroient auſſi leur avantage dans cette ſéparation des Eco-

(1) Ces inconvéniens ne ſont pas les mêmes dans les Colléges : les Principaux ont des ſecours & des facilités que n'ont pas les Maîtres de Penſion : ils peuvent ſe faire aider pour les études par les Profeſſeurs ; & d'ailleurs ils ſont en état d'avoir autant de Maîtres de quartier qu'il y a de Claſſes. Enfin, ils ont beaucoup plus de logement, ce qui leur donne lieu de ſéparer les petits d'avec les grands, & même les différentes Claſſes, les unes d'avec les autres.

liers, si elle étoit une fois établie, parce qu'ils n'auroient pas besoin d'un si grand nombre de Précepteurs. Pour faire cet établissement, ils opteroient entre les grands & les petits Ecoliers. Je ne serois pas surpris qu'on trouvât quelque embarras dans l'exécution de ce réglement touchant le partage des Pensions. Il pourroit arriver, par exemple, qu'il y eût plusieurs freres dont la différence des Classes demanderoit la séparation ; ce qui feroit quelque peine aux Parens. Mais si on est arrêté par de semblables considérations, il faut renoncer à tout réglement, quelque avantageux qu'il puisse être pour l'éducation de la Jeunesse. J'ajoute qu'on pourroit admettre quelque exception à la régle ou donner dispense en certains cas, si cela paroissoit nécessaire.

L. Quoique la principale chose qu'on doive se proposer dans l'éducation de la Jeunesse soit de cultiver le cœur & l'esprit, il ne faut cependant pas négliger les soins nécessaires du corps & de la santé : sans elle les jeunes gens ne seroient pas en état de faire usage des moyens proposés ci-dessus. Or, on peut rapporter à trois points principaux ce qui regarde cet objet : ce sont la nourriture, le bon air, & le mouvement ou l'agitation à laquelle les jeunes gens sont fort portés. Je ne parle pas ici de la nourriture : chacun sçait ce qu'il est à propos de faire à ce sujet. Quant au bon air qui contribue aussi beaucoup à la santé, il seroit à souhaiter que les cours de plusieurs Colléges de Paris fussent plus grandes qu'elles ne sont, tant afin qu'on y respirât un air plus libre, qu'afin que les jeunes gens eussent plus d'espace pour leurs jeux & leurs exercices. Si les cours étoient plus grandes, les bâtimens qui les environnent pourroient être moins élevés, parce qu'ils feroient plus étendus en longueur : ce qui feroit encore un nouvel avantage par rapport à l'air de la cour qui y circuleroit plus aisément. Peut-être que la réunion des Bourfiers des petits Colléges dans celui de Louis le-Grand, pourra donner occafion à l'élargiffement de quelques-uns des grands qui font dans le voifinage d'autres petits. Comme il s'agit ici d'une chofe qui intéreffe les Citoyens, il femble qu'il conviendroit affez que la Ville voulût bien y contribuer : ce qui pourroit donner lieu d'efpérer qu'elle ne négligera pas cet objet, ce font les Ouvrages publics qu'elle entreprend fouvent, pour la commodité, l'utilité & la fanté des Citoyens.

Mais ce que nous avons principalement en vue ici, c'eft la néceffité d'accorder aux enfans de temps en temps la liberté de fe récréer & de fe donner du mouvement, par exemple, après les Claffes. C'eft une contrainte bien violente pour eux d'être obligés de fe tenir affis pendant deux heures ou deux heures un quart : ainfi ils ont befoin après ce temps de fe délaffer de cet état pénible qu'ils ont fouffert : & c'eft auffi ce qu'on leur accorde après la Claffe du foir, & encore quelquefois après celle du matin dans les grands froids ; mais je crois qu'il feroit à propos de leur donner en tout temps un quart-d'heure ou environ une demi-heure de récréation après la Claffe du matin comme après celle du foir. Il feroit même à fouhaiter qu'il y eût une cour féparée où ils puſſent aller jouer & ſe récréer. Je dis une *cour ſéparée*, afin qu'ils ne détournaſſent pas les autres Ecoliers qui étudieroient pendant ce temps, c'eſt-à-dire, à la ſuite de la Claſſe du matin. Le mouvement modéré qui eſt avantageux à tous les âges pour entretenir la flexibilité des muſcles & pour diſſiper les mauvaiſes humeurs par la tranſpiration, eſt néceſſaire aux jeunes gens & ſur-tout aux enfans, qui, ſans cela ne peuvent acquérir la force proportionnée à leur âge ni une ſanté ſolide : Auſſi l'Auteur de la Nature leur a-t-il imprimé une grande inclination au mouvement, afin de les avertir du beſoin qu'ils en ont : cette inclination eſt par rapport à eux comme la faim & la ſoif dans tous les hommes, qui ſont avertis par ces ſentimens du beſoin qu'ils ont de prendre de la nourriture.

L I. N°. 1. Je crois que pour abréger la durée de la contrainte où ſont les enfans pendant le temps de la Claſſe, laquelle eſt capable de nuire à leur ſanté, il ſeroit à propos de diminuer ce temps environ d'une demi-heure le matin & autant le ſoir. Il ſeroit plus aiſé de les contenir dans l'ordre & la tranquillité ſi le temps des Claſſes étoit moins long : ce qui ſeroit encore un avantage pour les Ecoliers qui ſeroient moins expoſés à s'attirer des déſagrémens, & cet avantage réjailliroit ſur les Maîtres. Si ce réglement avoit lieu, il vaudroit mieux que la demi-heure ſe prît ſur la fin de la Claſſe que ſur le commencement, afin d'éviter le tumulte qui vient du grand nombre des Ecoliers qui ſortent en même-temps de toutes les Claſſes. Les Ecoliers de Septiéme, de Sixiéme, de Cinquiéme, & peut-être auſſi

ceux de Quatriéme auroient befoin de la con-
defcendance dont il s'agit, qui leur deviendroit utile même par rapport à l'efprit, fi on
faifoit en même-temps un autre établiffement
auquel le premier donneroit lieu. Comme l'é-
tude du foir feroit un peu longue en retranchant une demi-heure de la Claffe, il leur feroit avantageux qu'on les réunît chacun dans
leur Claffe les trois derniers quarts-d'heure,
avant le fouper, (je parle des Penfionnaires
& des Bourfiers du Collége) afin de faire des
exercices utiles, foit en leur apprenant à compter de la maniere qui eft expliquée dans la
premiere addition qui eft à la fin de ce Mémoire, foit en leur enfeignant les premiers
principes de l'Arithmétique, & quelques notions touchant les Figures les plus fimples des
élémens de Géométrie, comme des Lignes
droites, tant perpendiculaires qu'obliques &
paralleles, des Angles, des Cercles, des
Rayons, des Diamètres. Les enfans entendroient aifément ces premieres notions fi on
leur montroit les Figures auxquelles elles auroient rapport. De même en leur montrant un
Globe terreftre ou une Sphère armillaire, ils
apprendroient facilement à connoître les Cercles qui y font repréfentés ; ce qui leur donneroit de la facilité pour entendre les principes
de la Géographie, & enfuite on leur montreroit quelle partie on voudroit de cette Science
en leur mettant des Cartes devant les yeux,
fur lefquelles on leur feroit voir les Pays, les
Villes, les Rivieres, les Mers, &c. que l'on
jugeroit à propos, (Ces différentes connoiffances font indiquées en général dans la premiere
addition après ce Mémoire.) Rien ne feroit

plus propre pour attirer & foutenir leur attention que ces Figures & ces Cartes qu'on expo-
feroit à leurs yeux, fur-tout fi elles étoient
grandes, bien tracées & bien colorées. Comme le temps des Claffes de ces enfans feroit
abrégé, Meffieurs les Profeffeurs pourroient fe
prêter volontiers à ces exercices qui ne fe feroient au plus que quatre fois la femaine;
fçavoir les jours où il y auroit deux Claffes.
Ce feroit une forte de dédommagement pour
leurs Ecoliers, qui leur feroit plus utile que le
temps dont les Claffes auroient été abrégées:
car ces exercices ferviroient d'abord à leur
apprendre à compter, & enfuite à leur enfeigner plufieurs notions d'Arithmétique, de la
Géométrie la plus élémentaire, de la Sphère,
de la Géographie, toutes connoiffances dont
ils auroient befoin dans la fuite : mais ce qui
feroit plus important, c'eft qu'elles contribueroient plus que les autres études qu'ils feroient,
à leur ouvrir l'efprit, à leur procurer une intelligence qui feroit caufe qu'ils étudieroient
avec goût ce qu'on préfenteroit à leur application, parce qu'ils l'entendroient, au lieu que
dans l'état préfent un grand nombre n'entend
prefque rien à la plûpart des chofes qu'on leur
fait apprendre.

N°. 2. Toutes les connoiffances que nous
avons indiquées en général, ne conviennent
pas également aux trois ou quatre Claffes dont
il s'agit. Il faudroit donc les expofer un peu
en détail, & fpécifier celles qui conviennent à
chacune : mais cela demanderoit un difcours
plus étendu que celui que nous nous fommes
propofé ici. Si on veut adopter l'arrangement
que nous avons expofé, il ne fera pas difficile

de faire cette diftribution. Pour ce qui eft du détail des connoiffances on le trouvera dans la premiere addition, mais fans la diftribution pour chacune des Claffes, ni le détail de ce qui appartient à la Géographie, qui n'y étoit pas néceffaire.

En tout cas fi on vouloit faire jouir les enfans des avantages qui leur reviendroient de cet arrangement, il feroit facile de compofer un petit Traité qui contiendroit l'expofition de toutes les notions & les connoiffances qui conviendroient à chacune des Claffes. Mais il feroit à fouhaiter que cette expofition fût claire & méthodique, afin qu'elle fervît de modele dans ce genre aux Maîtres. Il n'y a pas lieu de douter que cet exercice ne procurât bientôt aux enfans une ouverture d'efprit qu'ils n'acquerroient que dans un long temps, s'ils ne jouiffoient pas de cet avantage.

Mais outre cette confidération qui eft de la plus grande importance, on peut ajouter que les connoiffances qu'ils apprendroient par ce moyen leur feroient plus utiles que la plûpart de celles qu'on leur enfeignoit autrefois dans le cours des Claffes des Colléges. Or, ils ne pourront jouir auffi facilement & auffi abondamment de ces avantages qu'en exécutant l'arrangement propofé ; foit parce que le temps des Claffes étant trop long pour eux, ils ne peuvent foutenir leur attention pendant tout ce temps, foit à caufe du grand nombre des enfans qui caufe néceffairement de la diffipation qui augmente encore à caufe de la longueur. Ces raifons feules fuffiroient, pour engager à exécuter l'arrangement dont il s'agit, quand même la confidération de la fanté des enfans ne l'exigeroit pas. Afin que les enfans fuffent

mieux difposés à profiter du temps de ces
exercices, on pourroit leur accorder quelques
momens de récréation dans leur Salle d'étude
avant qu'ils allaffent le foir dans la Claffe ou
dans une Salle.

LII. Voici une pratique qu'il feroit à fouhaiter pour le foulagement des enfans que l'on
obfervât en attendant mieux. Les Commentaires expofés à l'Article VII étant de la plus
grande conféquence pour les Commençans,
fur-tout ceux qui n'ont point de Précepteur
particulier, à caufe qu'ils leur épargneroient
des peines capables de les rebuter, & même
infurmontables pour plufieurs ; & d'ailleurs
pouvant arriver qu'ils ne puiffent en jouir jufqu'à un temps plus ou moins long dont la durée
dépendra des perfonnes qui pourroient leur
procurer cet avantage, nous croyons qu'en
attendant qu'ils puiffent en profiter, les Profeffeurs des baffes - Claffes pourroient y fuppléer
jufqu'à un certain point, en dictant chaque jour
dans leur Claffe les éclairciffemens les plus
néceffaires, & en particulier la fignification des
mots latins que les enfans auroient le plus de
peine à trouver dans leur Dictionnaire faute
d'en fçavoir l'origine qu'ils devroient chercher.
C'eft ce qui eft contenu au fecond Article du
fecond *alinea* de la page 13. On leveroit auffi
quelques autres difficultés, qui l'exigeroient,
lefquelles font indiquées dans les différens Articles du même *alinea*. Par ce moyen ils ôteroient au moins les principales difficultés qui
font le plus pénibles aux enfans. Il feroit à fouhaiter qu'ils puffent dicter tous les éclairciffemens qui devroient être dans le Commentaire,
mais le temps ne le permettroit pas. Ils feroient
donc

donc obligés alors à s'en tenir à ceux qui seroient les plus nécessaires. Cela n'empêcheroit
pas qu'ils n'expliquassent de vive voix la leçon
qu'ils donneroient à traduire. Mais cette explication ne suffiroit pas, comme nous l'avons
déja dit, tant à cause de la légereté des enfans
qui en empêcheroit le plus grand nombre de
suivre ce que le Professeur diroit, que parce
que ceux même qui écouteroient avec attention, oublieroient une partie de ce qu'ils auroient entendu dire, & en conséquence ils se
trouveroient dans le plus grand embarras lorsqu'il s'agiroit de faire la traduction dans leur
particulier. Quand bien même ils auroient un
Maître commun ; & il y en a effectivement dans
les Colléges & les Pensions, il n'oseroient aller
de temps-en-temps le consulter ; & d'ailleurs
l'ordre ne le permettroit pas, s'ils étoient un
certain nombre dans la Salle d'étude, comme
il arrive ordinairement, à cause que les allées
& les venues continuelles des enfans causeroient à tout moment des distractions aux autres, auxquelles les explications que le Maître
seroit obligé de donner contribueroient aussi,
ou par l'organe des oreilles ou par celui des
yeux.

LIII. Nº. 1. Nous allons faire une récapitu-
lation des moyens qui ont été proposés pour
perfectionner les Etudes dans les Classes de
Grammaire, de Belles-Lettres & de Philosophie. Il y en a de particuliers à quelqu'une
de ces Facultés, & d'autres qui sont communs
à deux ou aux trois.

Les moyens pour les Classes de Grammai-
res sont une Méthode partagée en quatre Parties, composée comme nous l'avons dit (Art.

G

V I), des Commentaires ou Manuels des Commençans, tels qu'ils ont été expliqués, les petits Traités dont il a été parlé, les Devoirs imprimés, le changement alternatif des Classes entre les Professeurs de Sixiéme, de Cinquiéme, & de Quatriéme, un Devoir par semaine composé par le Professeur, tant pour les Thêmes dans les Classes où l'on en fera, que pour les Versions, outre les Devoirs de Composition.

Comme on ne peut trop faciliter le travail aux Commençans qui dans les Colléges sont toujours des enfans, on pourroit encore ajouter deux autres moyens aux précédens. 1°. Il faudroit mettre dans le Commentaire des Sommaires en françois à la tête de chaque Chapitre, ou Section de l'Auteur qu'on voudroit leur faire traduire, afin qu'ils sçachent bien de quoi il s'agit. 2°. Il seroit même à propos qu'après qu'on leur auroit expliqué la leçon de leur Auteur, on leur en lût encore la traduction ou imprimée ou faite exprès par le Maître. Ces deux moyens serviroient à éclairer les Commençans, qui par-là travailleroient avec encore plus d'intelligence, & par conséquent avec plus de goût, au lieu que dans la pratique actuelle ils ne vont souvent qu'à tâton & en aveugles: mais le fond du travail ne laisseroit pas de subsister, (cela est nécessaire pour qu'ils aient de quoi s'exercer) puisqu'il resteroit toujours à faire la traduction, qui seroit fort différente de celle qu'ils auroient entendu lire : car avec les secours qu'on leur auroit fournis, ils ne pourroient encore la faire que littérale. Je crois qu'il seroit utile d'employer le premier de ces deux moyens, non-seulement en Septiéme, mais aussi en Sixiéme, en Cinquiéme & en Quatriéme, en évitant néanmoins de donner précisément la traduction des Phrases mêmes dont on mettroit en partie le sens dans le Sommaire ou l'Argument.

N°. 2. Les principaux moyens pour les Classes de Belles - Lettres, ce sont de bonnes traductions de nos meilleurs Ouvrages françois qui traitent des matieres convenables aux Etudians de ces Classes, les Devoirs imprimés ; un de chaque genre de la composition du Professeur chaque semaine & ceux pour les compositions des Ecoliers ; des Commentaires sur les anciens Auteurs, lesquels soient proportionnés aux besoins des jeunes gens par de bonnes Notes à leur usage ; le choix non-seulement des Auteurs, mais aussi des parties des Auteurs, en ne donnant aux Ecoliers que ce qui leur conviendroit le mieux ; un Traité qui contînt des observations & des régles pour connoître les beautés répandues dans les Auteurs & pour en juger sainement : on renverroit souvent à ce Traité dans les Notes qu'on feroit sur les Auteurs à ce sujet, & par-là elles seroient beaucoup moins longues qu'elles ne devroient être sans cela ; le changement alternatif des Classes entre les Professeurs de Troisiéme & de Seconde ; la division de la Rhétorique en deux Classes, dont la Seconde soit remise après la Philosophie.

N°. 3. La Classe de Troisiéme mérite une attention particuliere à cause qu'elle est la derniere pour plusieurs Ecoliers qui prennent un autre parti que celui des études : comme ils ne font pas leur Philosophie, il faut leur procurer quelques connoissances qui suppléent jusqu'à un certain point à celles qu'ils y auroient apprises, & c'est pour cela que les derniers des petits Traités dont nous avons parlé leur conviendroient très-bien. Ce sont ceux de la Sphère & des principes de la Géographie, de l'Histoire Naturelle, & sur-tout des quatre Élémens qui contiendroient quantité de connoissances intéressantes, comme on le peut voir dans la seconde Addition aux Réflexions sur les Prix de l'Université. Mais ce qui leur seroit plus utile, seroit un petit Traité dont on a parlé (Art. XV.) qui contiendroit des observations sur les principales sources des erreurs dans lesquelles on tombe souvent, soit dans les sciences, soit dans l'usage & le commerce ordinaire de la vie. Ces Traités comme on voit seroient très-avantageux aux jeunes gens qui quittent leurs études avant la Philosophie, soit après la Troisiéme immédiatement, soit après l'une ou l'autre des deux Classes suivantes, & ils disposeroient les autres à faire leur Philosophie avec plus de fruits, parce qu'ils entendroient beaucoup plus aisément ce qu'on leur enseigneroit dans la Classe de Physique.

N°. 4. Le principal moyen pour la Philosophie, lequel renferme presque tous les autres, ce seroit de composer une Philosophie exacte & bien digérée qui seroit imprimée, & destinée à l'usage de tous les Colléges. Elle devroit renfermer sur-tout deux avantages, l'un d'être claire, & facile autant qu'il seroit possible, l'autre de ne traiter que des matieres utiles au commun des Étudians. C'est un secours indispensable pour que les jeunes gens puissent remporter dans tous les Colléges le succès qu'ils peuvent retirer de cette étude importante. Mais ce qui mérite une attention particuliere, ce sont les Démonstrations métaphysiques de plusieurs propositions de Mathématiques qui procureront aux Etudians plus de pénétration & de justesse, & les rendront capables de trouver par eux-mêmes quelquefois des raisons ou des preuves qu'ils voudroient sçavoir de quelques vérités connues, comme aussi certaines vérités qu'ils chercheront avec application.

N°. 5. Voici les moyens qui sont communs & convenables à toutes les Classes. Le premier sont les bons Livres touchant la Religion qu'il faut mettre entre les mains des Etudians, & avoir soin qu'ils en fassent l'usage qu'il convient, en leur demandant compte de ce qu'on leur auroit donné à étudier. Un autre moyen général pour exciter l'émulation dans les Classes de Quatriéme & des autres d'un degré supérieur, ce sont des examens qu'il faudroit faire environ quatre fois l'année dans chaque Collége par les soins & sous la direction des Principaux, outre ceux faits sous la direction de M. le Recteur, comme on l'a expliqué dans les Réflexions sur les Prix de l'Université. Un troisiéme moyen encore plus général que le précédent & qui doit être mis en usage plus fréquemment afin d'exciter l'émulation, c'est de rendre intéressantes pour les Etudians les matieres dont traitent les Livres qu'on leur met entre les mains, en leur représentant l'utilité qu'ils en retireront, en leur donnant une idée des personnages dont il est parlé & en leur exposant ce qui est plus capable de les intéresser. Enfin un quatrieme moyen pour empêcher que les Etudians ne se rebutent, ce seroit d'avoir égard à leur facilité & à leur dispositions pour la longueur des devoirs, sur-tout par rapport aux leçons de mémoire : ainsi il faudroit donner une moindre tâche aux uns qu'aux autres.

Nº. 5. Entre les Etudians ce sont les Commençans, lesquels sont toujours des enfans, au moins dans les Colléges & les Pensions, qui méritent le plus d'attention ; il faut donc leur procurer toutes les facilités possibles. Or, on peut voir que par les moyens qui ont été proposés on leve sept difficultés principales, dont plusieurs leur causent des peines continuelles ; (je parle sur-tout de ceux qui n'ont point de Précepteurs particuliers, & on sçait que c'est le grand nombre :) voici ces difficultés. La premiere est d'entendre les régles de la Méthode & de la Syntaxe : elle sera levée par l'Article VI ; la seconde de faire la construction ; la troisieme de voir quel est le mot qu'il faut chercher dans le Dictionnaire latin ; la quatrieme de choisir la signification qui convient aux mots latins dans les Phrâses de l'Auteur : ces trois difficultés seront levées par les Commentaires de l'Art. VII ; la cinquieme pour le choix des mots latins dans la composition des Thêmes ; cette difficulté & la suivante seront levées par l'Art. IX ; la sixieme pour l'application des régles de la Méthode : elles seroient indiquées par des chiffres dans les Thêmes imprimés, lorsque cela paroîtroit nécessaire ; la septieme enfin pour la longueur des devoirs & sur-tout des leçons de mémoire ; voyez Article XVIII. Plusieurs de ces difficultés sont souvent insurmontables aux Commençans & capables de les rebuter. Or, ces difficultés ne font pas inféparablement attachées à l'étude du Latin, puiqu'on peut aifément les lever par les moyens qui ont été expofés : pourquoi donc ne le feroit-on pas ?

LIV. Nous avons montré la néceffité d'un Réglement, tant pour fixer l'ordre & la difcipline des Colléges & des Penfions, que pour prefcrire les Exercices des Claffes, les Auteurs qu'on y devroit expliquer, les Livres d'inftructions & de piété que l'on y feroit voir ; afin que l'on fît la même chofe par-tout ; c'eft-à-dire, dans toutes les Claffes du même degré, par exemple de Troifiéme, qu'on y donnât les mêmes inftructions, & que tout cela fe fît le mieux qu'il feroit poffible. Or, pour que ce Réglement fe faffe avec la prudence & la fageffe requifes pour une affaire de cette importance, il faut que l'Efprit de religion préfide à fa compofition : *Nifi Dominus ædificaverit Domum, in vanum laboraverunt qui ædificant eam.* Il ne fuffiroit donc pas pour y réuffir, d'avoir des talens naturels, ou acquis quand même ils feroient fupérieurs ; il faut que cet Efprit de religion dirige les Auteurs, fans cela on ne cherchera que le brillant & l'éclat qui peuvent fe trouver dans l'inftruction de la jeuneffe : on ne s'occupera effentiellement que des moyens de cultiver l'efprit, & on négligera ceux de former le cœur, qui ne feront regardés que comme un petit acceffoire dans l'éducation de la Jeuneffe en comparaifon du foin & de l'attention qu'on aura pour cultiver les qualités de l'efprit, & alors cette éducation fera plutôt pernicieufe qu'utile, tant aux jeunes gens, qu'à la Société même : on peut comparer les talens de l'efprit aux richeffes ; lorfqu'ils font féparés

des qualités louables du cœur, on en fait infailliblement un mauvais usage qui tourne au
préjudice & au malheur, tant des Particuliers
qui ont ces talens, que des autres avec lefquels ils ont rapport, en un mot, de la Société.

LV. Nᵒ. 1. Il en est du Réglement dont il
s'agit, considéré par rapport aux principes &
à l'esprit qui doivent servir de guides, comme
du choix des Maîtres à qui on veut confier
l'instruction de la Jeunesse : si on ne prend pas
la Religion pour guide dans ce choix, on ne
fera presque attention qu'à la science & aux talens brillans : cependant il y a une qualité qui
est encore plus nécessaire à un Maître : c'est
celle de sçavoir se mettre à la portée des jeunes gens. (Nous supposons qu'il a non pas une
science profonde ni des talens brillans, mais
seulement une science compétente.) C'est même cette seconde qualité qui est la plus difficile
à acquérir par soi-même : voilà ce qui est requis
dans un Maître pour cultiver l'esprit de ses
Eléves : mais il est encore plus nécessaire qu'il
sçache former leur cœur. Or, pour pouvoir y
parvenir, il doit avoir une connoissance assez
étendue de la Religion, qui n'est pas toujours
réunie à celle des sciences naturelles & à l'érudition. Outre ces trois qualités, la science qu'il
faut enseigner, acquise jusqu'à un certain degré, le talent de se mettre à la portée des jeunes
gens, & une connoissance suffisante de la Religion ; il y en a encore une quatrieme qui est
nécessaire, sur-tout pour un Maître public qui
est chargé d'enseigner des jeunes gens dans une
Classe assez nombreuse, c'est de sçavoir les
contenir dans l'ordre & la discipline, sans

néanmoins uſer d'une certaine contrainte , & ſans employer des châtimens ſévères , ſi ce n'eſt dans des cas très-rares , & pour des fautes qui l'exigent indiſpenſablement.

Nº. 2. C'eſt donc une erreur groſſiere que de croire qu'un homme qui a bien de la ſcience , ou peut-être bien du brillant , eſt dès-là même propre à être un bon Maître. On peut dire que cette qualité portée juſqu'à un degré ſupérieur , eſt la moins néceſſaire des quatre que nous venons de marquer , parce qu'il ſuf-fit abſolument d'avoir une ſcience compétente , & que d'ailleurs il eſt facile de l'acquérir à un degré ſupérieur quand on la poſſede déja à un degré moindre , telle à peu prés qu'elle ſe trou-ve dans un jeune homme qui a fait ſes Claſſes avec ſuccès ; il ne faut pour devenir plus habi-le , que de l'étude & de l'application. Il n'en eſt pas de même de la ſeconde & de la quatrie-me qualités : on ne les acquiert ordinairement , du moins la ſeconde , qu'après bien des an-nées d'exercice ; & cependant un Maître ne peut être auſſi utile à ſes Ecoliers qu'il le doit , ſans cette qualité qui conſiſte à expoſer les matieres avec beaucoup d'ordre & de clarté , afin de les mettre à la portée des Ecoliers & de les rendre attentifs. Quand un Maître poſſede bien ce talent , il n'y a rien de ce qu'il doit en-ſeigner qu'il ne puiſſe faire entendre à ſes Ele-ves , à ceux mêmes qui n'ont que des diſpoſi-tions médiocres pour les Sciences.

LVI. Nº. 1. C'eſt ce qui fait voir la néceſ-ſité d'une Maiſon d'inſtitution pour élever des Maîtres , où l'on formeroit des jeunes gens , non-ſeulement pour les ſciences & la piété , mais auſſi où l'on s'appliqueroit particuliére-

ment à montrer la maniere d'enseigner avec le
plus de méthode & de netteté qu'il seroit possible. Et de plus on leur apprendroit comment
il se faut conduire à l'égard des Ecoliers, sur-
tout dans une Classe, afin de les contenir, &
encore afin d'attirer leur confiance, sans laquelle il n'est presque pas possible de leur être
utile pour leur former le cœur. Il est certain
que sans cet établissement, jamais l'instruction
& l'éducation publiques de la Jeunesse ne se
feront avec le succès que l'on désireroit : (j'entends dans la plûpart des Ecoles.)

N°. 2. Mais si cet établissement est à désirer
dans tous les temps, on peut dire qu'il est devenu nécessaire dans celui où nous sommes,
pour conserver les bonnes mœurs, & sur-tout
la Religion dans les Sujets que l'on choisit
pour Maîtres des jeunes Etudians, ou au
moins pour avoir une assurance raisonnable
qu'ils en ont. On sçait quels efforts l'irréligion & l'impiété font pour s'étendre & s'intro-
duire par-tout, tant par les discours que par
les Livres remplis de faux principes que l'on
avance pour attaquer la Religion ; on voudroit
la détruire, s'il étoit possible, afin de pouvoir
s'abandonner à ses passions sans remords. Ce
ne seroit pas assez dire qu'on n'a jamais vû tant
de Livres impies : il y a quarante à cinquante
ans qu'ils étoient très-rares, & qu'on en trou-
voit à peine quelques-uns, sur-tout de ceux
qui sont à la portée du commun des Lecteurs ;
aujourd'hui il y en a en foule ; il faut même
être sur ses gardes, pour ne pas tomber sur
quelqu'un de ce genre, lorsqu'on veut s'appliquer à la lecture ou faire quelque acquisition de
Livres. Or, il arrive souvent que les jeunes,

gens pendant le cours de leurs études, ou
après les avoir faites, ont la curiosité de lire
quelques-uns de ces mauvais Livres, dont ils
entendent parler, & peut-être avec éloge,
sous prétexte qu'ils sont bien écrits; ils se li-
vrent à leur curiosité, & comme ordinairement
ils sont presque comme des enfans à l'égard de
la connoissance des fondemens de la Religion
& des principes qui en établissent la certitude,
ils sont ébranlés par des difficultés que les Auteurs proposent avec un air d'assurance, comme font les Charlatans à l'égard de leurs Drogues. Or cet air d'assurance est capable d'en
imposer à des jeunes gens inconsidérés qui sont
sans armes & sans défense sur cette matiere, au
lieu qu'ils regarderoient ces mêmes difficultés
comme de vaines subtilités & de mauvaises
chicanes qui ne valent pas la peine de s'en occuper, s'ils étoient bien instruits des preuves
démonstratives & évidentes de la vérité de la
Religion Chrétienne.

N°. 3. Une Maison d'institution les préser-
veroit de ces Livres & de ces discours capables
de les pervertir. De plus, on les y instruiroit
des fondemens solides de la Religion: car cette
étude est devenue nécessaire aux jeunes gens
qui s'appliquent aux Belles-Lettres & aux
Sciences, à cause des dangers ordinaires dont
nous venons de parler. Enfin, on pourroit les
connoître avec assurance par rapport aux mœurs
& à la Religion, lorsqu'il s'agiroit d'en prépo-
ser quelques-uns à l'instruction de la Jeunesse,
puisqu'on les auroit suivis depuis l'âge d'environ douze à quatorze ans, plus ou moins, lorsqu'ils seroient entrés dans cette Maison; au
lieu qu'il est presqu'impossible de connoître

avec quelque affurance ceux qui n'ont pas été
fuivis de la forte. On peut bien exiger d'eux
des certificats de Mœurs & de Religion qui
leur font accordés par des Curés ou des Ma-
giftrats, ou même des Evêques des lieux d'où
viennent ces jeunes gens : mais trop fouvent
ces témoignages ne font que des preuves incertaines, malgré les noms refpectables dont ils
font décorés : on fçait affez combien il eft facile
d'en impofer à cet égard aux perfonnes qui donnent ces témoignages : peut-être même qu'un
Curé ne les donne en certains cas que parce
qu'il craint d'y être comme forcé, n'ayant
point de preuves juridiques à alléguer pour
autorifer fon refus. Or, quel malheur ne fe-
roit-ce pas pour l'Eglife & pour l'Etat, fi des
Sujets, dont l'efprit feroit infecté par l'irréligion, étoient admis pour inftruire la Jeuneffe, fur-tout dans des Ecoles publiques, établies pour l'y élever chrétiennement ? Ce feroit comme l'abomination de la défolation in-
troduite dans le Lieu-faint.

LVII. N°. 1. On ne peut donc trop prendre
de précautions pour que les Etudians aient toujours de bons Maîtres, foit pour l'enfeignement, foit pour la maniere de les élever & de
les conduire, il faut premiérement former avec
le plus grand foin les jeunes gens que l'on def-
tine à cette fonction, & enfuite choifir entr'eux
ceux qui y font les plus propres. Dans l'Univerfité de Paris ce choix appartient aux Principaux des Colléges : & tout confidéré, ce
choix eft mieux entre leurs mains qu'en celles
de tout autre, tant à caufe qu'ils font à portée
de bien connoître les Sujets, foit Maîtres communs, foit Précepteurs particuliers, qui font

dans leurs Colléges, que parce qu'ils ont toute
forte d'intérêts de faire un bon choix ; car d'a-
bord c'est un devoir essentiel pour eux, en fecond lieu cela est de leur honneur, & de plus
les bons Professeurs attirent les Pensionnaires
dans un Collége. Ajoutez que c'est le principal moyen 1°. de récompenser les Maîtres fu-
balternes qui leur ont rendu service par rapport à l'éducation de la Jeunesse : 2°. d'entretenir l'union entre le Chef & les Professeurs ; car
ceux-ci lui étant redevables de leur place, il est
naturel qu'ils aient pour lui les égards & les
déférences nécessaires pour conserver le con-
cert & la bonne intelligence dans le Collége,
qui fans cela feroit exposé à la discorde. Il paroît donc que cet usage de l'Université est le
plus avantageux pour le bon ordre & pour l'é-
ducation de la Jeunesse.

N°. 2. Il feroit hors de propos d'objecter
des cas particuliers où il y auroit de l'inconvénient à laisser ce droit entre les mains de certains Principaux. En fait de Réglement, il faut
prendre le parti qui pour l'ordinaire est le plus
avantageux. Il y a feulement un cas, où il
conviendroit que le choix du Principal fût confirmé par quelques autres personnes connues
pour leur probité : ce feroit quand il nommeroit un proche parent, comme un frere ou un
neveu : il feroit bon que dans ce cas son droit
fut restraint, de peur qu'il ne fût féduit ou
trompé par la forte inclination qu'il auroit de
faire du bien à un homme auquel il tiendroit de
fi près par les liens du fang. Au reste on pourroit rendre encore les Principaux plus attentifs
à choisir des Sujets convenables aux Chaires
de Professeurs, en chargeant une Compagnie

du soin de veiller aux nominations qu'ils feroient. Il conviendroit que ce fût le Tribunal
de la Faculté des Arts , dans l'Univerfité de
Paris , & le Bureau du Collége dans les Villes
où il n'y auroit point d'Univerfité. La crainte
d'être repris & défaprouvés par ce Tribunal,
engageroit les Principaux le moins réguliers à
fuivre la régle de leur devoir dans cette importante fonction.

LVIII. On pourroit étendre l'objet de l'infpection de ce Tribunal, (celui de l'Univerfité
de Paris,) à d'autre cas , afin que tous les Maîtres fuffent exacts à remplir leurs devoirs. Il
feroit à fouhaiter qu'il fût compofé des Procureurs & des Cenfeurs des Quatre Nations , &
qu'il y eût une forme d'élection pour les choifir,
qui fût telle que l'on pût être moralement affûré
que ces places importantes feroient toujours
remplies , toutes ou prefque toutes par des
Sujets qui mériteroient la confiance du Public:
(*a* & afin qu'il y eût moins de changement
dans le gouvernement académique, il faudroit
que ces Chefs fuffent chacun deux ans en place,
enforte qu'une Nation nommeroit fon Procu-
reur une année , & fon Cenfeur l'année fuivante. A plus forte raifon faudroit-il que le
premier Chef, c'eft-à-dire, M. le Recteur fût
pour deux ans en place, fans qu'il eût befoin
pour y refter de nouvelles élections de trois
mois en trois mois, afin qu'il fût plus libre pour
veiller à la difcipline , & pour l'entretenir.
Rien ne contribueroit plus à maintenir une

____

(*a*) Il y a un Mémoire touchant la maniere de faire
le choix de M. le Recteur, des Procureurs & des Cenfeurs : c'eft le fixieme du Recueil imprimé en 1763.

bonne difcipline & un ordre convenable dans l'Univerfité, que ce Tribunal compofé d'un Chef & de Membres auffi refpectables, qui feroient en place pendant plus long-temps qu'ils n'y font felon l'ufage actuel. On fent bien qu'ils feroient les chofes avec douceur & avec les ménagemens qui conviennent à l'état des Maîtres, étant eux-mêmes les Confreres de ceux qui feroient fujets à leur infpection, & chacun d'eux y étant auffi expofé. Cette confidération eft des plus importantes, & fuffit pour faire juger qu'ils n'employeroient le pouvoir attaché à leur place, que de la maniere que pourroient raifonnablement demander ceux qui en feroient l'objet. Et afin de ménager l'honneur des Maîtres, & qu'ils ne perdiffent pas la confiance des Ecoliers, il paroîtroit à propos que les affaires ordinaires qui feroient de la compétence de ce Tribunal, y fuffent Jugés en dernier reffort, à moins qu'il ne fût queftion de priver un Maitre de fon état. Ce feroit à peu près comme dans les Préfidiaux qui Jugent fans appel des caufes dont l'objet ne monte pas au-delà d'une certaine fomme. Par la même raifon il ne faudroit pas pour l'ordinaire & fans une néceffité indifpenfable citer un Maître pour venir rendre raifon de fa conduite devant le Tribunal, mais feulement devant M. le Recteur qui lui diroit ce dont il feroit chargé. Il paroît par ce qu'on vient de dire que l'infpection qu'on fuppofe être attribuée au Tribunal de la Faculté des Arts, ne conviendroit pas à d'autres qu'à des Membres de l'Univerfité, fi ce n'eft peut-être dans des cas paffagers & extraordinaires.

Nous ajouterons encore par rapport à ce

Tribunal que lorsque les affaires feroient plus importantes qu'à l'ordinaire, il feroit à propos que l'on appellât l'Ex-Procureur & l'Ex-Cenfeur de chaque Nation avec l'Ex-Recteur pour juger conjointement avec les Membres ordinaires du Tribunal : les Jugemens qui y feroient portés en feroient plus refpectés ; on y déféreroit plus volontiers ou avec moins de peine. Il feroit même à fouhaiter que la Faculté des Arts s'en remît pour l'ordinaire dans les affaires qui la regardent, au jugement de cette Compagnie qui feroit compofée de perfonnes éclairées & prudentes qu'elle auroit choifies elle-même, par l'organe de chaque Nation. On auroit plus de confiance aux décifions d'une Compagnie telle que celle dont il s'agit, & on compteroit plus fur fa fageffe & fes lumieres que fur celles de la multitude.

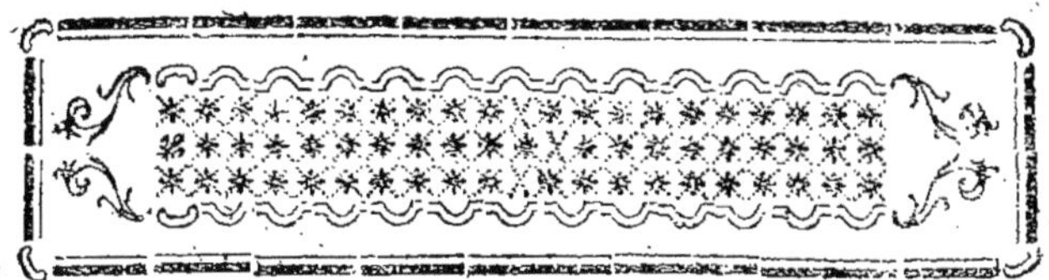

PREMIERE ADDITION.

NOTIONS D'ARITHMETIQUES.

AVERTISSEMENT.

TOut ce qui est dans cette Addition n'est pas également convenable aux enfans qui commencent leurs études : il y a des choses qui supposent qu'ils sont déja un peu plus avancés : telles sont celles que l'on trouvera sur les usages de la division, sur les fractions, & quelques autres notions qui sont à la suite. Mais la plûpart de celles que l'on trouvera sur les premieres notions de la Géométrie s'entendront aisément, parce qu'on peut les rendre sensibles par le moyen des Figures. J'en dis à peu près autant de celles qui regardent la Sphère & le Globe terrestre; il est aisé, par exemple, à un jeune Eleve de concevoir ce que c'est que l'équateur, en lui montrant ce cercle sur un Globe, car il verra facilement, si on le lui montre, que ce cercle est également éloigné des deux poles, & qu'il coupe le Globe en deux parties égales, l'une septentrionale, & l'autre méridionale. Il en est de même des autres cercles dont il concevra aisément la situation, en les lui montrant sur le Globe.

Il seroit à souhaiter qu'il y eût quelque exercice pour accélérer & augmenter l'ouverture d'efprit dans les enfans, afin qu'ils foient en état d'entrer plus aifément dans les connoiffances qu'on veut leur apprendre. Or, je crois qu'il n'y auroit rien de plus propre à cette fin que certaines notions & opérations de l'Arithmétique qui feroient à leur portée , & auffi les premieres notions des élémens de Géométrie. Je fuppofe les enfans d'environ huit ans , un peu plus , un peu moins. Je fuppofe auffi qu'on les inftruife fur l'Arithmétique , non dans une Claffe où il y ait beaucoup d'enfans qui fe détournent les uns les autres, mais étant en moindre nombre.

Art. I. On leur apprendroit, par exemple, à compter par dix jufqu'à cent. On leur feroit donc rapporter les nombres de dix en dix, en difant, dix, vingt, trente, quarante, &c. & on leur feroit remarquer que vingt c'eft 2 fois 10, que trente eft 3 fois 10, que quarante eft 4 fois 10 , &c. ou autrement, que deux fois 10 font 20 , trois fois 10 font 30, ainfi de fuite jufqu'à cent. On leur demanderoit donc combien font 2 fois 10 , 3 fois 10, 4 fois 10 , jufqu'à 10 fois 10 ; & après leur avoir fait dire ces multiplications de fuite, on les leur demanderoit fans ordre. On feroit à peu près la même chofe pour le nombre cinq.

On reviendroit au nombre dix : on l'ajouteroit plufieurs fois fucceffivement à un nombre comme 18 , en difant , 18 & 10 c'eft 28, 28 & 10 c'eft 38, 38 & 10 c'eft 48 , & ainfi de fuite. On leur feroit remarquer que quand on fçait les fommes qui viennent par l'addition de dix, on trouve aifément celles qui fe forment en ajoutant des nombres un peu plus petits ou un peu plus grands que 10, comme 8 , 9, ou les autres 11 , 12. Car fi l'on fçait que 26 & 10 font 36, on verra aifément que 26 & 8 font 34, & que 26 & 12 font 38, c'eft-à-dire deux de moins ou de plus que fi on ajoutoit 10.

On leur fera remarquer que comme on dit vingt & un, vingt-deux, vingt-trois, vingt-quatre, &c. & de même par rapport à trente, quarante, cinquante & les autres multiples ou compofés de dix, **on devroit dire auffi dix-un, dix-deux, dix-trois, dix-quatre, dix-cinq, dix-fix,** comme l'on dit **dix-fept, dix-huit, dix-neuf:** mais qu'à caufe du fréquent ufage de ces premiers nombres qui fuivent dix, on leur a donné des noms particuliers, qui font onze, douze, treize, quatorze, quinze & feize.

II. On leur apprendra à nommer les nombres qui contiennent environ 4 ou 5 chiffres, ou tout au plus 7. On leur dira donc 1°. que le dernier chiffre d'un nombre marque toujours des unités; 2°. que l'avant dernier marque des dixaines; 3°. le précédent des centaines; 4°. celui qui eft avant les centaines marque des mille; le précédent des dixaines de mille; 6°. le précédent des centaines de mille; 7°. enfin, le précédent des millions; enforte qu'il faut qu'il y ait fept chiffres dans un nombre pour que le premier fignifie des millions. Dans 53, le 5 marque cinq dixaines ou cinquante; dans 653, le 6 marque fix centaines ou fix cens; dans 8653, le 8 marque des mille; ainfi ce dernier nombre fignifie huit mille fix cens cinquante-trois. Quand il y a un zéro en quelque rang on obmet ce rang en nommant le nombre; par exemple, 8053 ne contient point de centaines, & 8003 ne contient ni centaines ni dixaines; ainfi pour nommer 8003, on dit huit mille trois.

III. Outre qu'il faut sçavoir nommer les nombres marqués en chiffres, on a encore besoin de les sçavoir écrire. Or, pour cela il faut observer qu'il y a une tranche de trois rangs, ou de trois chiffres pour chaque classe, ou chaque division des nombres. Voici quatre de ces classes qui sont plus que suffisantes pour l'usage ordinaire, celle des milliards, celle des millions, celle des mille, & celle des unités. Chacune de ces classes contient trois rangs, sçavoir celui des centaines, celui des dixaines, & celui des unités : il y a par exemple, des centaines, des dixaines, & des unités de mille; des centaines, des dixaines, & des unités simples. On dit des unités de millions ou de mille, quand il y en a moins de dix : ainsi 8 millions, 6 mille sont des unités de millions & de mille. Nous appellons unités simples les nombres moindres que dix, comme 9, 5, 4.

Nous avons dit qu'il y a trois rangs à chaque tranche d'un nombre; il faut pourtant en excepter la premiere qui n'en a quelquefois que deux ou même un seul. Ainsi dans ce nombre 68407, la tranche des mille n'a que deux rangs marqués par 6 & 8, & dans cet autre 4500 elle n'en a qu'un marqué par 4. Quand il y a six ou sept chiffres dans un nombre ou davantage, on en sépare souvent les tranches par des virgules comme on le voit ici, 15, 640, 032.

Cela posé, pour marquer un nombre en chiffres, on écrira chaque tranche sans faire attention à ce qui suit, comme si la tranche que l'on écrit devoit être seule : ainsi, pour marquer en chiffres trente-six millions, huit cens quatre mille, soixante-cinq, j'écrirai d'a-

bord la tranche des millions fans m'embarraffer
des fuivantes, & de même celle des mille, &
enfin celle des unités : Je mettrai donc 36, enfuite 804, & enfin 065, ce qui fera le nombre 36804065. J'ai mis un zéro au rang des
dixaines de mille, & un au rang des centaines
fimples, parce que ces parties de nombre ne
font pas énoncées dans le nombre propofé. Le
nombre trente millions cent vingt-trois s'écrit
ainfi, 30, 000, 123, en mettant des zéros
dans les quatre rangs de fuite pour lefquels il
n'y a point de parties de nombre énoncées. Ces
quatre rangs font les unités des millions, & les
trois rangs des mille. Tout cela foit dit pour les
jeunes gens un peu avancés. Quant aux enfans d'environ huit à neuf ans, il fuffit qu'ils fçachent écrire les nombres qui ne contiennent pas
plus de quatre chiffres.

IV. On demandera encore aux enfans les
parties les plus ordinaires de plufieurs nombres ; je veux dire la moitié, le quart, le tiers ;
quelle eft, par exemple, la moitié de 12, de
16, de 20, de 24, de 36, de 40, le quart de
ces mêmes nombres, & d'autres ; le tiers de
12, de 15, de 18, de 24, de 30, de 60. Il
faut les exercer quelque-temps à trouver ces
parties des nombres.

On leur fera remarquer que le quart d'un
nombre eft la même chofe que la moitié de la
moitié de ce nombre. Ainfi pour avoir le quart
de 20 on en peut prendre d'abord la moitié qui
eft 10, & enfuite la moitié de 10 qui eft 5, &
par-là on voit que le quart de 20 eft 5, parce
que 5 eft la moitié de la moitié de 20.

On leur feroit obferver qu'un cinquieme,
un fixieme, un huitieme, font la même chofe

que la cinquieme partie , la fixieme, la huitieme ; & par conféquent qu'un fixieme eft moindre qu'un cinquieme , parce que fi l'on partage
quelque chofe comme un pain, en fix parties
égales, chacune de ces parties eft moindre que
fi on n'avoit partagé le pain qu'en cinq parties
égales. La chofe que l'on partage eft appellée
le Tout. De même un vingtieme eft moindre
qu'un dixieme ; il n'en eft que la moitié; parce
que 20 eft double de 10. Pareillement un douzieme n'eft que la moitié d'un fixieme, & un
huitieme n'eft auffi que la moitié d'un quatrieme que l'on appelle autrement un quart. Par
une raifon femblable un douzieme eft le tiers
d'un quatrieme.

V. On pourroit pour exercer les enfans leur
faire quelques queftions femblables aux fuivantes : on leur demanderoit , par exemple , quel
eft le tiers & demi d'un nombre, comme de 10:
ils feroient fort embarraffés de le dire, fi on
ne leur faifoit pas remarquer que le tiers & demi d'un nombre eft la même chofe que la moitié , parce que dans un Tout il y a trois tiers.
Mais après cette obfervation ils verront aifément que le tiers & demi de 10 eft 5. Pareillement , en fuppofant qu'une douzaine d'œufs
coute 12 fols, on peut leur demander quel eft
le prix de chacun : quoique la chofe foit claire,
plufieurs ne pourront répondre à la queftion
propofée faute d'exercice en ce genre. Mais
après qu'on leur aura dit que le prix de chaque
œuf feroit un fol, parce qu'il y auroit autant
d'œufs que de fols ; on pourra leur demander
quel feroit le prix de chacun fi la douzaine
coutôit 18 fols, c'eft-à-dire 12 fols, plus 6 fols;
on leur dira que puifqu'à douze fols la dou-

zaine chacun coute un fol, & que 6 eft la moitié de 12, il s'enfuit que fi la douzaine coute 12 f. plus 6 f. chacun coutera un fol, plus la moitié d'un fol, c'eft-à-dire en tout, un fol & demi. On leur feroit entendre de même qu'à 9 fols la douzaine un œuf couteroit les trois quarts d'un fol, c'eft-à-dire, trois liards, parce que 9 eft les trois quarts de 12. De même, fi la douzaine coutoit 20 fols, chaque œuf reviendroit à un fol 8 deniers, qui font les deux tiers d'un fol, parce que 20 fols c'eft la même chofe que 12 fols, plus 8 fols; or, 8 font les deux de 12. Quand bien même les jeunes Eleves ne pourroient pas donner la folution de ces queftions, il feroit néanmoins utile de les leur propofer, en leur faifant fentir la vérité de la folution qu'on leur donneroit.

VI. Après cela, on leur apprendra à multiplier les dix premiers nombres les uns par les autres, par exemple, par trois en difant, 3 fois 1 c'eft 3, 3 fois 2 c'eft fix, 3 fois 3 c'eft 9, 3 fois 4 c'eft 12, &c. De même par 4, par 5, par 6, jufqu'à 10. On leur dira les noms des trois nombres qui appartiennent à la Multiplication, fçavoir le multiplicande, le multiplicateur & le produit. Le multiplicande ou multiplié, c'eft le nombre qu'on multiplie, le multiplicateur, c'eft le nombre par lequel on multiplie, & le produit, c'eft le nombre qui vient de la Multiplication. Ainfi, quand on multiplie 5 par 3, le multiplicande eft 5, le multiplicateur eft 3, & le produit eft 15. Le multiplicande & le multiplicateur s'appellent auffi racines du produit. 5 & 3 font les racines de 15.

VII. Lorfque les deux racines font égales le

produit eſt appellé *quarré* : le quarré de 5 eſt 25, le quarré de 6 eſt 36, celui de 8 eſt 64. Le quarré de 1 n'eſt pas différent de la racine, parce que une fois 1 c'eſt 1. Les deux racines égales n'en ſont proprement qu'une. Ainſi, on peut dire qu'un quarré eſt le produit d'un nombre multiplié par lui-même : ce nombre eſt la racine. Quand on multiplie le quarré par la racine, le produit s'appelle *cube*. Ainſi le cube de 5 eſt 125, parce qu'en multipliant 25 quarré de 5 par 5, le produit eſt 125. Pareillement le cube de 3 eſt 27, & le cube de 2 eſt 8 ; mais le cube de 1 eſt 1, de même que 1 eſt auſſi le quarré de 1. Nous aurons beſoin dans la ſuite de cette notion du cube.

Dans la multiplication des dix premiers nombres les uns par les autres, il faut faire remarquer les quarrés aux enfans : ils ne ſont pas difficiles à retenir ; car il n'y en a que neuf après celui de 1 : ce ſont 4 quarré de 2, 9 quarré de 3, 16 celui de 4, 25 celui de 5, 36 celui de 6, 49 celui de 7, 64 celui de 8, 81 celui de 9, & 100 celui de 10. Quand on ſçait ces quarrés, on peut aiſément trouver les produits qui en approchent le plus, ou en moins ou en plus. Si on ſçait que 7 fois 7 font 49, on verra aiſément que 8 fois 7 font 56 en ajoutant 7 à 49. Mais pour faire entendre plus facilement aux jeunes gens que 49 & 7 font 56, on pourra leur demander d'abord combien font 50 & 7, ils répondront ſans peine que c'eſt 57, & alors ils verront que 49 & 7 font 56, parce que 49 eſt moindre que 50 d'une unité. Ils verront de même que 48 & 8 font 56, à cauſe que 48 eſt moindre que 50 de 2.

VIII. On ſuppoſe ordinairement ſans le prouver

prouver que le produit de deux nombres eſt le même, ſoit qu'on multiplie le premier par le ſecond, ſoit qu'on multiplie le ſecond par le premier; ainſi le produit des deux nombres 3 & 5 eſt le même en multipliant 3 par 5, ou bien 5 par 3. Cela eſt vrai; mais non pas auſſi évident qu'on le ſuppoſe : on peut même dire que cette vérité priſe en général a beſoin de preuve. En voici une que l'on pourra expliquer aux jeunes gens un peu avancés : Prenons un exemple pour y faire l'application. 6 fois 8 eſt la même choſe que 8 fois 6. Pour le prouver, je partage le plus grand nombre 8 en parties dont la premiere ſoit 6 qui eſt égale au premier nombre, & les deux autres ſont 1 & 1, ainſi au lieu du ſeul nombre 8 il faut prendre les trois 6 + 1 + 1, (ce ſigne + ſignifie plus.) Or, je dis que le produit de 6 + 1 + 1 par 6 eſt le même que celui de 6 par 6 + 1 + 1, parce que l'un & l'autre contiennent préciſément les mêmes parties, comme il eſt aiſé de le voir; car l'un & l'autre produits contiennent 36 + 6 + 6.

Mais quoiqu'il ſoit indifférent, pour la grandeur du produit, lequel des nombres on prenne pour multiplicateur, lorſqu'on en veut multiplier deux l'un par l'autre, ſouvent il ne l'eſt pas pour la facilité de trouver le produit. Par exemple, ſi les jeunes gens ſçavent le produit de 7 par 7, la plûpart trouveront plus facilement celui des deux nombres 8 & 7 en multipliant 7 par 8 qu'en multipliant 8 par 7.

IX. On avertira auſſi les jeunes gens que rien n'eſt plus facile que de multiplier un nombre par 10; car il n'y a qu'à mettre un zéro à la ſuite de ce nombre marqué en chiffres ordinai-

H

res qu'on appelle *arabes* : ainſi le produit de 6
par 10 eſt 60, celui de 64 par 10 eſt 640. On
trouvera par-là aſſez aiſément les produits par
9 & par 11, en retranchant le multiplicande
du produit par 10, ſi c'eſt par 9 qu'on multiplie, ou en ajoutant le multiplicande à ce produit, ſi c'eſt par 11. On verra donc que le
produit de 6 par 9 eſt 54 qui eſt moindre que
60 de 6, & que le produit de 6 par 11 eſt 66
plus grand que 60 de 6.

On pourra faire entendre aux jeunes gens la
raiſon de cette pratique pour multiplier par 10.
La voici ; c'eſt qu'en ajoutant un zéro à la ſuite
d'un nombre, la valeur de chacun de ſes chiffres
devient dix fois plus grande. Dans le nombre
64, le 4 marque ſeulement quatre unités qu'on
exprime en diſant ſimplement quatre, au lieu
de dire quatre unités, & le 6 ſignifie 6 dixaines
ou autrement ſoixante : mais dans 640 le 4
marque 4 dixaines ou 40, & le 6 ſignifie 6 centaines ou ſix cens.

Le produit par 10 fera connoître encore plus
aiſément le produit par 5 que celui par 9 ou par
11, puiſqu'il n'y aura qu'à prendre la moitié du
produit par 10. Ainſi le produit de 6 par 5 eſt
30, moitié de ſoixante ; celui de 64 par 5 eſt
320, parce que ce nombre eſt la moitié de 640,
produit de 64 par 10.

Si on vouloit multiplier un nombre par 100,
il faudroit écrire deux zéros à la ſuite de ce
nombre, & pour le multiplier par 1000 il en
faudroit écrire trois : ainſi le produit de 64 par
100 eſt 6400, & celui de 64 par 1000 eſt
64000.

On fera remarquer aux jeunes gens que
quand on multiplie le zéro d'un nombre, le pro-

duit n'est qu'un zéro ; ainsi, si on multiplie 50 par 7, le produit de zéro sera zéro, & le produit entier de 50 sera 350. Ce zéro n'est pas inutile, puisqu'il sert à augmenter la valeur des chiffres précédens.

Il faut aussi leur apprendre à faire l'Addition & la Soustraction des nombres incomplexes, c'est-à-dire, ceux qui ne contiennent qu'une espece de quantité, par exemple, des livres sans sols ni deniers. Ces deux opérations leur feront plaisir, sur-tout si les nombres sur lesquels ils auront à opérer ne sont pas considérables.

X. On les exercera de même utilement à trouver la moitié des nombres marqués en chiffres en prenant la moitié de chaque chiffre & l'écrivant au - dessous comme on le voit ici

$$\left\{ \begin{array}{l} 5274. \\ 2637. \end{array} \right.$$ On les avertira que quand un chiffre

marque un nombre impair, on en ôte une unité qui est une dixaine à l'égard du chiffre suivant : ainsi dans l'exemple qu'on vient de rapporter on ôte 1 de 5, il reste 4 dont la moitié est 2 que l'on écrit sous 5. Ensuite on dit 10 & 2 c'est 12 dont la moitié est 6. La dixaine que l'on a ajoutée avec 2 c'est l'unité qui a été ôtée du 5 précédent ; car chaque unité d'un chiffre vaut une dixaine du chiffre suivant.

S'il n'y a qu'une unité dans un rang & qu'on n'ait rien retenu du chiffre précédent, on écrira zéro sous l'unité, & on retiendra 10 pour le chiffre suivant. On écrira de même zéro sous zéro si on n'a rien retenu du chiffre précédent. Voici un exemple pour les deux cas

$\left\{\begin{array}{l} 6140. \\ 3070. \end{array}\right.$ Si on a retenu quelque chose du chiffre précédent, on se réglera sur l'exemple suivant $\left\{\begin{array}{l} 7130. \\ 3565. \end{array}\right.$

On pourra appliquer les notions précédentes à quelques exemples : ainsi on peut s'en servir pour faire trouver aux jeunes gens combien il y a de jours dans l'année ; en les avertissant qu'il y a cinquante-deux semaines, & un jour ou deux de plus ; ils multiplieront 52 par 7 à cause que 52 semaines font 52 fois 7 jours, ou ce qui revient au même, 7 fois 52 jours. Ils pourront prendre les parties qui se présentent dans 52 qui font 50 & 2 qu'ils multiplieront chacune par 7. Ils auront les deux produits 350 & 14 qu'ils ajouteront ensemble, & la somme 364 sera le produit de 52 par 7. Si donc on ajoute 1 on aura la somme 365 qui est le nombre de jours contenus dans l'année commune : & l'année bissextile qui arrive de quatre en quatre ans, en contient 366.

XI. Après ces notions de la Multiplication, on peut donner celles-ci sur la Division qui est l'Opération opposée à la Multiplication, de même que la Soustraction est opposée à l'Addition, (on suppose les jeunes gens un peu plus avancés pour la suite.) La Division est une opération par laquelle on partage un nombre en plusieurs parties égales ; par exemple, si on partage 20 en 4 parties égales qui seront chacune cinq, cela s'appelle diviser 20 par 4. Il y a trois nombres qui appartiennent à la Division de même qu'il y en a trois dans la Multiplication, ces trois nombres sont le dividende qui est le nombre à diviser, le diviseur qui est celui par lequel on divise, & le quotient qui est chacune des parties égales du dividende.

Dans l'exemple qu'on vient de rapporter, 20 est le dividende, 4 est le diviseur, & 5 est le quotient. Le dividende est toujours partagé en autant de parties qu'il est marqué par le diviseur, par exemple, en 4 parties égales si le diviseur est 4, & en 10 parties, si le diviseur est 10. Il suit delà que si le diviseur est 4, le quotient sera la quatrieme partie du dividende, & si le diviseur est 10, le quotient sera la dixieme partie du même nombre.

XII. Pour diviser un nombre par 10 il faut en effacer le dernier chiffre; par exemple pour diviser 640 par 10 il faut ôter le zéro, & le nombre restant 64 sera le quotient de 640 divisé par 10; ce qui fait voir que 64 est la dixieme partie de 640. De même 50 est le quotient de 500 divisé par 10; ainsi 50 est la dixieme partie de 500.

Si le dernier chiffre qu'on retranche est positif, c'est-à-dire, différent du zéro qui est un chiffre négatif, parce qu'il ne signifie rien par lui-même, mais qu'il sert seulement à augmenter la valeur des chiffres précédens; si, dis-je, ce dernier chiffre est positif, comme si le nombre étoit 645 au lieu de 640, alors il y auroit un reste à ajouter à 64; ce reste seroit la fraction $\frac{5}{10}$ qu'on nomme en disant cinq dixiemes, (nous parlerons dans la suite des fractions) le quotient de 507 divisé par 10 est 50, plus $\frac{7}{10}$ c'est-à-dire, sept dixiemes.

Après ce qui a été dit touchant la Multiplication par 10, on voit bien qu'en retranchant le dernier chiffre d'un nombre les autres ne va-

H iij

lent plus que la dixieme partie de ce qu'ils va-
loient, & c'est ce qu'on cherche en divisant par
10, car le quotient doit être alors le dixieme
du nombre proposé.

Si on vouloit diviser par 5 on pourroit d'a-
bord diviser par 10, & ensuite multiplier le
quotient par 2, parce que un cinquieme contient deux dixiemes. Ainsi pour avoir le cinquieme de 90 on divisera d'abord par 10 en
ôtant le zéro, puis on multipliera le quotient
9 par 2, le produit 18 sera le quotient de 90
divisé par 5.... S'il faut diviser 94 par 5, on divisera d'abord par 10, le quotient sera 9, plus
la fraction $\frac{4}{10}$. On multipliera ensuite ce quotient par 2, on aura 18 plus $\frac{8}{10}$ qui sera le quotient de 94 par 5.

Pour avoir la fraction $\frac{8}{10}$ qui est double de la
premiere $\frac{4}{10}$, on a multiplié le chiffre supérieur
4 de cette fraction par 2, & c'est ainsi qu'il faut
opérer pour avoir le produit d'une fraction par
un nombre entier, c'est-à-dire, qui n'est pas
une fraction, car ce mot *entier*, quand il s'a-
git de nombres, est opposé à fraction : ainsi le
produit de $\frac{3}{10}$ par 2 est $\frac{6}{10}$ & celui de $\frac{3}{10}$ par 3
est $\frac{9}{10}$, c'est-à-dire, neuf dixiemes.

XIII. Si on vouloit diviser par 20, on di-
viseroit d'abord par 10, ensuite on prendroit
la moitié du quotient, parce que le vingtième
d'un nombre n'est que la moitié du dixième :
ainsi, pour diviser 640 par 20, on le divisera
d'abord par 10, le quotient sera 64, dont on
prendra la moitié, qui est 32, c'est le quotient
de 640, divisé par 20 ; & si le nombre à diviser par 20 étoit 645, on chercheroit d'abord
le quotient par 10, c'est 64, plus $\frac{5}{10}$, & ensuite on prendroit la moitié de ce quotient :

c'est 32 plus $\frac{2}{10}$, qui est le quotient cherché. Pour avoir la moitié de la fraction $\frac{5}{10}$, on l'a divisée par 2, en multipliant le nombre inférieur par 2; car c'est ainsi qu'on divise une fraction, sçavoir; en multipliant le nombre inférieur par le diviseur, parce qu'en rendant ce nombre plus grand, la valeur de la fraction diminue, la fraction $\frac{5}{20}$ vaut moins que la fraction $\frac{5}{10}$; elle n'en est que la moitié, puisque la vingtième partie d'un tout n'est que la moitié de la dixième.

On tire de ces pratiques, une méthode facile, pour trouver le dixième ou le vingtième d'une somme de livres. Pour avoir, par exemple, le dixième de 836 livres, on retranchera le dernier chiffre 6, que l'on doublera, & le double 12 marquera des sols : mais les deux chiffres restans, 83, feront des livres : ainsi le dixième de 836 livres, est 83 livres 12 sols. Voici la raison de cette méthode : On voit bien, par ce qui a été dit, que s'il y avoit 830 livres, il faudroit ôter le zéro, & le reste 83 livres feroit le dixième de 830 livres; mais comme 836 livres contient 6 livres de plus que 830 livres, il faut encore prendre le dixième de 6 livres. Or le dixième d'une livre ou de 20 sols est 2 sols : ainsi le dixième de 6 livres est 6 fois 2 sols, ou, ce qui revient au même, 2 fois 6 sols, c'est-à-dire, qu'il faut doubler le dernier chiffre 6, que l'on a retranché du nombre 836, & que ce chiffre doublé exprimera des sols, qu'il faut ajouter au nombre de livres, marquées par 83 : ainsi la somme 83 livres 12 sols est le dixième de 836 livres. Que si on vouloit avoir seulement le vingtième de ce nombre 836 liv. il faudroit, après avoir trouvé le dixième 83 l.

H iv

12 fols, en prendre la moitié, qui eft 41 livres
16 fols ; ces 16 fols viennent de ce qu'en prenant la moitié de 3 livres, il eft refté une livre,
qu'il faut joindre à 12 fols, ce qui fait 32 fols,
dont la moitié eft 16 fols. On prend la moitié
du dixième, pour avoir le vingtième, parce
que, comme on l'a déja dit, un vingtième
n'eft que la moitié d'un dixième.

XIV. QUAND les jeunes gens fçauront ce
qui précéde, il fera bon de les exercer un peu
fur les fractions, en leur donnant des notions
qui feront à leur portée. Entre celles que l'on
va expofer, il y en a quelques-unes qui fuppofent qu'ils font déja un peu avancés. On leur
dira d'abord qu'une fraction fuppofe qu'une
chofe, qu'on appelle un *Tout*, eft divifée en
plufieurs parties égales, eft divifée, dis-je,
ou réellement ou au moins par la penfée,
comme fi on conçoit qu'une fomme de 15 fols
eft partagée en cinq parties égales, auquel cas
chacune de ces parties feroit trois fols, parce
que 5 fóis 3 font 15. Une fraction eft compofée
de deux nombres pofés l'un au-deffus de l'autre, & féparés par une petite ligne, comme $\frac{3}{5}$,
que l'on exprime, en difant *trois cinquièmes*.
Un cinquième, veut dire la cinquième partie
d'un tout. Le chiffre fupérieur fe nomme *Numérateur*, & l'inférieur *Dénominateur*. Dans
cette fraction $\frac{3}{5}$, 3 eft le numérateur, & 5 eft
le dénominateur. On les appelle auffi les deux
termes de la fraction. Le dénominateur marque en combien de parties égales le tout eft
divifé ou réellement ou feulement par la penfée ; & le numérateur indique combien la fraction renferme de ces parties. Si on veut mar-
quer un cinquième, on met $\frac{1}{5}$. De même $\frac{1}{4}$ & $\frac{1}{3}$,

fignifient un quart, un tiers; ou, autrement un quatrième & un troifième. Si on vouloit marquer le tiers du quart, on mettroit $\frac{1}{3}$ de $\frac{1}{4}$: & pour connoître quelle partie du tout eft marquée par cette expreffion, il faut multiplier les numérateurs l'un par l'autre, & auffi les deux dénominateurs: ce qui feroit un $\frac{1}{12}$: ainfi un $\frac{1}{3}$ de $\frac{1}{4}$ eft $\frac{1}{12}$. Cela paroîtra en l'appliquant à un exemple: $\frac{1}{4}$ d'un pied eft 3 pouces, & $\frac{1}{3}$ de 3 pouces eft 1 pouce, qui eft $\frac{1}{12}$ d'un pied. L'enfemble des deux fractions $\frac{1}{3}$, $\frac{8}{4}$ forme une fraction compofée, qui eft $\frac{1}{3}$ de $\frac{1}{4}$. On voit donc, par ce que nous venons de dire, que pour réduire une fraction compofée à une fraction fimple, il faut multiplier l'un par l'autre les numérateurs, & en faire de même par rapport aux dénominateurs, & les deux produits qui font ici, 1 & 12, forment la fraction réduite $\frac{1}{12}$, qui marque la valeur de la fraction compofée, dont on auroit peine à appercevoir la valeur, fi on ne la réduifoit pas à une fraction fimple, telle que $\frac{1}{12}$, qui fignifie un douzième, ou la douzième partie d'un tout; par exemple, d'un pied, d'un fol, &c.

XV. Ce qu'il y a de fingulier dans les fractions, c'eft qu'on peut augmenter ou diminuer la grandeur des nombres ou des termes qui les compofent, quoique la valeur de la fraction demeure la même, pourvû que l'augmentation ou la diminution des deux termes fe faffe dans la même proportion; par exemple $\frac{3}{2}$ eft de la même valeur que $\frac{6}{4}$. En général, lorfqu'on multiplie les deux termes d'une fraction par un même nombre, la fraction ne change pas de valeur. Ainfi comme on a multiplié les deux termes de la fraction $\frac{3}{12}$ par 2, la nouvelle fraction $\frac{6}{24}$ eſt de même valeur que la premiere $\frac{3}{12}$. La raiſon en eſt que ſi le numérateur 6 marque deux fois plus de parties, auſſi le dénominateur 24 montre que ces parties ſont deux fois plus petites que celles qui ſont marquées par 12 : car, ſi on diviſe un Tout en 24 parties égales, chacune ne ſera que la moitié de celles qu'on auroit eues en le diviſant ſeulement en 12 parties égales.

XVI. On peut tirer de ce que nous venons de dire un moyen aiſé de connoître la différence de la valeur de deux fractions qui ont des dénominateurs différens : il faut pour cela les réduire au même dénominateur ſans en changer la valeur. Or pour cet effet, il n'y a qu'à multiplier les deux termes de chacune par le dénominateur de l'autre. Soient par exemple les deux fractions $\frac{2}{3}$ & $\frac{3}{4}$ d'une aune : on veut ſçavoir quelle en eſt la différence. Pour cela on multiplie les deux termes de la premiere par 4 dénominateur de la ſeconde, & de même les deux termes de la ſeconde par le dénominateur 3 de la premiere, on aura les deux nouvelles fractions $\frac{8}{12}$ & $\frac{9}{12}$ qui ont même dominateur, & qui d'ailleurs ſont de même valeur que les deux premieres. Or il eſt évident que la premiere des deux réduites eſt moindre que la ſeconde d'un douzieme ; c'eſt-à-dire, de la douzieme partie d'une aune. Par la même méthode on trouvera que les deux fractions $\frac{1}{2}$ & $\frac{2}{3}$ différent entr'elles d'un ſixieme, parce qu'en les réduiſant au même dénominateur elles deviennent $\frac{3}{6}$ & $\frac{4}{6}$: de même les deux ſuivantes $\frac{1}{3}$ & $\frac{2}{5}$ différent d'un trentieme, parce qu'en les réduiſant elles deviennent $\frac{6}{10}$ $\frac{4}{10}$.

Si on n'augmente que le numérateur sans changer le dénominateur, la fraction sera plus grande. La fraction $\frac{6}{12}$ est plus grande que $\frac{3}{12}$, puisque les parties sont égales de part & d'autre, sçavoir des douziemes, & qu'on en prend 6 dans la premiere fraction & 3 seulement dans la seconde. Si au contraire on n'augmente que le dénominateur, la valeur de la fraction devient moindre : la fraction $\frac{3}{24}$ est plus petite que $\frac{3}{12}$. On sent bien que de pareilles notions sont propres à exercer l'esprit des jeunes gens & à leur donner de l'ouverture. En voici encore d'autres capables de produire le même effet.

XVII. Pour multiplier une fraction par une autre fraction on multiplie les deux numérateurs l'un par l'autre, & aussi les deux dénominateurs de la même maniere : ainsi le produit des deux fractions $\frac{2}{3}$ & $\frac{6}{12}$ est $\frac{12}{36}$ qui est égale à $\frac{4}{12}$, parce que les termes de celles-ci sont chacun le tiers des termes de l'autre $\frac{12}{36}$.

On remarquera que cette fraction $\frac{12}{36}$ ou son égale $\frac{4}{12}$ est moindre que $\frac{6}{12}$: elle n'en est que les deux tiers, puisque 4 n'est que les deux tiers de 6 : cependant cette fraction $\frac{12}{36}$ ou $\frac{4}{12}$ est le produit de $\frac{6}{12}$ par $\frac{2}{3}$. Or comment se peut-il faire que le produit soit moindre que le multiplicande ? En voici la raison : multiplier par $\frac{2}{3}$ c'est prendre les deux tiers du multiplicande, comme multiplier par trois c'est prendre le triple du multiplicande. Or il est clair que les deux tiers du multiplicande sont moindres que le multiplicande. En général le produit est moindre que le multiplicande, . . . que la fraction qui sert de multiplicande . . . c'est-à-dire, quand le numérateur . . . ne l'unité : que le dénominateur.

Je dis que la fraction est moindre que l'unité quand le numérateur est moindre que le dénominateur. L'unité c'est le tout que l'on conçoit divisé en autant de parties égales qu'il est marqué par le dénominateur. Or il est évident que si le numérateur est égal au dénominateur, la fraction contiendra toutes les parties du Tout, ni plus ni moins. Elle sera donc égale au Tout qui est l'unité. Par conséquent si le numérateur est moindre que le dénominateur, la fraction est plus petite que l'unité : & au contraire si le numérateur est plus grand que le dénominateur, la fraction sera plus grande que l'unité : par exemple $\frac{14}{12}$ d'un pied, c'est-à-dire, 14 pouces sont plus grands qu'un pied ; mais $\frac{12}{12}$ d'un pied ou 12 pouces sont égaux à un pied.

XVIII. Il suit de ce qui a été dit, que, si une fraction est moindre que l'unité, son quarré est plus petit que cette fraction : prenons par exemple la fraction $\frac{2}{3}$. Pour en avoir le quarré, on multipliera chacun de ses deux termes par lui-même, & on aura $\frac{4}{9}$ qui est par conséquent le quarré de $\frac{2}{3}$. Or cette fraction $\frac{2}{3}$ est plus grande que $\frac{4}{9}$, puisqu'en multipliant les deux termes 2 & 3 par 3, ce qui ne changera pas la valeur de la fraction, on aura $\frac{6}{9}$ égale à $\frac{2}{3}$. Or cette fraction $\frac{6}{9}$ est plus grande que $\frac{4}{9}$, puisque le numérateur de la premiere est plus grand que celui de la seconde, & que les dénominateurs sont égaux.

D'ailleurs, le produit est moindre que le multiplicande lorsque le multiplicateur est plus moindre que l'unité. Or dans le quarré d'une fraction qui est la fraction même, le multiplicateur est la fraction même, est moindre que l'unité. Donc le produit qui est ici le quarré, doit être moindre que le multiplicande qui est aussi la fraction, car elle est multiplicande & multiplicateur, lorsqu'on en prend le quarré, puisqu'un quarré est le produit d'un nombre multiplié par lui-même.

Nous remarquerons encore qu'une fraction peut être énoncée en plusieurs manieres : par exemple, on peut énoncer la fraction $\frac{4}{12}$ en disant, quatre douziemes ; ou la douzieme partie de 4, ou enfin 4 divisés par 12. Toutes ces expressions reviennent au même. Supposons qu'il s'agisse d'un pied en longueur, qui, comme on sçait, contient 12 pouces ; 4 douziemes d'un pied font 4 pouces, & de même la douzieme partie de 4, c'est-à-dire, ici de 4 pieds est aussi 4 pouces, puisque la douzieme partie de chaque pied est un pouce : enfin 4 pieds divisés par 12 donnent pareillement 4 pouces. Cette derniere expression présente la même idée que la seconde. Or, cette seconde marque la même valeur que la premiere, comme il paroît en comparant l'une & l'autre avec celle-ci $\frac{1}{12}$ dont le numérateur est l'unité ; car il est clair que chacune des deux signifie une quantité quatre fois plus grande que $\frac{1}{12}$ d'un pied, c'est-à-dire, un douzieme ou la douzieme partie d'un pied. De même la fraction $\frac{3}{5}$ de 20 sols peut être exprimée par 3 cinquiemes de 20 sols, ou par la cinquieme partie de 3 fois 20 sols. Chacune de ces expressions marque une quantité 3 fois plus grande que $\frac{1}{5}$ de 20 sols.

XIX. Nous avons parlé de six opérations de l'Arithmétique, qui sont 1°. la numération ou l'énonciation des nombres marqués en chiffres ; 2°. l'expression des nombres en chiffres, ou écrire des nombres en chiffres ; 3°. l'Addition, 4°. la Souſtraction , 5°. la Multiplication , 6°. enfin la Diviſion. On n'en compte ordinairement que quatre qui ſont les quatre dernieres; elles ſont fondamentales , parce qu'elles ſervent à toutes les autres dont la principale eſt la Régle de trois, autrement Régle de proportion : elle conſiſte à trouver un nombre proportionnel à trois autres qui ſont connus , comme ſi on diſoit , en 4 jours un homme a fait 10 toiſes d'ouvrage , combien en fera-t-il en 8 jours en travaillant également chaque jour ? Les trois nombres connus ſont 4 , 10 , 8 , & le nombre de jours que l'on cherche eſt le quatrieme terme proportionnel à ces 3 , c'eſt 20 : car ſi un homme a fait 10 toiſes en 4 jours , il en fera 20 en 8 jours.

XX. Cela nous donnera occaſion d'expliquer ici ce que c'eſt qu'une raiſon & une proportion , dont les notions pourront être entendues par des Ecoliers de Cinquiéme ou de Quatriéme. La raiſon de deux nombres eſt la maniere dont le premier nombre contient le ſecond: ainſi la raiſon ou le rapport de 12 à 4 eſt 3 ou doɩt être marqué par 3 , parce que le premier nombre 12 contient 3 fois le ſecond.

Le premier nombre qui eſt comparé à l'autre s'appelle *antécédent* : c'eſt ici 12 ; & le ſecond eſt appellé *conſéquent* , c'eſt 4. L'antécédent peut être moindre que le conſéquent , comme dans la raiſon de 7 à 14 ; & alors l'antécédent ne contient le conſéquent qu'en partie : dans ce dernier exemple le 7 ne contient que la moitié de 14. L'antécédent & le conſéquent s'appellent *termes* de la raiſon ou du rapport.

Quand on compare deux raiſons l'une avec

l'autre, elles peuvent être égales ou inégales. Elles font égales, lorfque les deux antécédens contiennent chacun leurs conféquens de la même maniere : ainfi la raifon de 12 à 4 eft égale à celle de 15 à 5 ; & alors on dit que les deux raifons forment une porportion.

Une proportion eft donc l'égalité de deux raifons. On a coutume de la marquer en mettant 4 points entre les deux raifons & un point feulement entre les deux termes de chacune, en cette maniere, 12 . 4 :: 15 . 5. On exprime cette proportion en difant : 12 eft à 4 comme 15 eft à 5, ou bien 12 & 4 font entr'eux comme 15 & 5, & encore, la raifon de 12 à 4 eft égale à celle de 15 à 5 ; enfin, on dit auffi, 12, 4, 15, 5 font en proportion ou bien font proportionnels. Quatre nombres ou quatre termes font donc en proportion lorfque la raifon des deux premiers eft égale à celle des deux autres, ou ce qui revient au même, lorfque le premier contient le fecond de la même maniere que le troifieme contient le quatrieme. Ce n'eft pas feulement les nombres qui peuvent être en proportion ; mais auffi les lignes, les furfaces, les corps & toutes fortes de grandeurs.

Les deux termes qui font entre le premier & le quatrieme, s'appellent *moyens* ; & les deux autres fe nomment *extrêmes* : ainfi dans notre exemple, 4 & 15 font les deux moyens, & 12 & 5 font les extrêmes.

Voici la propriété fondamentale ou principale de la proportion : *le produit des extrêmes eft égal à celui des moyens* : ainfi dans l'exemple propofé le produit de 12 par 5 eft égal à celui de 15 par 4 : l'un & l'autre eft 60. On donnera la preuve de cette proportion dans la troifieme Addition. Quand les antécédens ne contiennent pas également les conféquens, les raifons font inégales. Ainfi la raifon de 12 à 4 & celle de 10 à 5 font inégales : la feconde eft moindre que la premiere.

La raifon & la proportion dont nous venons de parler s'appellent *géométriques* pour les diftinguer d'une raifon & d'une proportion qu'on nomme *arithmétiques* qui ne font pas à beaucoup près d'un fi grand ufage que les premieres. Auffi quand on dit fimplement raifon & proportion fans rien fpécifier, cela s'entend de la raifon & de la proportion géométriques.

XXI. On pourroit conjointement avec ces notions d'Arithmétique exercer utilement les enfans fur une quantité de chofes qui fe comptent par fept, cela donneroit lieu de leur procurer un grand nombre de notions qui leur feroient utiles dans la fuite & qui feroient la fource d'autres connoiffances. Nous en apporterons plufieurs exemples en commençant par quelques-uns de ceux qui ont rapport à la Religion : les fept Dons du Saint-Efprit, les fept Vertus, dont trois *théologales* & quatre appellées *cardinales* ou *morales*, (a) fept fortes d'Œuvres de miféricorde fpirituelles & autant de corporelles, (Catéchifme de Montpel. part. 2, fect. 2 ch. 4.) fix chofes odieufes au Seigneur & une feptieme qu'il détefte, c'eft celui qui feme des diffenfions entre les Freres, (Proverbes, chap. VI.) les fept Demandes du Pater, les fept Péchés capitaux, les Sept Sacremens, les fept degrés

____

(*a*) On voit bien qu'il faudroit dire aux enfans les membres de chacune de ces divifions & des fuivantes, & les expliquer.

du Sacrement de l'Ordre, dont trois appellés *majeurs* & quatre *mineurs*, les sept premiers Livres de l'ancien Testament, qui tous ensemble se nomment *heptateuque*, & dont les cinq premiers composés par Moïse s'appellent *pentateuque*, les sept Epîtres Catholiques, les sept Jours de la Semaine, dont les six premiers sont caractérisés par les Ouvrages que Dieu a créés chacun de ces Jours : le Dimanche est remarquable entre les autres par la Résurrection de N. S. arrivée en ce premier Jour. Les sept Vaches grasses & les sept Vaches maigres du Songe de Pharaon, Roi d'Egypte, & aussi les sept Epis pleins & les sept autres, les sept Jours auxquels les Israélites conduits par Josué firent le tour de Jéricho, en portant l'Arche, une fois chacun des six premiers Jours & sept fois le dernier. Sept années pour bâtir le Temple de Salomon à Jérusalem. Naaman, Général des Armées de Benadad, Roi de Syrie, fut guéri de la lépre après s'être lavé sept fois dans le Jourdain par l'ordre du Prophéte Elisée. Les sept années de punition de Nabuchodonosor, Roi de Babilone, pendant lesquelles il fut réduit à l'état des bêtes. Les sept Freres Machabées, qui souffrirent le martyre par l'ordre de l'impie Antiochus, Roi de Syrie. Les sept Diacres choisis par les premiers Fidèles à Jérusalem selon l'ordre des Apôtres. Le nombre de sept se trouve appliqué bien d'autres fois, tant dans l'ancien que dans le nouveau Testament. Nous passons à d'autres applications.

Sept Fêtes chomées, établies en mémoire d'autant de circonstances de la Vie de N. S. La Fête de l'Incarnation, celle de la Naissance, de la Circoncision, de la Manifestation ou Epipha-

nie , de la Préfentation au Temple, de la Ré-
furrection & de l'Afcenfion. Pour ce qui eft de
la Fête du Saint-Sacrement, elle a été inftituée
pour honorer N. S. J. C. dans l'Euchariftie,
plutôt que pour faire mémoire de quelques circonftances de fa Vie. Il y a auffi fept principales Fêtes de la Sainte Vierge, celle de la Con-
ception, de la Nativité, de fa Préfentation,
de l'Annonciation, de la Vifitation, de la Puri-
fication & de l'Affomption. Deux de ces Fêtes
ne font pas chomées, celles de la Préfentation
& de la Vifitation. On compte fept dégrés de
Fêtes : Annuel, grand Solemnel, petit Solemnel, double Majeur, double Mineur, femi-
Double & Simple. Sept Propriétés ou Caracteres de l'Eglife, l'Unité, la Sainteté, la Catho-
licité, l'Apoftolicité, la Vifibilité, l'Infaillibité
& la Perpétuité. Les fept époques principales
de l'Hiftoire de la Religion, la Création du
Monde, le Déluge univerfel au temps de Noé,
la Vocation d'Abraham, la Sortie des Ifraélites
hors de l'Egypte, la Fondation du Temple de
Jérufalem par Salomon, la fin de la Captivité
de Babylone, & enfin la Naiffance de N. S. de
laquelle on commence à compter les années,
quand on dit, par exemple, que nous fommes
en 1769. Ces époques font les commencemens
des fept âges du Monde, dont le dernier qui a
commencé à la Naiffance de N. S. ne fe termi-
nera qu'à la fin des fiécles

XXII. Voici quelques autres exemples du nombre de fept, tirés de chofes naturelles ou des
établiffemens des hommes. Il y a fept Planetes, fept Métaux, fept Points remarquables du
Monde, le Centre, les deux Poles, le Nord, le
Sud, l'Orient & l'Occident qu'on appelle l'Eft

& l'Ouest. On peut remarquer sept principaux
Cercles dans la Sphère, l'Equateur, le Méridien, l'Horison, l'Ecliptique, le Zodiaque &
deux autres especes qui sont les deux Tropiques, & les deux Cercles polaires. Sept especes d'Animaux, l'Homme qui est le seul raisonnable, & six autres, les Quadrupédes, les
Oiseaux, les Poissons, les Reptiles, les Insec-
tes & les Coquillages ou Testacés. Les sept
Couleurs primitives, le rouge, l'orangé, le
jaune, le verd, le bleu, l'indigo & le violet.
Sept Voyelles simples en comptant les trois especes d'e. Sept Lettres numérales qu'on appelle
Chiffres Romains : ce sont les Lettres majuscu-
les suivantes, I, V, X, L, C, D, M. Entre les
Arts manuels il y en a sept généraux employés à
satisfaire aux principaux besoins de l'homme ;
chacun des sept en renferme plusieurs autres.
Ces sept Arts sont l'Agriculture, la Boulan-
gerie à laquelle se rapporte la mouture des
grains, l'Architecture la plus simple pour bâtir
des maisons, la Métallurgie ou l'Art de façonner les Métaux & particuliérement le Fer, celui de préparer les Matieres pour les Habits, qui
renferme sur-tout ceux de faire des Toiles &
des Etoffes, & de façonner les Peaux ; l'Art de
saisir ou de prendre les Animaux qui servent
de nourriture aux Hommes & à d'autres usages : il renferme la Chasse & la Pêche ; enfin la
Chirurgie. Le premier après ces sept Arts est
l'Ecriture à laquelle se rapporte l'Imprimerie :
cet Art de l'Ecriture paroît être celui qui a été
le plus difficile à inventer à cause de la difficulté qu'il y a eu à remarquer les différens sons
qu'il falloit représenter par les lettres. On compte aussi sept Arts libéraux qui étoient fort cé-

lèbres dans le moyen âge : ce font la Grammaire, la Rhétorique, la Dialectique, l'A-
rithmétique, l'Aftronomie & la Mufique. Il y
a fept Mois de 31 jours chacun qui arrivent al-
ternativement avec les autres, **exc**epté Juillet
& Août qui font de fuite. Déc. & Janv. qui ont
chacun 31 jours font auffi de fuite ; mais en les
prenant ainfi ils n'appartiennent pas à la même
année. Sept Semaines depuis le Dimanche de la
Quinquagéfime jufqu'à Pâques, & encore fept
depuis Pâques jufqu'à la Pentecôte : ces quatorze
Semaines font le quart de l'année. Sept Répu-
bliques en Europe, celle de Vénife, celle des
fept Provinces unies, ce le des Suiffes, de Ge-
neve, de Gênes, de Lucques & de Ragufe :
celle-ci eft en Dalmatie, les deux précédentes
en Italie auffi bien que la premiere. Les fept
Merveilles du Monde. On appelle ainfi de
grands & magnifiques Ouvrages dont prefque
tous font des édifices : ce font les Murailles &
les Jardins de Babylone que l'on attribue à Se-
miramis, Reine des Affyriens, les Pyramides
d'Egypte, le Phare d'Alexandrie, Capitale
d'Egypte, c'étoit une Tour élevée, fur laquelle
on allumoit un fanal ou un feu pour fervir de
fignal aux Vaiffeaux qui approchoient de la Ville;
le Maufolée ou le Tombeau qu'Artemife, Reine de Carie dans l'Afie mineure, fit élever
pour Maufole fon mari, le Temple de Diane
d'Ephéfe, celui de Jupiter Olympien à Pife
dans le Péloponnefe, & le Coloffe de Rhode,
qui étoit une Statue de bronze, haute de
foxante-dix coudées. Les fept Sages de la Gre-
ce, Thalès de Milet, Pittacus de Mitylene,
Bias de Priene, Solon d'Athènes, Cléobule de
l'Inde, Périandre de Corinthe, Chilon de

Sparte. Sept Rivieres de l'ancien Monde, remarquables entre les autres, ou par leur grandeur, ou par leur renommée : ce font l'Inde, le Tigre, l'Euphrate, le Jourdain, le Volga, le Nil & le Danube ; les cinq prémieres font dans l'Afie, la fixieme en Afrique, & la feptieme en Europe. On pourroit de même remarquer fept principales Rivieres de France, & fept principaux Royaumes dans l'Europe.

Il eft facile de voir que cet exercice fur les nombres de fept peut fe faire de maniere qu'il devienne un amufement & une efpece de jeu pour les enfans. Il faut les engager à chercher par eux-mêmes quelques membres de la divifion dont il s'ag t, lorfque les Maîtres voient que cela fe peut : mais il faudra toujours leur en dire plufieurs pour les mettre fur la voie.

Indication de plufieurs Notions de Géométrie qui font à la portée des jeunes gens.

XXIII. On pourroit auffi donner aux jeunes gens des baffes - Claffes quelques notions des premiers élémens de Géométrie : elles ferviroient à la même fin que celles d'Arithmétique, & les mettroient en état d'entendre ce qu'on leur pourra dire dans la fuite, ou ce qu'ils pourront lire, par exemple touchant la Sphère & l. Géographie. Les notions, dont il s'agit, font fur-tout celles des lignes, des angles, des cer cles, &c. On leur diroit donc qu'il y a deu fortes de lignes, la droite & la courbe ; qu'il y a trois fortes de lignes droites comparées l'une à l'autre, les perpendiculaires, les obliques & les paralleles. On leur feroit remarquer que toutes les perpendiculaires entre deux parallele font égales, & que de même les lignes également inclinées entre deux paralleles font auffi égales entr'elles, que fi on tire d'un même point fur une ligne une perpendiculaire & une oblique, la premiere fera plus courte que la feconde ; & que s'il y a plufieurs obliques tirées de ce point fur une ligne droite, la plus éloignée de la perpendiculaire fera la plus longue. Après leur avoir donné la notion de l'Angle, on leur dira qu'il y en a de trois fortes, le droit, l'obtus & l'aigu, que tous les angles droits font égaux, & qu'il n'en eft pas de même des angles obtus, non plus que des angles aigus. On leur fera remarquer que la grandeur d'un angle ne dépend pas de la longueur des côtés, mais uniquement de leur ouverture vers le fommet. On pourra auffi leur faire remarquer que les angles oppofés au fommet font égaux, & que les angles alternes formés par deux paralleles, & une ligne qui les coupe, font auffi égaux entr'eux; que quand une ligne eft tirée fur une autre, elle forme deux angles dont la fomme eft égale à deux angles droits, & que fi deux lignes fe coupent, elles forment quatre angles dont la fomme eft égale à quatre angles droits. De même fi plufieurs lignes fe coupent au même point, la fomme de tous les angles qu'elles forment autour de ce point eft encore égale à quatre angles droits.

XXIV. On leur donnera auffi des notions touchant le Cercle : on leur expliquera ce que c'eft que le centre & la circonférence, les arcs, les degrés, les rayons, les diamètres & les cordes : on leur dira que tous les rayons font égaux, & que les diamètres font auffi égaux entr'eux, que le rayon eft la moitié du diamètre, que les cordes font d'autant plus grandes qu'elles font plus proches du centre , & que le diamètre èft la plus longue de toutes les cordes ; qu'il paffe par le centre & coupe le cercle & la circonfé-rence , chacun en deux parties égales. Je fup-pofe qu'on leur ait fait remarquer la différence entre le cercle & la circonférence, quoiqu'on donne fouvent le nom de cercle à cette ligne courbe ; la circonférence eft donc la ligne courbe qui termine un efpace de tout côté , & le cercle eft cet efpace terminé par la circonféren-ce. On pourra auffi leur dire que quand un an-gle a fon fommet au centre , il a pour mefure l'arc compris entre fes côtés, que la mefure d'un angle droit eft un quart de la circonférence ou 90 degrés , & que celle d'un angle aigu eft moindre que 90 degrés. On trouvera toutes ces notions expliquées dans le Traité in-12 , inti-tulé *Inftruction pour la Jeuneffe* , imprimé en 1758. Les enfans des baffes-Claffes les enten-dront fort bien par le moyen des Figures que l'on peut tracer aifément fur une planche ou fur un carton , & qui ont cela d'avantageux qu'elles fixent l'attention des enfans au moins pendant quelque-temps. Il vaut mieux leur faire fentir la vérité de ces notions par l'infpection des Fi-gures & quelques obfervations,que par des Dé-monftrations détaillées , telles que celles que l'on a coutume de donner.

XXV. Voici une application des quarrés en nombre dont on a parlé dans les notions d'Arithmétique, laquelle eft tirée des élémens de Géométrie, il s'agit de trouver combien il y a de parties d'un certain genre dans un quarré en furface. Un quarré en furface, autrement une furface quarrée eft celle dont la largeur eft

égale à la longueur , en supposant que les côtés
qui terminent la surface forment quatre angles
droits , par exemple , si la largeur d'une table
est égale à sa longueur , le dessus de cette table
sera un quarré. (On suppose ici que les côtés
de la table ne sont pas obliques ou inclinés l'un
sur l'autre.) Cela posé, si on a un quarré d'un
pied; c'est-à-dire, dont chaque côté soit d'un
pied en longueur on trouvera combien le
pied en quarré contient de pouces quarrés en
prenant le quarré du nombre de pouces que
contient le pied en longueur. Or, il en contient
12 : ainsi 144, qui est le quarré de 12, est le
nombre de pouces quarrés contenus dans le pied
quarré. On ne croiroit pas qu'il y eût un si grand
nombre de ces pouces dans un quarré d'un pied.
Une toise quarrée contient 36 pieds quarrés,
parce que 36 est le quarré de 6, & qu'il y a 6
pieds dans la toise en longueur : mais elle contient 5184 pouces quarrés , parce que ce nombre est le quarré de 72 , qui marque combien
il y a de pouces de longueur dans la toise. Cet
exemple peut servir à faire remarquer que les
quarrés différent beaucoup plus entr'eux que
les racines. Les quarrés 36 & 5184 différent
bien autrement que leurs racines 6 & 72.

Notions de la Sphère.

XXVI. Il y a aussi plusieurs notions de la
Sphère que l'on peut rendre sensibles aux Commençans par le moyen d'un Globe terrestre. Je
suppose qu'on leur ait expliqué ce que c'est
qu'un cercle & une circonférence, comme
nous l'avons fait ci - dessus , qu'on leur ait
dit qu'on la conçoit partagée en 360 parties
égales qu'on appelle *degrés* , & qu'il y en a autant

tant dans une petite circonférence que dans une grande ; enfin qu'on leur a donné l'explication d'arc, de diamètre, de corde, de rayon. Cela posé, on leur dira qu'il y a quatre grands cercles & quatre petits à remarquer entre les autres, soit dans la Sphère qu'on nomme *armillaire*, soit dans le Globe terrestre qui en peut tenir lieu. Les grands cercles partagent la Sphère ou le globe en deux parties égales que l'on appelle *hémisphéres*. Ils ont le même centre que la Sphère. Les petits la divisent en deux parties inégales.

XXVII. Les quatre grands cercles qu'il faut remarquer sont le Méridien, l'Equateur, l'Horizon, & l'Ecliptique. On leur dira, par exemple, pour leur donner une idée de l'Equateur qu'il est également éloigné des deux poles de la Sphère, & qu'il la partage en deux hémisphéres, dont l'un est appellé *septentrional* & l'autre *méridional.*

Le Méridien passe par le point vertical qu'on appelle *zénith*, par le point opposé qu'on nomme *nadir*, & par les deux poles du monde, le septentrional & le méridional, qu'on appelle aussi *arctique* & *antarctique*. Dans toute la partie septentrionale de la terre, le premier de ces poles est sur l'Horizon, & l'autre, qui lui est opposé, est au-dessous. Pour faire entendre la situation de l'Horizon, on dira que les objets dont la position est droite sur la terre, comme un homme qui est debout, les arbres & les édifices, sont perpendiculaires à ce cercle, & que son plan est situé comme la continuation d'une plaine qui n'est pas en pente ou inclinée Quant à l'Ecliptique, on leur montrera qu'il coupe obliquement l'Equateur, & qu'il touche les

I

deux tropiques. Il sert à montrer la route que
suit le Soleil dans son mouvement annuel qui se
fait d'Occident en Orient. Les quatre petits
cercles remarquables, sont les deux tropiques
& les deux cercles polaires. Ces quatre petits
cercles partagent la surface du Globe & de la
Sphère qui représente le Ciel en cinq bandes
qu'on appelle zones, qui sont la zone torride,
les deux zones tempérées, & les deux glaciales;
la zone torride est entre les deux tropiques,
chaque zone tempérée est entre un tropique &
le cercle polaire du même côté, & chacune des
zones glaciales est terminée par un des cercles
polaires. Ces deux dernieres zones sont plutôt
des calottes que des zones ou ceintures.

L'Equateur & l'Ecliptique sont les mêmes
pour tous les lieux de la terre, aussi bien que
les quatre petits cercles : mais le Méridien &
l'Horizon changent selon les lieux, avec cette
différence néanmoins qu'il n'y a que deux lieux
qui puissent avoir le même Horizon; sçavoir,
les deux points diamétralement opposés, l'un
d'un côté de l'Horizon & l'autre du côté opposé;
au lieu que tous les points qui sont dans la même direction d'un pole à l'autre ont le même
Méridien : ainsi le Méridien n'est différent que
pour les lieux qui sont plus ou moins orientaux
les uns que les autres.

XXVIII. On dira aussi qu'il y a trois situations
principales de la Sphère ou plutôt de l'Equateur par rapport à l'Horizon : ce qui donne lieu
à la distinction des trois Sphères, la droite, l'o-
blique & la parallele.

Les Peuples qui habitent l'Equateur de la
terre ont la Sphère droite ; c'est-à-dire, que
l'Equateur est perpendiculaire à leur Horizon ;

les cercles que le Soleil & les autres Astres dé-
crivent chaque jour sont droits sur leur Horizon, ou plutôt lui sont perpendiculaires. Les
Peuples qui seroient aux poles de la Terre auroient la Sphère parallele, & enfin tous les autres qui habitent entre l'Equateur & les poles
ont la Sphère oblique.

Dans cette derniere Sphère, les révolutions
journalieres des Astres sont obliques ou inclinées à l'Horizon, au lieu qu'elles sont paralleles à l'Horizon dans la Sphère parallele. Les
jours sont égaux aux nuits pendant toute l'année dans la Sphère droite ; & dans la Sphère
parallele il n'y a qu'un jour & une nuit pendant l'année entiere, mais ils sont l'un & l'autre de six mois chacun. Dans la Sphère oblique
il y a deux jours égaux aux nuits pendant l'année, c'est aux équinoxes, l'un du Printems,
l'autre d'Automne.

XXIX. On peut remarquer douze principaux points dans la Sphère sans compter le
centre ; sçavoir, quatre sur l'Horizon : ce sont
le Nord, le Sud, l'Orient & l'Occident, que
l'on appelle aussi le *Septentrion*, le *Midy*, *l'Est*
& *l'Ouest* ; de même quatre sur le Méridien,
qui sont les deux poles du monde, le point vertical ou zénith, & le point opposé appellé *nadir*. Enfin, il y a aussi quatre points sur l'E-
cliptique, les deux Equinoxiaux, & les deux
Solstitiaux. Les 2 premiers sont ceux où ce cercle coupe l'Equateur, & les 2 autres touchent
les Tropiques. Ces 4 points déterminent les
commencemens des 4 Saisons de l'année ;
car lorsque le Soleil est parvenu à ces points
par son mouvement annuel, c'est alors que les
Saisons commencent, sçavoir aux deux Equi-

noxes, & aux deux Solstices dont il faut assigner les jours. On dira aux jeunes gens qu'il y a deux poles sur la Terre qui répondent à ceux du Monde, que chaque pole est également éloigné de tous les points de l'Equateur; sçavoir, d'un quart de cercle ou de 90 degrés, tant dans le Ciel que sur la Terre, & que la ligne droite que l'on imagine entre les deux poles du Monde, s'appelle l'*axe* du Monde, & que celle qui est entre les deux poles de la Terre qui est une grosse boule est l'axe de la Terre: c'est une partie du premier axe. Pareillement le zénith & le nadir sont chacun également éloignés de tous les points de l'Horizon, je veux dire, de sa circonférence : cet éloignement est aussi mesuré par un quart de cercle. On pourra dire à ceux qui sont un peu plus avancés, ce que c'est que la longitude & la latitude, & on leur apprendra à les connoître sur les Cartes géographiques dont on leur fera remarquer les méridiens, les parallèles & sur-tout l'équateur, quand il s'y trouve, & encore les quatre points principaux, le Nord ou Septentrion, le Sud ou Midi, l'Est ou l'Orient, l'Ouest ou l'Occident.

XXX. On distingue deux mouvemens dans le Soleil, l'un diurne ou journalier & l'autre annuel. Le premier est celui par lequel le Soleil paroît faire son tour chaque jour d'Orient en Occident. Ce mouvement lui est commun avec les six autres Planetes, & toutes les Etoiles; en un mot avec tous les autres Astres; mais il n'est pas réel, il n'est qu'apparent : cette apparence vient de ce que la Terre tourne sur son centre d'Occident en Orient, & fait sa révolution en l'espace de vingt-quatre heures :

ainſi nous tournons conjointement avec la Terre en allant vers l'Orient, & c'eſt ce qui eſt cauſe que les Aſtres nous paroiſſent faire chaque jour leur révolution en ſens contraire ; c'eſt-à-dire, d'Orient en Occident, de même qu'il arrive à ceux qui ſont dans un batteau emporté ſelon le cours de l'eau ; car alors les objets qui ſont ſur le rivage, comme les arbres & les édifices leur paroiſſent avoir un mouvement oppoſé. Pour ce qui eſt du mouvement annuel du Soleil qui ſe fait d'Occident en Orient, en ſuivant l'Ecliptique, il eſt réel : car il faut, ou que le Soleil tourne autour de la Terre, ou que ce ſoit la Terre qui tourne annuellement autour de cet Aſtre. Or on a prouvé depuis peu que c'eſt à tort qu'on attribue un mouvement annuel à la Terre autour du Soleil. Il ne peut s'accorder ni avec la propagation ſucceſſive de la lumiere, ni avec l'aberration des Etoiles.

Expoſition d'une propoſition de Géométrie.

XXXI. Nous terminerons cette premiere Addition par un exemple qui ſervira à faire voir qu'on peut faire entendre à des enfans, (je les ſuppoſe d'environ 10 à 12 ans,) certaines propoſitions qui paroiſſent d'abord incompré-henſibles pour eux. Nous prendrons pour exemple ce Théorême célèbre de Géométrie, *les corps ſemblables ſont entr'eux en raiſon triplée de leurs lignes homologues.* Ces lignes homolo-gues ſont celles qui ſont ſituées de la même maniere dans les deux corps comparés, l'une dans le premier, l'autre dans le ſecond. On peut prendre les dimenſions ſemblables pour des lignes homologues ; c'eſt-à-dire, ou les longueurs , ou les largeurs , ou les profondeurs qu'on appelle autrement hauteurs. Je dis donc que l'on peut faire entendre cette propofition à un enfant d'environ 10 à 12 ans , en ne lui fuppofant qu'une capacité ordinaire à cet âge. Pour cela je lui dirois d'abord que deux corps font appellés femblables , lorfqu'ils ont même figure , quoique l'un foit plus gros que l'autre : par exemple , deux Globes , autrement deux Boules font des corps femblables , parce qu'ils ont la même figure. (Il feroit bon d'en avoir afin de les montrer au jeune Eleve & d'attirer fon attention.) Enfuite je lui ferois remarquer que les hauteurs des deux Boules en font des diamètres ; ainfi ces diamètres font des lignes homologues des Globes. Après cela je lui expliquerois ces mots *font entr'eux* : & pour les faire entendre , je prendrois des nombres comme 12 & 4 d'une part , & 15 & 5 de l'autre , & je lui dirois que 12 & 4 font entr'eux comme 15 & 5 , ce qui fignifie que 12 contient 4 de la même maniere que 15 contient 5 : 12 contient 4 trois fois , & 15 contient auffi 5 trois fois : ainfi dire que 12 & 4 font entr'eux comme 15 & 5 , c'eft la même chofe que fi l'on difoit que 12 contient autant de fois 4 que 15 contient 5. On peut dire de même que 8 & 4 font entr'eux comme 10 & 5.

Quand le jeune Eleve entendroit ces notions je lui rappellerois celle des cubes des nombres qui a été expofée ci-deffus. (Art. VII.) Je fuppofe que le diamètre du premier Globe ait 3 pouces de longueur & que celui de l'autre en ait deux ; le cube du premier diamètre fera 27 , & celui du fecond fera 8. Or , dire que les deux Globes font en raifon triplée de leurs diamètres, c'eſt comme ſi l'on diſoit qu'ils ſont comme les cubes de leurs diamètres. Ainſi dans notre exemple, le premier Globe ſera au ſecond comme 27 eſt à 8, enſorte que ſi on conçoit que le ſecond eſt partagé en 8 parties égales, le premier contiendra 27 de ces parties, ou autrement, ſi le ſecond peſe 8 onces le premier en peſera 27, en les ſuppoſant de même matiere. Ainſi le premier ſera preſque trois fois & demi plus gros que l'autre : il le ſeroit préciſément trois fois & demi s'il contenoit 28 parties : cependant ſon diamètre n'eſt qu'une fois & demi plus grand que celui du ſecond. Il faut donc bien remarquer que quand on dit que deux corps ſemblables ſont entre eux en raiſon triplée de leurs lignes homologues, c'eſt-à-dire, des lignes ſemblables ; par exemple en raiſon triplée des hauteurs, cela ſignifie qu'ils ſont entr'eux comme les cubes des hauteurs, ou autrement, qu'ils ſont en même raiſon que ces cubes, ou bien encore, en même rapport que ces cubes. Raiſon ou rapport ſignifie ici la maniere dont une grandeur en contient une autre ; par exemple, la maniere dont un nombre ou une ligne contient un autre nombre ou une autre ligne. Ainſi 30 & 10 ſont en même raiſon ou même rapport que 24 & 8.

XXXII. Voilà comment on pourroit faire entendre à un Eleve la propoſition rapportée en exemple. On pourroit auſſi lui en donner une Démonſtration qui ſeroit à ſa portée. C'eſt ce que nous allons faire ; mais en abrégeant, & en l'appliquant à deux cubes en ſolidité, (ce ſont des corps qui ont la figure de Dez à joüer.) Il faut concevoir chaque cube partagé en autant

de tranches paralleles à la baſe qu'il y a de parties dans la hauteur : ſi un cube avoit 5 pouces
de hauteur & l'autre 4, le premier auroit 5 tranches , chacune d'un pouce de hauteur, & le
ſecond en auroit 4. Or, chaque tranche du premier auroit 5 pouces en longueur & autant en
largeur , & contiendroit 5 fois 5 ou 25 petits
cubes chacun d'un pouce en hauteur : ainſi les 5
tranches en contiendroient 5 fois 25 ou 125. Il
y auroit donc 125 petits cubes d'un pouce dans
le premier cube. Par la même raiſon, le ſecond
en contiendroit 64 : ainſi les deux cubes ſeroient entr'eux comme 125 & 64 qui ſont les
cubés en nombre de 5 & de 4 : or, ce qui convient à ces deux figures ſemblables doit auſſi
convenir aux autres corps ſemblables, & par
conſéquent à deux Globes : ſi donc le diamètre
de l'un étoit à celui de l'autre, comme 5 à 4, le
premier Globe ſeroit au ſecond comme 125 à
64, enſorte que ſi l'on concevoit le ſecond partagé en 64 parties égales, le premier contiendroit 125 de ces parties.

   Afin de rendre la Démonſtration ſenſible au
jeune Eleve il faudroit faire tailler une planche
en quarré qui fût comme une tranche d'un des
cubes , & partager par des lignes une des baſes
de la planche en petits quarrés dont les côtés
auroient chacun un pouce de long : il y auroit
16 de ces quarrés , ſi le cube avoit 4 pouces en
hauteur : ainſi la planche qui ſeroit égale à une
des tranches de ce cube contiendroit 16 petits
cubes d'un pouce de hauteur. On ſuppoſe,
comme on voit , que la planche auroit un
pouce d'épaiſſeur.

SECONDE ADDITION

Qui a rapport à l'Article XXIV du Mémoire: qu'il seroit utile de faire expliquer quelques Traductions des meilleurs Auteurs François dans les Classes de Seconde & de Rhétorique, conjointement avec des anciens Auteurs.

Art. I. Nº. 1. Est-il à propos de n'expliquer dans les Classes de Seconde & de Rhétorique, en fait d'Auteurs Latins, que des Ouvrages des Anciens? Ne pourroit-on pas, ne seroit-il pas même plus à propos de leur associer de bonnes Traductions latines de ce que nous avons de meilleur en différens genres parmi nos Auteurs François, Orateurs, Historiens, Académiciens, Jurisconsultes?

Pour être à portée de décider cette question importante, en ne consultant que l'avantage des jeunes gens, il faut faire attention à ce que l'on se propose de leur enseigner dans ces deux Classes par l'explication des Auteurs Latins : on peut le réduire à trois chefs, la matiere qui y est traitée, l'éloquence avec le style, & enfin le progrès dans la Langue latine. On sent bien qu'entre ces trois objets le dernier est bien moins important que les deux autres. A peine se trouve-t-il quelque Profession dans la Société où l'on ait besoin de parler où d'écrire un Latin qui approche de celui de Cicéron, si ce n'est l'Etat des Maîtres des Classes de Belles-Lettres ; mais cela n'est presque jamais nécessaire dans les autres Etats ; il suffit que ceux qui en

I v

font Membres, entendent bien le Latin, au moins celui des bons Auteurs modernes, & pour les Juris-Confultes, qu'ils entendent encore celui des Loix & des Auteurs qui en traitent, foit anciens, foit modernes.

N°. 2. Cela pofé, il n'eft pas difficile de décider la queftion, fçavoir fi dans l'élite des Auteurs François traduits il y auroit plus à profiter pour les jeunes gens que dans les anciens auteurs? car 1°. quant à la matiere, les jeunes gens trouveroient à s'inftruire de ce qu'il y a de plus important pour eux, foit dans les Orateurs facrés, dont les difcours peuvent être divifés en trois Claffes, ceux qui traitent de la Morale & des Dogmes, les Panégyriques & les Oraifons funébres. Que l'on choififfe dans nos célèbres Orateurs, comme Boffuet, Fléchier, Bourdaloue, Maffillon, ce qu'il y a de plus convenable aux jeunes gens, & que l'on faffe de même par rapport à nos Hiftoriens les plus eftimés, ceux fur-tout qui ont écrit la Vie de quelques Grands hommes qui nous intéreffent, ou bien la Révolution de quelque Empire ou Etat. Que l'on choififfe auffi quelques Difcours d'Avocats généraux ou Particuliers qui traitent de matieres intéreffantes pour les jeunes gens; j'en dis autant de quelques Difcours académiques : je demande fi on peut comparer l'utilité des matieres qui fe trouvent dans les anciens Auteurs avec celle que nous venons d'indiquer dans les Auteurs modernes. Je crois que tout homme fenfé ne balancera pas à fe décider fur ce qui l'emporte dans ce parallele, fur-tout s'il fait attention qu'il s'agit du gros des Ecoliers, & que s'il y en a quelques-uns auxquels la connoiffance des matieres dont parlent les Anciens, foit néceffaire, ils pourront l'acquérir lorfqu'ils verront ces Auteurs en Claffe, ou qu'ils les étudieront en leur particulier.

N°. 3. Il y aura encore à gagner du côté de l'Eloquence, en fe fervant de la traduction des Ouvrages modernes, tels que ceux que nous avons indiqués en général. Car il y a une méthode & un ordre dans les Modernes plus facile à faifir par les jeunes gens, & plus facile à retenir que la maniere d'écrire des Anciens. Cette méthode qui regne communément dans les Ouvrages des Modernes, fur-tout dans les Difcours, les fait concevoir & retenir fans effort par bien des Auditeurs & le commun des Lecteurs. Il fuffit qu'ils écoutent & qu'ils lifent avec attention ; les divifions & les fubdivifions les foulagent : ils trouvent les chofes chacune à leur place : on compare les parties les unes aux autres, & on en voit facilement le rapport ; & c'eft ce qui fait qu'avec une facilité & une mémoire médiocres, on eft en état de rendre compte de ces Difcours qu'on a lus ou entendus. Il n'en eft pas de même des Piéces de ce genre dans les Anciens. Ajoutez à cela que les jeunes gens s'appliqueront avec une attention plus grande & plus foutenue aux traductions des Ouvrages modernes à caufe de la facilité qu'ils y éprouveront, & de l'intérêt qu'ils y prendront : ils fentiront donc & faifiront bien mieux les beautés des Modernes que celles des Anciens. De plus, il y a dans les Ouvrages de nos Auteurs François, par exemple M. Boffuet des penfées & des traits qui font d'une fublimité que la matiere ne comporte pas dans les Anciens : il eft donc certain qu'il y auroit plus à profiter pour les jeunes gens par rapport à l'Eloquence dans l'étude des Modernes, que dans celle des Anciens.

II. Nº. 1. Ceux qui feroient fort attachés à l'ufage ancien & actuel diront peut-être que, cela étant, il vaudroit mieux faire voir dans les Claffes nos bons Auteurs François, tels qu'ils font en eux-mêmes, fans fe fervir de Traductions latines qui ne feront jamais auffi parfaites que les originaux. Il n'eft pas naturel de recourir au tableau quand on poffede l'original, fi on le peut confulter fans peine.

Mais on répondra à cela qu'il eft néceffaire de mettre les étudians en état d'entendre facilement les Auteurs modernes qui ont écrit en Latin, à caufe des bons Ouvrages en tout genre compofés en cette Langue. D'ailleurs, il feroit affez difficile d'obtenir des jeunes gens qu'ils s'appliquaffent habituellement & avec affez d'attention à l'étude des Auteurs qu'on voudroit leur faire voir, s'ils ne faifoient que les lire; car la fimple lecture ne les appliqueroit pas affez; & de plus ils n'en tireroient pas affez de fruit. Que fi on exigeoit d'eux qu'ils fiffent des Analyfes, ou des Abrégés de ces Auteurs, cela feroit fort pénible à plufieurs, fi cet exercice étoit habituel, pour chaque jour ou même pour chaque claffe. L'exercice de traduire tient un milieu tant pour le temps que pour la difficulté, entre celui de lire fimplement, & celui de faire des analyfes. De plus, il apprend en même-temps le Latin & le François. Il accoutume à mettre les penfées par écrit, & forme le ftyle, fur-tout, fi dans la fuite on compare fa Traduction avec l'Auteur François, & c'eft ce que l'on pourroit faire en Claffe & devant les Maîtres, ou communs ou particuliers. Il

s'agit ici de la Traduction du Latin en François ;
car celle du François en Latin seroit trop pénible pour le commun des Ecoliers, si elle étoit
habituelle, & qu'il fallut y employer chaque
jour un temps considérable. D'ailleurs, il vaut
bien mieux les exercer à écrire en François
qu'en Latin, parce que la facilité d'écrire en
François leur sera bien plus utile dans la suite.
Ajoutez à cela que les Etudians avanceront
beaucoup plus dans la connoissance du Latin en
mettant en François de bonnes Traductions latines, que s'ils traduisoient du François en Latin qui seroit presque toujours fort inférieur
aux Traductions latines dont il s'agit, qui viendroient de main de Maîtres. Tout cela prouve
qu'il vaut bien mieux donner ces Traductions
aux Etudians pour les mettre en François au
moins en partie, que de leur donner les Originaux François pour les traduire en Latin.

Nº. 2. Quant à ce que l'objection ajoute,
sçavoir, que les Traductions latines ne seront
pas aussi parfaites que les Originaux, on répondra que cela peut être vrai de quelques-uns
de ces Ouvrages, au moins pour des endroits
choisis, mais non pas de tous, d'autant plus
que les Traductions n'étant pas genées, & approchant de la paraphrâse dans certains endroits où cela seroit nécessaire pour conserver
le génie de la Langue Latine, il pourroit se
faire que la Traduction l'emporteroit souvent
sur l'Original à cét égard. De plus, la plûpart
des jeunes gens auroient tôt ou tard les Originaux qu'ils ne manqueroient pas de consulter
& de comparer aux Traductions, ce qui seroit
un moyen très-propre pour leur faire remarquer la différence des génies des deux Lan-

gues. Mais ce qu'il ne faut pas perdre de vue,
c'eſt que les jeunes Etudians auroient de l'émulation pour l'étude , & s'y appliqueroient volontiers, tant par la facilité qu'ils y éprouveroient , que par l'intérêt qu'ils y prendroient à
cauſe des matieres dont il ſeroit parlé dans les
Traductions ; d'où réſulteroit cet avantage ineſ-
timable , qu'on ne ſeroit plus dans l'obligation,
du moins à l'égard du très-grand nombre , de
leur témoigner du mécontentement à ce ſujet;
au lieu qu'ils ſont ſouvent découragés & rebutés par les difficultés qu'ils trouvent dans les
anciens Auteurs Quand bien même les autres
avantages ſeroient égaux de part & d'autre;
cette raiſon ſeule devroit engager à admettre
les Traductions latines des Auteurs modernes
dans les hautes-Claſſes , pour les expliquer.

N°. 3. On voit bien par ce que nous avons
dit, qu'on ne ſuppléeroit pas ſuffiſamment aux
Traductions latines , dont il s'agit, en liſant de
temps-en-temps dans la Claſſe des morceaux
choiſis de nos Auteurs François & y faiſant
quelques obſervations ; car les jeunes gens en
tireroient peu de profit par rapport à la matiere , & les obſervations qu'on leur feroit de vive
voix ſur le ſtyle & l'éloquence , ne produi-
roient que des impreſſions paſſageres ſur la plûpart des eſprits.

III. N°. 1. Mais enfin, dira-t-on, il faut,
au moins avouer que les jeunes gens profiteroient plus pour le Latin dans l'étude des Anciens , d'autant que ce Latin eſt plus conforme
au génie de cette Langue que celui des Modernes ; les expreſſions ſont plus aſſorties au ſujet,
elles conviennent mieux les unes avec les autres ; elles ſont plus pures... Je réponds que

cet avantage que tireroient les jeunes gens des Ouvrages de l'antiquité, n'eſt preſque d'aucune conſéquence pour le très-grand nombre. Il n'y a point d'état, ſi on excepte celui des Maîtres des Claſſes ſupérieures, où il ſoit néceſſaire de ſçavoir écrire ou parler Latin dans ce degré de perfection qu'on ne peut acquérir ſans une étude longue & profonde des meilleurs Auteurs qui ont écrit en cette Langue. Il feroit même nuiſible à la plûpart des hommes d'étude de donner le temps & l'application qui feroient néceſſaires pour parvenir à ce degré, parce que cela ne pourroit ſe faire qu'aux dépens d'autres connoiſſances ſans comparaiſon plus utiles.

N°. 2. Au reſte, eſt-il bien certain que les jeunes gens profitent davantage dans les Claſſes ſupérieures par rapport au Latin, en ne l'étudiant que dans les Anciens ? Avant de porter ſon jugement ſur cette queſtion, il faut faire attention que dans les Ecoles publiques, on doit ſe propoſer le gros des Auditeurs, & non pas un petit nombre qui par leur grande facilité naturelle, & par leur application, peuvent parvenir aſſez aiſément à un degré de perfection en ce genre que les autres ne pourroient acquérir que par de grandes peines, & par un long & laborieux travail, ou même auquel pluſieurs ne pourroient jamais atteindre. Cela poſé, je dis que la plûpart des Ecoliers, & le très-grand nombre profiteroient davantage, même quant au Latin, en expliquant pendant un temps, de bonnes Traductions des meilleurs Auteurs modernes, que s'ils expliquoient les anciens. D'abord, il eſt bien certain qu'ils profiteront plus aiſément ou avec moins de peine, de ces Traductions, que des anciens Auteurs,

parce qu'ils les entendront mieux ; & d'ailleurs
ils s'y appliqueront plus volontiers, soit à cause
de la facilité qu'ils y éprouveront, soit à cause
de l'intérêt qu'ils y prendront, qui sera tout
autre que celui qu'ils prendroient aux Ouvrages des Anciens, qui n'ont point de rapport à
nôtre Etat, à notre Gouvernement, à nos affaires, soit publiques, soit particulieres : par
conséquent les jeunes gens s'appliquant davantage aux Traductions, qu'ils ne font communément aux Auteurs anciens, & de plus le Latin
en étant plus facile, ils feront beaucoup plus
de progrès dans ce Latin qu'ils ne font dans celui des Anciens. Or, ce Latin des bonnes Traductions est très-suffisant pour presque tous, ou
même ordinairement pour tous les Ecoliers
d'une Classe ; & par rapport au Latin des Auteurs anciens, les Ecoliers ayant été bien préparés par l'étude des bonnes Traductions, ils
feront en état d'y faire autant ou plus de progrès qu'ils n'en auroient fait, s'ils n'avoient
toujours vû que d'autres Auteurs anciens qu'ils
n'auroient entendus qu'à moitié, (je parle toujours du plus grand nombre des Ecoliers, &
non pas de quelques esprits rares qui font une
Classe à part.) Mais quand bien même il en ar-
riveroit autrement & que quelques-uns auroient besoin d'étudier avec plus d'application
le Latin des Anciens, ils pourroient le faire en
leur particulier : il seroit contre l'ordre d'abandonner le parti le plus avantageux au corps
pour s'attacher à un petit nombre de membres.
Il est donc certain qu'en donnant aux Etudians
qui font dans les Classes de Belles-Lettres de
bonnes Traductions de nos meilleurs Auteurs
François, ils profiteront beaucoup plus par rap-

port aux trois chefs proposés, sçavoir la matiere, le style avec l'éloquence, & enfin la connoissance du Latin, sur-tout celui des Modernes, tel qu'il se trouveroit dans les Traductions, qui seroit fort suffisant pour le très-grand nombre des Etudians.

Nº. 3. Si quelqu'un prétendoit encore que le Latin des Traductions ne seroit pas assez pur & assez conforme au génie de la Langue Latine, on répondroit que si cela est, il n'y a pas lieu d'espérer que des jeunes gens fassent grand progrès en ce genre, quoiqu'on ne mette entre leurs mains que des Auteurs de l'antiquité Romaine pendant le cours des Classes, puisque des hommes consommés dans l'Art, & qui en ont fait une étude profonde, peut-être pendant la plus grande partie de leur vie, après l'avoir déja étudié pendant leurs Classes, n'auroient pû réussir à imiter avec succès ces anciens Auteurs. On sent bien que cette prétention ne favoriseroit pas l'usage actuel que l'on se proposeroit de soutenir : elle est même contraire à l'expérience. M. l'Abbé Valart, Professeur à l'Ecole Militaire dont le suffrage est de poids dans cette matiere, dit dans l'Examen de la Latinité du Pere Jouvenci, qu'il y a un grand nombre de Modernes qui ont écrit en Latin avec une pureté à le disputer aux meilleurs Plumes de l'ancienne Rome. Il rapporte aussi que le célèbre Ménage, pour qui l'Italien étoit une Langue morte, est parvenu, par la seule lecture des Livres écrits en cette Langue, à en sçavoir toutes les délicatesses & à l'écrire dans la plus grande pureté, au point que les plus beaux esprits d'Italie n'y ont trouvé qu'à admirer pour la pureté du style. Mais il n'est pas nécessaire que le

Latin des bons Auteurs modernes ait précisément le même degré de pureté que celui des Anciens, il suffit qu'il en approche beaucoup: cela est suffisant, dis-je, soit pour le très-grand nombre des Ecoliers qui n'ont pas besoin d'une connoissance plus approfondie en ce genre, soit par rapport à ceux qui se serviroient des Ouvrages des Modernes bien écrits en Latin, en partie pour entendre avec facilité ceux des Anciens. Car il faut remarquer qu'en supposant des Ouvrages modernes qui ne le céderoient pas aux anciens pour la Latinité, ils seroient néanmoins plus faciles à entendre, surtout pour les jeunes gens, que ceux des Anciens, à cause que dans ceux-ci il y a des allusions aux Loix, aux Coutumes, aux Usages, à certains traits d'Histoire & autres points de l'Antiquité qui ne sont pas connus des jeunes gens ou du moins qui ne leur sont pas familiers: & ces allusions causent de l'obscurité dans les Ecrits des Anciens: Concluons donc qu'il leur seroit avantageux qu'on introduisît dans les Classes de Seconde & de Rhétorique de bonnes Traductions latines des Morceaux choisis des meilleurs Auteurs François pour les expliquer & les faire traduire, comme on le fait par rapport aux Auteurs anciens, qui alors n'occuperoient qu'une partie du temps qu'on peut donner aux Auteurs Latins dans ces Classes. Cela est d'une évidence à laquelle il paroit qu'il n'est pas possible de se refuser, si on n'est pas entraîné par les préventions.

Ce que l'on vient de dire ne doit choquer personne. Car on ne prétend pas blâmer la conduite de ceux qui ne suivent pas actuellement ce que nous croyons être meilleur. Pour le pra-

tiquer, il faudroit que les Traductions latines
que nous avons en vue fuſſent faires, & elles
ne le ſont pas : ainſi ceux qui ſeroient dans la
diſpoſition d'en faire uſage ne le peuvent pas
encore, au moins dans les Ecoles publiques.
Mais dans les éducations particulieres les Maîtres pourront mettre entre les mains de leurs
Eleves pluſieurs Ouvrages ou Morceaux des
Modernes qui ſont bien écrits en Latin, ſoit
en Proſe ſoit en Vers. Et ſi les Eleves commen-
çoient le Latin, les Précepteurs leur donneroient un Commentaire par écrit, tel qu'il a
été expoſé dans l'Art. VII du Mémoire, & par
ce moyen les enfans jouiroient, par le ſecours
de leurs Maîtres, des avantages qui y ſont re-
préſentés, en attendant des Livres imprimés,
qui ſeroient compoſés ſelon la méthode expliquée dans cet Article : & c'eſt ce que chaque
Profeſſeur de baſſe-Claſſe peut exécuter facilement pour ſes Ecoliers.

TROISIEME ADDITION.

*Raiſons & Démonſtrations métaphyſiques de
quelques Propoſitions des Mathématiques, re-
latives à l'Art. XXXI.*

Art. I. CEtte troiſieme Addition contient des exemples de Raiſons ou de Démonſtrations métaphyſiques de pluſieurs Propoſitions de Mathématiques. Nous rapportons
ces exemples pour faire ſentir combien elles
ſont propres à faire pénétrer l'eſprit dans le

fond & l'intérieur, pour ainfi dire, des vérités
que l'on démontre, & à l'habituer à la clarté &
l'évidence de ces vérités, afin qu'y étant habi-
tué, il difcerne aifément le vrai d'avec le faux,
en quoi confifte la juftefle d'efprit. On voit par
là que ces fortes de Démonftrations font très-
propres à cultiver l'efprit par rapport à fes qua-
lites les plus eftimables, la pénétration & la juftefle, auxquelles il faut ajouter la fagacité. Car
quand on eft un peu exercé dans ces Démonftrations, on acquierre une facilité plus ou
moins grande de trouver foi-même des preuves
des vérités que l'efprit confidere attentivement, ou même de découvrir quelquefois des
vérités qui ne nous étoient pas connues, quoiqu'elles le foient peut-être à d'autres. Nous fuppofons que le Lecteur ait quelques connoiffances des élémens de Mathématiques.

II. Nous commencerons par la preuve d'une
propofition fondamentale qui eft peut-être celle
qui eft d'un plus grand ufage dans les Mathématiques; la voici : *Le produit des extrêmes
d'une Proportion géométrique eft égal à celui des
moyens.*

Soit la Proportion, 10. 5 :: 8. 4. pour voir
que le produit de 10 par 4 eft néceflairement
égal à celui de 5 par 8, il fuffit de faire attention que fi le multiplicande 10 eft double de
l'autre multiplicande 5, aufli 8 multiplicateur
de 5 eft double de 4 multiplicateur de 10; autrement il n'y auroit pas de proportion entre
les nombres 10, 5, 8, 4. En général, fi le multiplicande eft plus grand dans le produit des
extrêmes, que le multiplicande dans celui des
moyens, le multiplicateur dans ce produit des
moyens fera plus grand que le multiplicateur

dans le premier produit, & autant de fois plus grand. De même si le premier multiplicande étoit plus petit que le second, le multiplicateur de ce second, seroit aussi plus petit que celui du premier ; & autant de fois plus petit : sans cela il n'y auroit pas de proportion. Voilà la Raison métaphysique de l'égalité des deux produits dont il s'agit dans une proportion.

III. Nous allons aussi donner les Démonstrations métaphysiques de plusieurs propositions de Géométrie. La premiere est que *le rectangle est égal à un parallélogramme de même base & de même hauteur.* La raison métaphysique de cette proposition est que le défaut de longueur dans le rectangle est compensé par sa largeur ; ou ce qui revient au même, le défaut de largeur du parallélogramme est compensé par sa longueur, ensorte que la longueur du rectangle est à celle du parallélogramme, comme la largeur de celui-ci est à celle du rectangle ; ainsi comme la longueur du rectangle est moindre que celle du parallélogramme, aussi la largeur de celui-ci est moindre, & d'autant moindre que celle du rectangle. Pour en donner la preuve, nous nous servirons de la Figure 50 du second Livre des élémens de Géométrie, dédiées à l'Université, chez les Libraires Saillant & Desaint, & nous supposerons une perpendiculaire C P tirée sur le côté B E du parallélogramme. On aura le triangle C P B semblable au triangle B A E, parce que les deux angles P & A sont droits, & que les deux autres P B C & A E B sont encore égaux à cause qu'ils sont alternes par rapport à la sécante B E entre les paralleles A X & B Y : donc les côtés A B & B E du grand triangle sont proportionnels aux

côtés homologues C P & B C du petit. Voici la
proportion : A B . B E :: C P . B C ; c'est-à-
dire, que la longueur A B du rectangle est à
B E qui est celle du parallélogramme, comme
la largeur C P de celui-ci est à B C largeur du
premier. Si donc la longueur du premier n'est
que les deux tiers ou la moitié de celle du second, la largeur de celui-ci ne sera aussi que
les deux tiers ou la moitié de celle du premier.
Ainsi le rectangle aura en largeur ce qui lui
manque en longueur.

IV. Il semble d'abord que cette démonstration est plutôt géométrique que métaphysique,
à cause de la preuve que nous avons rapportée
de la proportion des côtés des triangles semblables C P B, B A E. Il est vrai qu'il faut supposer cette preuve : mais la raison métaphysique
de l'égalité des surfaces des deux Figures consiste précisément en ce que le défaut de longueur
du rectangle est compensé par sa largeur. D'ailleurs la proposition touchant la proportion des
côtés homologues des triangles semblables,
n'est qu'une application de ce Théorême fonda-
mental, *lorsque deux lignes comprises dans un
espace parallele sont autant inclinées que deux
autres lignes enfermées dans un autre espace parallele, les deux premieres sont proportionnelles
aux deux autres.* Or, ce Théorême fondamen-
tal est appuyé lui-même sur une raison métaphysique bien simple, c'est que les deux lignes
d'un espace étant autant inclinées que celles de
l'autre, il est évident que si la moins inclinée
du premier espace, est, par exemple, la moitié, ou les trois quarts de celle qui est la plus
inclinée, pareillement dans le second espace,
la moins inclinée sera aussi la moitié ou les trois

quarts de l'autre ; & par conféquent les deux
premieres lignes font proportionnelles aux deux
autres. Cela eft évident par foi-même : ainfi
cette raifon eft plutôt une explication de la propofition , qu'une preuve proprement dite. Il
eft facile de voir que la propofition touchant la
proportion des côrés homologues de deux triangles femblables , qui eft auffi un Théorême fon-
damental auquel nous reviendrons dans la fuite , eft appuyée fur la même raifon métaphyfique.

V. Il fuit de l'égalité du rectangle au paralle-
logramme de même bafe & de même hauteur,
il fuit , dis-je , que *deux parallélogrammes qui
ont auffi même bafe & même hauteur font égaux
en furface* , parce que l'un & l'autre eft égal à
un rectangle de même bafe & de même hauteur.

VI. La furface d'un rectangle eft égale au
produit de fa bafe par fa hauteur ; c'eft-à-dire ,
que pour avoir cette furface , il faut prendre la
bafe autant de fois qu'il y a de points dans la
hauteur ; car en concevant une parallele à la
bafe , tirée par chaque point de la hauteur ,
toutes ces paralleles , qui font chacune égales
à la bafe , rempliront exactement le rectangle. Donc en prenant la bafe autant de
fois qu'il y a de points dans la hauteur , on
aura la furface du rectangle. Or , prendre
la bafe autant de fois qu'il y a de points
dans la hauteur , c'eft multiplier la bafe par la
hauteur , & c'eft ce qui en donne le produit.
Ainfi puifqu'on aura alors la furface du rectangle, il s'enfuit que cette furface eft égale au produit de la bafe par la hauteur. On fuppofe ici
que la bafe a une largeur infiniment petite , &

que chaque point de la hauteur est aussi un infiniment petit égal à la largeur de la base.

VII. Puisqu'un parellélogramme est égal à un rectangle de même base & de même hauteur, la surface du parallélogramme est aussi égale au produit de la base par sa hauteur. Si la base a quatre pieds & la hauteur trois, la surface sera de douze pieds quarrés.

VIII. Voici une autre proposition de Géométrie qui est fondamentale & d'un très-grand usage : *Dans un triangle rectangle, le quarré de l'hypotenuse est égal aux quarrés des deux autres côtés.* C'est-à-dire, que le quarré seul de l'hypotenuse est égal à la somme des deux autres quarrés. Pour le prouver nous nous servirons aussi de la Figure 65 des mêmes Elémens. Du sommet de l'angle droit du triangle B A C, il faut concevoir la perpendiculaire A D abaissée sur l'hypotenuse B C : elle partage le triangle en deux autres A D B & A D C, qui sont chacun semblables au triangle total A B C : car 1°. dans le petit triangle A D B, l'angle D est égal à l'angle A du grand : ils sont tous les deux droits. De plus, l'angle B est commun au petit triangle & au grand. Ainsi ces deux triangles sont semblables. Pareillement l'autre triangle partiel A D C est aussi semblable au grand, à cause des deux angles droits en D & en A, & de l'angle en C qui est commun aux deux triangles. Or, les deux triangles partiels étant chacun semblables au grand, ils sont aussi semblables entr'eux ; & les trois sont pareillement semblables.

Remarquons que de même que B C est l'hypoténuse du grand triangle, A B & A C sont aussi les hypoténuses des deux autres triangles;

par

par conséquent, ces trois triangles étant semblables, enforte qu'ils ne différent pas en figure, mais feulement en grandeur, il eft évident
que fi l'on conftruit des figures femblables fur
ces trois hypoténufes, par exemple, des quarrés, ces quarrés doivent avoir entre eux les
mêmes rapports que les triangles eux-mêmes
qui font auffi femblables. Or, le triangle total
eft tout feul égal aux deux autres : donc le quarré conftruit fur l'hypoténufe du triangle total
eft auffi égal aux deux autres quarrés conftruits
fur les hypoténufes des triangles partiels.

La raifon méthaphyfique de cette égalité
confifte donc en ce que les trois triangles étant
femblables, & le grand étant tout feul égal aux
deux autres, le quarré fait fur l'hypoténufe du
premier, doit être égal aux deux quarrés faits
fur celles des deux autres.

IX. Nous avons fuppofé que deux ou plufieurs figures femblables, ont entre elles le même rapport que d'autres figures qui font auffi
femblables, mais c'eft en fuppofant encore que
les dernieres ont des côtés homologues qui
foient les mêmes que les homologues des premieres, ou bien que les uns font proportionnels
aux autres. Les trois quarrés ont pour côtés les
hypoténufes des trois triangles, & ces hypoténufes font des côtés homologues des triangles. La même chofe a lieu dans deux folides
femblables, comparés à deux autres folides
femblables, qui ont des côtés homologues, qui
font les mêmes que deux côtés homologues des
premiers folides. Dans ce cas les deux premiers
folides ont entre eux le même rapport que les
deux autres. C'eft ce que nous fuppofons dans
la propofition fuivante.

K

X. Les solides semblables sont en raison triplée de leurs côtés homologues ; c'est-à-dire, qu'ils sont entre eux comme les cubes des côtés homologues. On peut prendre les cubes, ou en solidité, ou en nombre. Si on a , par exemple, deux lignes, dont une ait quatre pouces en longueur , & l'autre cinq, les cubes en solidité de ces deux lignes sont deux corps de la même figure que des Dez à jouer, dont l'un auroit quatre pouces de hauteur, & autant soit en largeur, soit en longueur, qui sont les deux dimensions de la base , & l'autre auroit cinq pouces pour chacune de ces trois dimensions. Les cubes en nombre qui représentent les deux cubes en solidité , sont 64 & 125. Je dis que ces deux cubes en nombre représentent les deux cubes en solidité : car de même que pour avoir les cubes en solidité, il faut multiplier des lignes par elles-mêmes , ce qui donne des quarrés en surface, & ensuite ces quarrés chacun par sa racine, d'où viennent enfin les cubes en solidité ; de même pour avoir des cubes en nombres , on multiplie d'abord les nombres, qui sont les racines, par eux-mêmes ; & les produits sont des quarrés ; ensuite on multiplie encore ces quarrés par les racines , ce qui donne des produits, qui sont les cubes des racines. Ainsi pour avoir les cubes des nombres 4 & 5 , on multiplie 4 par 4 & 5 par 5 , ce qui donne les quarrés 16 & 25 ; ensuite on multiplie 16 par 4 & 25 par 5 , & les produits 64 & 125 qui viennent de cette seconde multiplication , sont les cubes des nombres 4 & 5. On voit donc par-là que les cubes en nombre représentent parfaitement les cubes en solidité.

Cela posé , je dis que les corps semblables

font entr'eux comme les cubes des lignes cor-
respondantes , ou des côtés homologues de ces
corps : par exemple, deux Globes font entre
eux comme les cubes de leurs Diamètres exprimés en nombres : si les Diamètres font comme
4 & 5 , les Globes font comme 64 & 125 ; enforte que si on conçoit le premier partagé en
64 parties égales , le fecond contiendra 125 de
ces parties : car ces deux Globes étant des
corps femblables , ils font entr'eux comme deux
autres corps femblables entr'eux , qui auroient
même hauteur que ces deux Globes : ils font par
exemple entr'eux comme deux Cubes, dont
l'un auroit quatre pouces de hauteur , & l'autre cinq. Or , ces deux Cubes en folidité feroient entre eux comme les Cubes des nombres 4 & 5 ; c'eft-à-dire , comme 64 & 125 ,
felon que nous venons de le voir. Donc les
deux Globes auroient auffi le même rapport
que 64 & 125.

Ainfi la Raifon métaphyfique pour laquelle
deux corps femblables font comme les Cubes
des nombres qui repréfentent les hauteurs ; c'eft
que ces corps étant femblables , ils font entr'eux comme les Cubes en folidité de ces hauteurs , puifque ces Cubes font auffi des corps
femblables : or , les Cubes en folidité font comme les Cubes des nombres qui repréfentent les
hauteurs de ces corps.

XI. Il eft facile d'appliquer le même raifon-
nement à deux figures planes femblables, pour
faire voir qu'elles font entr'elles en raifon dou-
blée de leurs côtés homologues , ou des lignes
correfpendantes, ou autrement comme les quarrés de ces lignes. Deux cercles , par exemple,
font entr'eux comme les quarrés des diamètres
ou des rayons,

Cette Propofition touchant les Solides femblables, qui eft une des plus difficiles à faifir
par ceux qui commencent à étudier la Géométrie, tant pour la vérité qu'elle exprime, que
pour fa Démonftration, s'entend affez aifément
par la Raifon métaphyfique que nous venons
d'expofer, laquelle eft d'autant moins difficile
à comprendre, que ce n'eft, à proprement parler, qu'une explication de la Propofition.

On peut remarquer en paffant la grande iné-
galité des corps femblables, lorfqu'une des di-
menfions ou côtés de l'un contient plufieurs
fois le côté homologue de l'autre : par exemple, fi un Globe avoit un diamètre dix fois plus
grand que celui d'un autre, enforte que ces
diamètres fuffent entr'eux comme dix à un, le
premier Globe feroit mille fois plus gros que
l'autre, parce que le Cube de 10 eft 1000 & le
Cube de 1 eft 1.

C'eft par-là que l'on conclud que le Soleil
eft un million de fois plus gros que la Terre,
parce que le diamètre du Soleil eft à-peu-près
cent fois plus grand que celui de la Terre

XII. Il y a des Démonftrations métaphyfiques qui ne différent prefque pas de celles qu'on
a coutume de donner : il ne s'agit que de préfenter celles-ci d'une certaine maniere, ou d'en
faire une analyfe qui montre la liaifon des principes avec la vérité qu'on veut prouver. Nous
en allons donner quelques exemples : le premier fera fur la fameufe Propofition *de l'égalité
des trois Angles d'un Triangle à deux Angles
droits.* Voyez la Figure 7 du fecond Livre des
Elémens. L'Angle C du Triangle A B C & les
deux autres *a* & *b*, qui font à côté du premier,
forment une fomme égale à deux Angles droits,

Or, les Angles A & *a* étant alternes, font égaux entr'eux ; par la même raifon B eft égal à *b* : donc les trois Angles du Triangle font égaux à deux Angles droits : cela pofé, la raifon métaphyfique de cette fameufe Propofition eft toute fimple : c'eft que, fi d'un point quelconque C, on tire deux lignes fur une bafe, comme A B, pour former un Triangle, l'Angle qui fera au point C, & les deux autres fur la bafe feront une fomme égale à deux Angles droits, parce que concevant une parallele à la bafe, tirée par le point C, les deux Angles fur cette bafe feront alternes à l'égard des deux autres *a* & *b* ; & par conféquent, les deux premiers feront égaux aux deux derniers, chacun à chacun.

XIII. Le fecond exemple fera tiré d'une autre Propofition fondamentale de Géométrie, fur les Triangles comparés entr'eux ; la voici : *lorfque deux Angles d'un Triangle font égaux à deux Angles d'un autre Triangle, chacun à chacun, les deux Triangles font femblables ;* c'eft-à-dire, que, 1°. les trois Angles de l'un font égaux à ceux de l'autre, car alors le troifieme Angle de l'un eft égal au troifieme de l'autre, & que de plus les côtés de l'un font proportionnels à ceux de l'autre : par exemple, dans la Figure vingt-huitieme du fecond Livre des Elémens, *c a* . C A :: *c b* . C B, ou *alternando*, *c a* . *c b* :: C A . C B : en voici la Raifon métaphyfique : c'eft que les deux côtés *c a* & *c b*, tirés d'un même point, étant autant inclinés fur la bafe *a b* que C A & C B, tirés du point C le font fur la bafe A B, à caufe de l'égalité des Angles *a* & *b* aux deux autres A & B, il faut que le rapport des deux premieres, foit égal à celui des deux autres : si, par exemple, *c a* contient neuf dixiemes de *c.b* , pareillement C A contiendra neuf dixiemes de C B. Il en sera de même de *a b* & de *c a* ou de *c b* , comparés avec les côtés homologues A B & C A ou C B.

XIV. Troisieme Exemple. *La surface d'un Cercle est égale à celle d'un Triangle rectangle qui a pour hauteur le rayon du Cercle, & pour base une ligne droite égale à la circonférence.* Voyez la Figure 55 du second Livre.

Pour appercevoir la vérité de cette Proposition, il faut concevoir le Cercle & le Triangle, partagés chacun en leurs élémens : ceux du Cercle sont des circonférences concentriques, qui passent par chaque point du rayon, & ceux du Triangle sont des paralleles à la base tirées aussi par chaque point du rayon qui est la hauteur du Triangle. Or, 1°. il y a autant d'Elémens dans l'une, que dans l'autre Figure ; sçavoir, autant que de points dans le rayon, 2°. Les Elémens du Triangle sont égaux aux Elémens correspondans du Cercle ; par exemple, la parallele *a b* est égale à la circonférence *a d* : car la raison des bases A B & *a b* , & celle des circonférences A D & *a d* , sont chacune égales à la raison de C A à C *a* ; la premiere, à cause des deux Triangles semblables C A B &' *C a b* , & la seconde, à cause des deux Cercles, dont l'un a pour rayon *C A* , & l'autre *C a.* Donc ces deux raisons de A B à *a b* & de A D à *a d* , sont égales entr'elles. Or, les deux antécédens A B & A D , sont égaux par l'hypothese ; donc les deux conséquens *a b* & *a d* le sont aussi. Donc le Triangle & le Cercle sont égaux en surface.

La Raison métaphysique de cette Proposition consiste donc, en ce que la base du Triangle, & la circonférence du cercle, qui sont égales par l'hypothese, ayant des rapports égaux avec les Elémens correspondans de ces deux Figures, il est nécessaire que ces Elémens soient aussi égaux entr'eux.

XV. Ce Triangle est la moitié d'un Rectangle qui auroit même base & même hauteur que le Triangle ; c'est-à-dire, une base égale à la circonférence, & la hauteur égale au rayon. Donc il est égal à un autre Rectangle qui auroit la même hauteur ; c'est-à dire le rayon & une base égale à la moitié de la circonférence. Or, ce second Rectangle est égal à un troisieme qui auroit le double de la hauteur & la moitié de la base, qui par conséquent auroit pour hauteur le diamètre, & pour base le quart de la circonférence : ainsi le Cercle est égal en surface à un Rectangle qui a pour hauteur le diamètre, & pour base le quart de la circonférence. A présent, si on compare ce Rectangle au quarré du diamètre, ces deux figures ayant même hauteur, sçavoir le diamètre, elles sont entr'elles comme leur base qui sont le quart de la circonférence & le diamètre.

Voici l'analyse de cette Démonstration. Le Triangle est la moitié du premier Rectangle, parce que les deux ont même base & même hauteur : ainsi le Triangle est égal au second Rectangle, qui ayant même hauteur que le premier, n'a que la moitié de sa base. Ce second Rectangle est égal au troisieme, qui n'a que la moitié de la base du second, mais dont la hauteur est double de celle de ce second. Par conséquent, le Cercle qui est égal au Triangle, est aussi égal à ce troisieme Rectangle qui a pour hauteur le diamètre, & pour bafe le quart de la circonférence.

XVI. On trouve par-là le moyen de déterminer le rapport du cercle avec le quarré de fon diamètre, car le cercle étant égal au troifieme rectangle, qui a pour hauteur le diamètre & pour bafe le quart de la circonférence, on dira que le cercle eft au quarré de fon diamètre, comme le quart de la circonférence eft au diamètre. Or, la circonférence eft au diamètre prefque comme 22 eft à 7, ou en prenant le double de ces deux nombres, comme 44 eft à 14. Donc le cercle eft au quarré de fon diamètre prefque comme 11, quart de 44, eft à 14 : c'eft-à-dire, que fi l'on conçoit que le quarré du diamètre eft partagé en 14 parties égales, le cercle en contiendra onze à très-peu de chofe près, puifqu'il ne s'en faut pas la centieme partie de l'unité, & même la cent douzieme que la circonférence ne foit égale à 22, quand le diamètre eft égal à 7 ; mais il s'en faut un peu plus que la cent treizieme partie de l'unité.

Ceux qui fouhaitent fçavoir ces fortes de raifons par rapport à un grand nombre de Propofitions, pourront confulter la Geométrie métaphyfique, qui fe vend chez Jean-Thomas Hériffant, rue Saint-Jacques à Paris ; ils y trouveront beaucoup de ces raifons, dont il s'agit ici, qui peuvent exercer utilement les efprits attentifs, & les éclairer.

CONCLUSION.

Art. I. Nº. 1. ON peut juger à présent si nous avons répondu aux espérances que nous avons données, & si nous avons résolu d'une maniere satisfaisante les Problêmes que nous avons proposés dans la Préface, qui, comme il est aisé de le voir, sont de la plus grande conséquence pour l'instruction de la Jeunesse. Nous allons remettre ces Problêmes devant les yeux du Lecteur, afin de lui indiquer en peu de mots les solutions que nous en avons données, & les citations des Articles du Mémoire où l'on pourra les trouver expliquées. Il s'agissoit dans le premier de rendre les études moins pénibles & même faciles, & souvent, agréables aux jeunes gens. On y parviendra 1°. en levant les difficultés qui ont coutume de les embarrasser, & de les rebuter, & en les mettant en état de trouver par eux-mêmes le sens des Phrâses latines de l'Auteur qu'on leur donnera à expliquer : ce qui se fera par un Commentaire tel que nous l'avons exposé Article VII. 2°. En leur donnant de petits Traités dont les matieres soient intéressantes pour eux, & en leur faisant sentir combien ils doivent s'y intéresser. Voyez les Art. VIII & XIX. 3°. En leur donnant une Méthode pour les principes de la Langue Latine, telle qu'elle a été expliquée Article VI. (Ces trois moyens sont pour les basses-Classes, le suivant regarde les supérieures.) 4°. En donnant des Traductions latines des meilleurs morceaux de quelques-uns de nos

K v

Auteurs François, dont la matiere convient aux jeunes gens ; Art. XXIV. 5°, en se proportionnant à la facilité plus ou moins grande des Etudians par rapport aux leçons de mémoire, & même par raport aux autres devoirs. Ce 5ᵉ moyen convient à toutes les Classes : (Art. XVIII.)

N°. 2. Dans le second Problême, on propose de rendre les Etudes plus utiles à l'égard des matieres qu'on enseigne dans les Classes. On le fera 1°. en leur donnant, dans les Classes inférieures, pour Auteurs à expliquer, les petits Traités qui ne contiendront que des matieres choisies, les plus convenables aux jeunes gens, & dans les Classes supérieures des Traductions latines, indiquées ci-dessus, des meilleurs morceaux qui leur conviennent entre ceux qui se trouvent dans les Auteurs François ; 2°. en donnant des Devoirs imprimés, soit Thêmes ou Versions de la maniere que nous l'avons expliqué Art. IX 3°. En enseignant une Philosophie imprimée, composée par d'habiles Maîtres qui feroient un choix éclairé des matieres & qui les traiteroient avec tout le soin dont ils feroient capables, comme on l'a exposé dans l'Article XXXII.

N°. 3. Dans le troisieme Problême, il s'agit des moyens qu'on peut employer pour rendre les enfans plutôt capables d'entendre ce qu'on veut leur apprendre (Art. IV.) L'exercice qui paroît le plus propre pour remplir cette vue, c'est celui de leur apprendre à compter de la maniere dont nous l'avons expliqué ; de leur donner quelques notions aisées d'Arithmétiques, de leur proposer quelques petites combinaisons faciles à faire sur les Nombres ; tout cela se trouve dans la premiere Addition.

2°. Il s'agit aussi dans ce Problême des moyens qu'on peut employer pour cultiver & perfectionner les principales qualités de l'esprit, la pénétration, la sagacité & la justesse, & nous avons dit que ce sont les Démonstrations métaphysiques de plusieurs Propositions de Mathématique, & sur-tout de la Géométrie ; ces Démonstrations éclairent l'esprit, & l'accoutument à pénétrer dans la nature des choses autant qu'il en est capable. (Art. XXXI.)

N°. 4. Dans le quatrieme Problême, on propose d'exciter l'émulation des jeunes gens, de façon qu'ils se plaisent au travail, & qu'on n'ait plus besoin de leur témoigner du mécontentement à ce sujet, du moins pour l'ordinaire, & à l'égard de la plûpart. La solution de ce Problême se tire de celles du premier & du second : car si on leve les difficultés qui ont coutume de leur causer du désagrément, & qu'ils puissent par eux-mêmes trouver le sens des Phrâses latines de leurs Auteurs, & mettre le François de leur Thême en Latin ; ensorte qu'ils réussissent avec facilité dans leur travail, le succès ne manquera pas de les y exciter; car on aime à faire ce en quoi on réussit, sur-tout, si l'objet du travail est intéressant par lui-même, représenté & connu pour tel.

N°. 5. Enfin, dans le cinquieme, il s'agit de former le cœur & les mœurs des jeunes gens : c'est sur-tout par les bons Livres qu'on y parviendra : en leur en donnant qui leur soient proportionnés dans chaque Classe, & en employant le temps convenable pour les leur expliquer ou pour leur en faire rendre compte, ou même pour en faire des analyses que quelques-uns liront en Classe. Voyez l'Article XVI.

Il faut sur-tout être attentif à ne pas souffrir d'Ecoliers qui soient une occasion de scandale pour les autres, soit par leur mauvaise conduite, soit par leurs discours, & en particulier par les railleries contre la piété.

N°. 6. Aux cinq avantages que l'on tirera infailliblement de l'exécution de ce qui est proposé dans ces Problêmes on en peut ajouter un sixieme qui est que les connoissances que les jeunes gens acquerront seront en plus grand nombre, comme on l'a montré vers la fin de la Préface. Mais on peut réduire ces avantages à deux généraux, qui sont la facilité & l'utilité; c'est-à-dire, que les études des jeunes gens seront plus faciles & plus utiles qu'elles n'ont été jusqu'à présent, elles seront même incomparablement plus faciles.

II. Il est à propos de rappeller ici trois objets, qui ont été traités, chacun à part, soit dans ce Mémoire, soit dans les autres contenus dans le Recueil imprimé en 1763. Ce sont, 1°. une Maison d'Institution pour former des Maîtres, & pour fournir des Régens des basses-Classes aux Quartiers éloignés de l'Université. (1) 2°. La maniere de procéder à l'élection de ses Chefs, expliquée dans le sixieme Mémoire. 3°. Un Réglement général pour l'éducation de la Jeunesse, qui comprenne la discipline à observer, les exercices à pratiquer & les études à faire & à suivre; en un mot, un plan entier & détaillé d'éducation, pour être observé dans tous les Colléges. Il est clair que si on met ces

____

(1) Voyez le cinquieme Mémoire, sur la nécessité d'établir dans Paris une Maison d'Institution pour former des Maîtres, & quelques Colléges pour les basses-Classes.

trois moyens en pratique, l'éducation de la Jeuneſſe ſera ſans comparaiſon plus parfaite qu'elle n'a été juſqu'à préſent. Que faut-il en effet autre choſe pour donner à la Jeuneſſe l'éducation la plus parfaite, ſinon, 1°. d'excellens Maîtres, capables de former l'eſprit & le cœur, attachés à leur devoir par inclination & par principes de Religion. 2°. Que ces Maîtres ſoient dirigés par un bon réglement, dans tout ce qu'ils doivent faire à l'égard de leurs Eleves. 3°. Qu'il y ait une bonne diſcipline dans toutes les Maiſons publiques deſtinées à l'éducation de la Jeuneſſe. 4°. Enfin, que l'on mette entre les mains des jeunes gens, des Livres proportionnés à leur beſoin, intéreſſans pour eux, & compoſés avec toute la clarté, la méthode & l'exactitude poſſible. Or, on aura tout cela, ſi on met en pratique les trois moyens marqués ci-deſſus. On ne pourroit douter de ce que nous avançons ici, que parce que l'on ne ſeroit pas au fait de ces trois moyens, & de ce en quoi ils conſiſtent. Il eſt donc inconteſtable que, ſi l'on met en uſage les trois moyens dont il s'agit, l'éducation de la Jeuneſſe ſera portée au plus haut degré de perfection à l'égard des moyens humains dont le ſuccès ſuppoſe toujours le ſecours de Dieu. L'Univerſité de Paris ſeroit alors plus qu'elle n'a encore été juſqu'à préſent, le Corps le plus illuſtre, le plus reſpectable & le plus utile qu'il y ait jamais eu en ce genre, dans aucune partie du monde : Ce ſeroit un Soleil qui répandroit une vive lumiere dans toute l'Europe, & particuliérement ſur les autres Univerſités de France, avec leſquelles elle a plus de rapport.

III. Nº. 1. Arrêtons-nous un peu fur ces trois objets ou établiffemens qui influeroient fur tout le refte, qui feroient en un mot la bafe & le fondement d'une excellente éducation, laquelle répondroit aux vœux des Citoyens éclairés. Nous rappellerons ici quelque chofe de ce que nous avons déja dit, à caufe de l'importance de la matiere. Ces trois objets ont une étroite liaifon les uns avec les autres & fe foutiennent mutuellement, enforte que fi vous en féparez l'un, les autres auront peine à fe foutenir dans leur utilité & leurs bons effets, ou même ne le pourront pas. Ce font fur-tout les deux premiers qui font d'une plus grande néceffité, & qui donneroient bientôt naiffance au troifieme, fi on ne le faifoit pas d'abord. Le premier donneroit lieu à l'exercice du fecond, car pour choifir des fujets propres pour les différentes places, il faut qu'il y en ait de formés : or, ce feroit le premier établiffement qui les formeroit. Le fecond feroit pareillement néceffaire au premier, foit pour choifir un Chef de la Maifon d'inftitution qui ait les qualités requifes pour s'acquitter des fonctions importantes & difficiles de fa place, & pour admettre les principaux Officiers qui pourroient être préfentés par le Chef au Tribunal de la Faculté des Arts, foit auffi pour veiller à ce que l'ordre s'y obfervât exactement, & pour empêcher que la négligence & le relâchement ne s'introduififfent dans cette Maifon, felon le cours ordinaire des chofes & la pente de la nature viciée dans fon origine depuis le péché.

Nº. 2 Ce premier établiffement formeroit des Sujets dans toutes les parties qui leur fe-

roient néceſſaires pour devenir de bons Maîtres: 1°. par rapport à la Religion dont on
leur enſeigneroit non-ſeulement le Dogme &
la Morale, l'Hiſtoire & l'Eſprit, mais on les
inſtruiroit auſſi de ſes fondemens, & dé ſa
vérité: c'eſt une étude qui eſt devenue néceſſaire, ſurtout pour des Maîtres dans le tems
malheureux où nous ſommes; 2°. pour les
Sciences convenables à leur état, la Grammaire, les Belles-Lettres & la Philoſophie; mais
il s'appliqueroient plus particulierement à celles
qui conviendroient le mieux aux places auxquelles ils paroîtroient plus propres; 3°. pour
la maniére de montrer ces Sciences à la Jeuneſſe, afin de ſçavoir ſe mettre à ſa portée:
car c'eſt une connoiſſance que l'emploi d'inſtruire la Jeuneſſe exige dans les Maîtres, &
qu'ils ne poſſédent ſouvent dans le degré convenable qu'après pluſieurs années d'exercice,
parce qu'il n'y a point d'Ecole où on les forme
dans ce genre; 4°. enfin pour la maniere de ſe
conduire avec les jeunes gens afin d'attirer leur
confiance & de les contenir dans l'ordre & la
tranquillité quand ils ſont raſſemblés dans une
Claſſe ou dans une étude. Ces deux derniers
points qui ſont d'une néceſſité indiſpenſable
pour le bien des Ecoliers ne s'acquerront pas,
au moins par le grand nombre, auſſi-tôt qu'il
faudroit, ſans l'établiſſement dont il s'agit:
mais il eſt encore néceſſaire, cet établiſſement,
à l'égard du premier Article qui concerne la
Religion, afin que l'on puiſſe être aſſuré que
tous les Maîtres ſont en état d'inſtruire leurs
Ecoliers ſur cette matiere. Il l'eſt devenu même encore plus depuis l'inſtitution des Aggrégés dans la **Faculté des Arts**, & du concours
pour les choiſir.

En effet, n'eſt-il-il pas à craindre que parmi les jeunes gens qui ſe préſentent pour y être admis, il ne s'en trouve quelques-uns qui ſoient infectés de la maladie de notre ſiécle, je veux dire l'incrédulité & l'irréligion : les certificats de vie & mœurs & les informations que quelques perſonnes peuvent faire ſuffiſent-elles pour donner une aſſurance raiſonnable de là croyance & de la religion de ces jeunes gens, ſur-tout s'ils ont fait leur ſéjour dans des Provinces plus ou moins éloignées de Paris ? S'ils ont le malheur de l'avoir abjurée dans leur cœur, (la Religion,) ils n'auront garde de ſe faire conoître pour ce qu'ils ſont : ayant le deſſein de parvenir à quelque place d'Inſtituteur de la Jeuneſſe, ils cacheront leurs ſentimens pervers de leur mieux : ils n'en parleront, & peut-être encore à mots couverts, qu'à quelques amis qui n'iront pas les faire connoître : d'autres même qui en ſeroient inſtruits n'oſeroient le faire de peur de s'attirer quelques fâcheux effets de leur reſſentiment.

En ſuppoſant donc que le concours ſubſiſte à l'avenir, ne faudroit-il pas que les Càndidats qui voudroient ſe préſenter, euſſent été élevés dans la Maiſon dont il s'agit, & y demeuraſſent même encore, ou du moins qu'on ne les eût pas perdus de vue dans l'Univerſité. Sans ces précautions qui n'auroient pas été néceſſaires il y a quarante ou cinquante ans pour s'aſſurer de la religion des Sujets, n'eſt-on pas expoſé dans les tems où nous ſommes d'être trompé dans un point qui eſt d'une ſi grande conſéquence ? Je crois qu'on ne peut trop prendre de précautions pour éviter un mal ſi funeſte à la Religion. Pourroit-on encore demander quelque chofe de plus pour prouver la néceffité du premier objet ? Cependant nous avons ajouté dans le cinquiéme Mémoire du Recueil imprimé en 1763, une confidération effentielle pour la Ville de Paris, qui eft que cette Maifon d'inftitution donneroit lieu d'établir des petits Colléges pour les baffes-Claffes dans les quartiers de la Ville trop éloignés de celui de l'Univerfité pour que l'on puiffe y envoyer des enfans. Convient-il que des Citoyens de la Capitale du Royaume, & peut-être le plus grand nombre, foient privés à l'égard de leurs enfans de fecours dont jouiffent ceux de la plûpart des Villes de Province ? Les Profeffeurs de ces Colléges feroient des anciens Eleves de cette Maifon qui y demeureroient encore, pour lefquels il n'en couteroit rien de plus.

Voilà donc la néceffité & l'utilité du premier objet fondée fur des raifons furabondantes. Or l'exécution en feroit moins difficile que jamais pour la dépenfe, depuis que le Roi par fa bonté paternelle pour fon Univerfité & la protection marquée dont il l'honore, a bien voulu lui accorder le 28e effectif & entier du revenu des Poftes, lequel, déduction faite de la portion des Principaux, des Profeffeurs & de quelques-uns des Chefs, ne pourroit être employé auffi utilement qu'à un établiffement fi intéreffant & fi avantageux à l'éducation de la Jeuneffe. Je fuppofe que la part qui a été deftinée aux Aggrégés actuels leur foit auffi confervée.

N°. 3. Quant au fecond objet qui confifte dans le choix éclairé & équitable des Chefs de l'Univerfité, prefcrit & dirigé par des Statuts qui établiroient auffi un Tribunal de la Faculté des Arts, que je fuppofe, compofé de M. le

Recteur, des 4 Procureurs, & des 4 Censeurs pour les affaires ordinaires (il y en a un à peu près semblable qui subsiste) auxquels se réuniroient M. l'Ex-Recteur, les Ex-Procureurs & les Ex-Censeurs pour celles qui seroient de plus grande conséquence : quant à ce second objet, dis-je, il est encore facile de voir de quelle importance il seroit pour l'éducation de la Jeunesse : il maintiendroit l'ordre dans toutes les parties de l'Université, car dans tous les Corps l'ordre dépend de ceux qui sont à la tête : Tout ce qui se feroit dans la Faculté des Arts retentiroit au Tribunal dont on vient de parler ; les Maîtres de tous les rangs seroient dans l'heureuse nécessité de s'acquitter de leurs fonctions comme il convient : les Principaux même & les Professeurs qui seroient les moins réguliers par inclination & par amour de leur devoir, ne laisseroient pas de le remplir par la force de l'exemple, par honneur ou enfin par la crainte d'être repris par le Tribunal, qui ne manqueroit pas au reste d'avoir pour les Maîtres, ceux mêmes qui auroient négligé leur devoir en quelques points, les égards & les ménagemens qui seroient nécessaires pour qu'ils ne perdissent pas la confiance de leurs Ecoliers. Cette considération qui est essentielle à l'égard des Maîtres chargés de l'éducation de la Jeunesse, fait assez sentir qu'un Tribunal ou Bureau étranger à l'Université ne seroit pas convenable pour exercer les fonctions dont il s'agit, comme nous l'avons déja remarqué à la fin du Mémoire.

N°. 4. Enfin, pour ce qui est du troisieme objet qui seroit un plan d'éducation dicté par un Esprit de sagesse & de religion, qui prescriroit les exercices à faire, soit dans les Classes, soit ailleurs, les Livres dont il faudroit faire usage dans chaque Classe, ou pour la Religion, ou pour les Sciences ; en un mot, tout ce qui peut être utile à l'éducation de la Jeunesse : pour ce qui est, dis-je, de ce troisieme objet, les avantages qui en reviendroient sont encore sensibles. Car on peut bien juger que les exercices, les livres & autres secours, tant pour la vertu que pour les sciences, qui seroient prescrits dans le plan, seroient les plus utiles aux Ecoliers pour lesquels ils seroient ordonnés, & ces jeunes gens étant d'ailleurs enseignés & dirigés par de bons Maîtres, Professeurs & autres, pourroient faire les plus grands progrès à tous égards pendant le cours de leurs études.

En supposant l'existence des trois objets indiqués, l'Université se suffiroit à elle-même pour se gouverner & se conduire de la maniere la plus utile à la Jeunesse & la plus avantageuse à l'Etat : Elle pourroit appaiser les différends qui naissent quelquefois même entre les gens de bien, & corriger les désordres s'il en arrivoit, sauf l'appel au Parlement dans les affaires de plus grande conséquence.

Je ne sais ce qu'il faudroit encore ajouter pour démontrer la nécessité des trois objets marqués, & les avantages qui en reviendroient ; premiérement à la Jeunesse pour lui procurer l'éducation la plus parfaite, & ensuite à l'Etat, par une conséquence nécessaire, en un mot à tout le Royaume.

N°.5. Après avoir réfléchi sur ces trois objets, une Maison d'institution, un choix éclairé & équitable des Chefs qui composeroient le Tribunal de la Faculté des Arts, & enfin un Réglement d'études & de discipline, il nous a pa-

ru qu'ils feroient les moyens les plus efficaces
pour parvenir à la perfection de l'éducation de
la Jeuneſſe autant qu'on puiſſe l'eſpérer des éta-
bliſſemens humains : ils iroient à la ſource du
mal & en arracheroient la racine : car le mal en
ce genre ne vient que de trois cauſes qui peuvent ſe rencontrer dans un Corps deſtiné à élever la Jeuneſſe , ou de ce que pluſieurs Maîtres
ne ſont pas tels qu'ils doivent être , ou de ce
que les Chefs manquent des qualités du cœur
où de l'eſprit néceſſaires pour bien gouverner le
Corps , ou enfin de ce que les Loix qui en ré-
glent le gouvernement ſont défectueuſes. Il eſt
évident que ce ſont là les trois ſources du mal.
Or il eſt facile de voir que les trois objets propoſés ôteroient ces trois cauſes : le mal feroit
donc détruit dans ſa ſource ; ainſi le bien s'o-
péreroit dans toute ſon étendue, autant qu'il
puiſſe être pratiqué par une Société d'hommes.
Mais non-ſeulement ces trois moyens détrui-
roient le mal juſque dans ſa ſource ; on peut
dire même qu'il n'y en a point d'autres qui puiſſent l'empêcher auſſi ſûrement & auſſi généra-
lement : c'eſt de quoi il eſt facile de ſe convain-
cre en faiſant attention aux autres moyens qu'on
prétendroit ſubſtituer à ces trois : ce ſont par
conſéquent les colonnes ſur leſquelles doit po-
ſer l'Edifice deſtiné à être le chef-lieu de l'éducation publique du Royaume : elles donneroient à cet Edifice la ſolidité , la beauté , la régularité & l'utilité , que les perſonnes éclairées
& bien intentionnées y déſireroient. Ces avantages ineſtimables ſont des motifs d'eſpérer que
l'on en fera jouir la Nation , d'autant qu'on peut
les lui procurer ſans qu'ils ſoient à charge à
l'Etat.

IV. Si l'efpérance des avantages que l'on s'eft propofé de procurer.à la Jeuneffe eft bien fondée, (& je crois qu'il eft bien difficile qu'un bon efprit, qui n'eft pas ébloui par les préventions de la coutume, n'en convienne pas après avoir lû le Mémoire & les Additions avec attention) fi, dis-je, cette efpérance eft bien fondée, je penfe que la méthode d'enfeigner la Jeuneffe, touchera de bien près à fa perfection, quand on fe fervira des moyens qui ont été propofés. Or, cette méthode eft certainement la plus utile de toutes les Sciences naturelles , qui n'ont pas Dieu ou fa Loi pour objet. Car les connoiffances les plus fublimes de ces Sciences ne procurent pas toujours de grands avantages à la Société, quoiqu'elles piquent la curiofité des Sçavants. Nous efpérons donc que tout bon Citoyen qui fera fans prévention , & un peu au fait de ce dont il s'agit dans ce Mémoire, ne pourra s'empêcher de s'intéreffer à l'exécution de ce qui y eft propofé, & fur-tout les parens qui veulent faire inftruire leurs enfans , au moins des premiers élémens des Sciences. Il y auroit encore quelque chofe à propofer pour écarter de la Jeuneffe & des Colléges les efforts redoublés & continuels que fait l'irréligion pour pénétrer par-tout , il faudroit pour cela faire quelques changemens dans les établiffemens qui ont été inftitués depuis peu d'années dans l'Univerfité, afin qu'il n'y eût rien qui pût empêcher l'exécution ou l'effet des trois objets propofés. Mais le refpect dû à l'autorité publique m'impofe filence à cet égard. Cette matiere devroit être plutôt le fujet d'un mémoire particulier que d'un écrit public.

F I N.

Fin de la Table.